SHODENSHA SHINSHO

近衛文麿と日米開戦

——内閣書記官長が残した『敗戦日本の内側』

川田 稔／編

JN196800

はじめに――『敗戦日本の内側』の史料価値

昭和史における貴重な記録

本書は、一九六二年（昭和三七年）に古今書院から出版された富田健治《とみたけんじ》『敗戦日本の内側――近衛公の思い出』（以下、原著）の主要部分に、新たに解説を加えて刊行したものである。

三次にわたる近衛文麿《このえふみまろ》内閣は、昭和史のうえで重要な位置を占めている。

第一次近衛内閣は日中戦争期とほぼ重なり、第二次・第三次近衛内閣は第二次世界大戦開始直後（一九四〇年七月）から太平洋戦争開戦直前（一九四一年一〇月）まで国政を担《にな》った。

なかでも、第二次・第三次近衛内閣の動向は、日本が太平洋戦争に突入する過程において枢《すう》要《よう》な意味を持っている。

このうち、第一次近衛内閣の内情については、内閣書記官長（現・内閣官房長官）を務めた風《かざ》見章《みあきら》の回想録『近衛内閣』が、詳細に記述している。

原著は、第二次・第三次近衛内閣期を中心に記述したものである。著者の富田は、第二次・

第三次近衛内閣で内閣書記官長を務めた人物で、その時期の近衛内閣の内情に通じていた。

しかも、内閣書記官長として内閣の要《かなめ》の位置にあっただけではなく、陸海軍と内閣の連絡調整機関である、大本営政府連絡会議（および同連絡懇談会）にも、富田は幹事の一人として常に出席していた。大本営政府連絡会議は当時、事実上の最高国策決定機関だった。つまり、富田は国策決定の枢機《すうき》に参画する位置にいたのである。

さらに、富田は個人的にも近衛の側近の一人だった。したがって、その記述は、これまで知られていない重要な事実を少なからず含んでいる。また、当事者ならではの迫真性と臨場感を持っており、近衛内閣や近衛個人の裏面にもおよんでいる。

このように、その詳細な回想は、重要な歴史的意味を持つといえる。

富田健治と近衛文麿

富田は、一八九七年（明治三〇年）兵庫県に生まれ、京都帝国大学法学部卒業後、内務省に入省。石川県警察部長（現・県警本部長）、内務省警保局（現・警察庁）保安課長、警保局長、長野県知事などを歴任し、近衛内閣の内閣書記官長となった。

富田の回想によれば、彼がはじめて近衛に会ったのは一九三四年（昭和九年）である。当時近衛は貴族院議長で、富田は石川県警察部長だった。山中《やまなか》温泉（石川県）に逗留《とうりゅう》中だった近衛から呼ばれ、「日本の政界をどうしたならよくすることができると思っておられるか、あなたの忌憚《きたん》ない意見をきかしてもらいたい」（原著3ページ。本書では省略）と意見を聞かれた。

富田健治

1897〜1977年。写真は 1962年、自由民主党所属の代議士の頃

これをきっかけに富田は近衛との交流が生じ、その後、比較的親しい関係となっていく。ことに、富田が長野県知事となってからは、軽井沢《かるいざわ》（長野県）に近衛の別荘があった関係で、頻繁《ひんぱん》に会うようになる。

なぜ近衛が警察部長だった富田をわざわざ呼んで、先のような質問をしたのか理由はよくわからない。

ただ、元老西園寺公望《さいおんじきんもち》の秘書で、近衛と親しい関係にあった原田熊雄《はらだくまお》の日記（一九三七年一二月）には、警保局保安課長となった富田を「内務省きっての極端なファッショ的傾向のある人」と記述している。また、昭和天皇が当時の内務大臣に対して「いったい今度の人事はどういうのか。富田という男はファッショだときくが、どうだ」と述べていたともある（原田熊雄『西園寺公と政局　第六巻』）。

この頃には、富田はいわゆる超国家主義的な右翼革新官僚として、広く知られていたようである。

第二次近衛内閣発足時、近衛は内閣書記官長の富田に、「右翼の方は、もう貴方《あなた》にすっかりお委《まか》せするから、よろしく願います」と伝えている（同書第八巻。ふりがなは川田、以下同じ）。

近衛が山中温泉で富田と会ったのも、富田が右翼革新官僚としてかなり知られていたことが関係しているのではないだろうか。

近衛は、父篤麿《あつまろ》（貴族院議長、枢密《すうみつ》顧問官を歴任）と関係があった右翼との接触が少なからずあった。また、自身への右翼テロを恐れており、一時期、極右の有力者井上日召《いのうえにっしょう》を、身辺警護のため自宅に住まわせている。日召は、井上準之助《いのうえじゅんのすけ》（民政党総務）や団琢磨《だんたくま》（三井合名理事長）を暗殺した血盟団《けつめいだん》事件の首謀者で、当時特赦《とくしゃ》で出獄していた。

近衛文麿

1891〜1945年。五摂家筆頭・近衛家に生まれ（第30代当主）、のち公爵。第一高等学校卒業後、東京帝国大学哲学科に学び、京都帝国大学法学部卒業。貴族院議長等を経て45歳で首相となり、3次にわたって組閣。戦後はA級戦犯に指定されるも、出頭せず自決

なお、原著には記されていないが、富田は一九三八年（昭和一三年）八月頃、当時首相だった近衛を訪ね、「閣下も〔右翼テロの〕犠牲になる場合があるかもしれない。まあ、閣下なんかは犠牲にしたくないけども、場合によってはそれもやむをえないかもしれない」と伝えている（〔〕内は川田、以下同じ）。

近衛はそれを自分への「脅《おど》し」ととらえ、自分が内閣を続けていくとすれば、「右翼を全部包含《ほうがん》した大きなものを作らなければ、とてもやっていけない」と述べている（同書第七巻）。富田が警保局長を辞め、長野県知事になる前のことである。

近衛はこの件を、親しい関係にあった木戸幸一《きどこういち》に「富田前警保局長、最近来訪、緊迫の情勢を語り、首相〔近衛〕の勇退を希望しおりたり」と話している（木戸幸一『木戸幸一日記 下巻』）。

内容の信頼性

原著は、富田により敗戦から一〇年を経《へ》て書き始められたもので、当時のことを、かなり醒《さ》めた目で客観的に記述している。さらに、一般読者を対象としたようで、その表現はきわめて平易でわかりやすい。

参考のため、原著の全目次を記しておこう（表記は原著通り）。カッコ内は執筆時期であり、執筆期間が一九五五年から一九六一年であることがわかる。

序文（文学博士 平泉澄）／一 初めて近衛公に逢う（昭和三十年九月十日記）／二 二・二六事件（昭和三十年十月十五日記）／三 二・二六事件後広田内閣誕生の経緯（昭和三十年十一月十日記）／四 第一次近衛内閣（昭和十二年六月四日成立）（昭和三十年十二月十日記）／五 大阪府警察部長の思い出（昭和三十一年一月十日記）／六 次で警保局長の頃（昭和三十一年二月十日記）／七 長野県知事の頃（昭和三十一年三月十日記）／八 近衛公に再び出馬要望の声（昭和三十一年四月十日記）／九 もり上る政治新体制（昭和三十一年五月十日記）／一〇 暗い湯槽の中で燃え立つ明るい政治への希望（昭和三十一年六月十日記）／一一 近衛公に第二次組閣の大命（昭和三十一年七月十日記）／一二 支那事変の早期解決――第二次近衛内閣の使命（昭和三十一年八月十日記）／一三 不言実行の政策を――口先の宣伝は一切止めて（昭和三十一年九月十日記）／一四 軍は一国一党を策し――既成政党は近衛新党、国民は新な組織を期待（昭和三十一年十月十日記）／一五 大政翼賛会漸く生る（昭和三十一年十一月十日記）／一六 日独伊三国同盟成立の舞台裏（昭和三十一年十二月十日記）／一七 三国同盟締結と近衛公の真意（昭和三十二年一月十日記）／一八 紀元二千六百年祝典（昭和三十二年二月十日記）／一九 両先覚の死と不安な政情――西園寺公爵と湯浅倉平氏（昭和三十二年三月十日記）／二〇 重慶工作と政

改正の決意を語る(昭和三十四年六月十日記)／四五　憲法改正前夜の悲喜劇(昭和三十四年七月十日記)／四六　佐々木惣一博士の「改憲覚書」(昭和三十四年八月十日記)／四七　軽井沢のつきせぬ追想(昭和三十四年九月十日記)／四八　近衛公を戦争犯罪容疑者として指名(昭和三十四年十月十日記)／四九　近衛公自決の真相「その一」(昭和三十四年十一月十日記)／五〇　近衛公自決の真相「その二」(昭和三十四年十二月十日記)／五一　近衛公自決の真相「その三」(昭和三十五年一月十日記)／五二　近衛公自決の真相「その四」(昭和三十五年二月十日記)／五三『巨人』近衛公の人となり(昭和三十五年三月十日記)／五四　近衛公の皇室観と国家観(昭和三十五年四月十日記)／五五　近衛公の〝眼〟は高かった(昭和三十五年五月十日記)／五六　五年間の執筆を終るに当って(昭和三十五年二月十日記)／あとがき(著者　富田健治)

この中から、本書には九から四二までを収録した(原著の九が本書の1となる。以下同じ)。これは、富田が深くかかわった第二次近衛内閣の成立直前から、第三次近衛内閣を経て終戦までの期間にあたる。富田は、第三次近衛内閣総辞職後も近衛側近の一人として動いており、近衛の関係した終戦工作の時期までも含めた次第である。

なお、引用文を含め、読みやすさを考慮して旧漢字・旧かなづかいを現行のものに、一部の漢字をひらがな（ひらがなを漢字）に改め、ふりがなをつけている。また、句読点等も一部加除した。（）内は刊行当時のまま、〔〕内は今回入れたものである。なかには、現在では不適切と思われる箇所もあるが、刊行時の時代背景や著者が他界していることに鑑《かんが》み、原文通りとした。

川田《かわだ》 稔《みのる》

目次

敗戦日本の内側──近衛公の思い出（富田健治）

本文デザイン
盛川和洋

写真出所　※数字は掲載ページ
朝日新聞社／151、299、377
共同通信社／201、315、347、491
国立国会図書館／117、215、241、483
時事通信フォト／41、83
大衆出版社／251
毎日新聞社／237、395
富田重夫／269、509
『石原莞爾の世界戦略構想』（川田稔著）／183
『海軍少将高木惣吉』（藤岡泰周著）／469
『最後の内大臣　木戸幸一』（大平進一著）／101
『駐日米国大使ジョセフ・グルーの昭和史』（太田尚樹著）／381
『東條英機（上）』（ロバート・ビュートー著、木下秀夫訳）／435
『東條英機　歴史の証言』（渡部昇一著）／21、421
『敗戦日本の内側』（富田健治著）／5、7、139、437

解説

（川田　稔）

一、「時局処理要綱」──近衛内閣による対英戦争計画

荻窪会談

一九四〇年（昭和一五年）七月一六日、米内光政《よないみつまさ》内閣が総辞職した。米内首相が陸軍からの国策提案を受け入れなかったため、陸軍が畑俊六《はたしゅんろく》陸相を辞任させ、後任の推薦を拒否したからである。

後任の首相候補として、重臣会議は近衛を推薦し、翌一七日近衛に組閣の大命《たいめい》が下った。近衛は、組閣前に国策の「最高方針」を決めておきたいとして、一九日、陸相・海相・外相の候補者と会談をおこなった（145ページ。以下、カッコ内のページ数は原著を紹介した本書のページを表わす）。

場所は近衛の別邸・荻外荘《てきがいそう》で、メンバーは東条英機《とうじょうひでき》、吉田善吾《よしだぜんご》、松岡洋右《まつおかようすけ》、そして近衛の四人だった。東条は陸軍からの推薦による陸相候補、吉田は海軍が留任を希望した海相候補、松岡は近衛自身が望んだ外相候補である。荻外荘は東京の荻窪《おぎくぼ》にあり、この会談は「荻窪会

荻窪会談

左から近衛文麿、松岡洋右、吉田善吾、東条英機

談」とも呼ばれた。

松岡外相については、富田によれば、昭和天皇から近衛に「松岡の外務大臣はどうだろうかと二度までも御言葉があった」。この天皇の危惧《きぐ》にもかかわらず、近衛は松岡外相で「押し切った」のである（144ページ）。

これについては「近衛公としても相当の理由」があった。それは、

「第一に、松岡は最近たびたび近衛公に会っておたがいに意見を交換していたのであって、それによれば外部では松岡を米英との戦争論者と見ている者も多いが、実は米英との戦争を避《さ》けることを深く意中に持っていたこと。第二は、当時の陸軍部内の独伊〔ドイツ・イタリア〕

枢軸派《すうじくは》が勢力を振るっていた状態では、親米英派の外交官では、絶対に外相になり得ないこと。また、たとえ外相に就任しても、円滑にやっていけないだろうと思われたこと。第三に、陸軍を相手にして、これを適当に抑《おさ》えるには、松岡の心臓と気力と驚嘆すべき詭弁《きべん》と、端倪《たんげい》すべからざる権謀術数をもってする以外に途《みち》なし」（144ページ）

との考えからだった。

これは、あくまで富田の推測だが、近衛の松岡外相任命の意図を示唆《しさ》するものとして興味深い。

なお、松岡が外相に就任するや、外務省幹部の大幅な更迭《こうてつ》をおこなったことは、よく知られている。当時の内大臣・木戸幸一の戦後の発言によると、これは近衛の意向でもあったようである。

「それまでの外交がキャリアの外交官が主流でずっとやっていて、一方からいえば、軟弱なんだよね。それで軍部が喧《やかま》しく言い出す。だからひとつ松岡を外相にしてすっかりリシャッフルしてしまおうという考えを持っていたんだね、近衛はね」（勝田龍夫『重臣たちの昭和史 下』）

陸軍案との比較

荻窪会談では、概略次のような取り決めがなされた。

一、日中戦争の処理および世界新情勢への対応のため、政府の一元的指導のもとに戦時経済政策を強化確立する。

二、世界情勢の急変に対応し、かつすみやかに東亜《とうあ》新秩序を建設するため、日独伊枢軸の強化をはかる。

三、対ソ関係は、日ソ不可侵協定を締結し、かつ懸案の急速解決をはかる。

四、東亜および隣接地域の英仏蘭〔イギリス・フランス・オランダ〕植民地を東亜新秩序の内容に包含《ほうがん》する。

五、米国とは無用の衝突を避けるが、東亜新秩序の建設への米国の実力干渉は排除する。

六、全国民を結合するような新政治組織の結成に邁進《まいしん》する。

すなわち、外交政策としては、日独伊提携強化、対ソ国交調整の実施、南方の英仏蘭植民地の包摂《ほうせつ》が意図されている。また国内政治については、政府の一元的指導のもとでの戦時経済政策の確立、新政治組織の結成の方針が確認されている。

その詳細は、原著にも荻窪会談の「申し合わせ」として記載されている（146～148ページ）。内容は現存する他の記録とも一致しており、ほぼ正確なものである。

一般には、この荻窪会談「申し合わせ」にもとづいて、七月二七日に、大本営政府連絡会議で「世界情勢の推移に伴う時局処理要綱（以下、時局処理要綱）」が決定されたとされている（164ページ）。大本営政府連絡会議は、日中戦争中に設置された、内閣と陸海軍の連絡協議機関で、事実上の最高国策決定機関だった。

だが、荻窪会談以前の七月三日に「時局処理要綱」陸軍案が決まっており、「申し合わせ」は、それに沿った内容となっている。

荻窪会談における「申し合わせ」の原案を作成したのは松岡だが、近衛もしくは松岡自身が個人的なルートから「時局処理要綱」陸軍案を入手したものと思われる。

「時局処理要綱」陸軍案は、次のような内容である。

一、「世界情勢の変局」に対処して、日中戦争を解決するとともに、好機を捕捉して「対南方問題」を解決する。それに応ずる戦争準備は、おおむね八月末を目標としておこなう。

二、日中戦争の処理は、第三国の援蔣《えんしょう》（中国・国民政府への援助）行為を絶滅するなど、あらゆる手段を尽くして重慶《じゆうけい》政府〔蔣介石《しょうかいせき》政権〕を屈服させる。

三、外交は、「対独伊ソ施策」を重点とし、「独伊との政治的結束」を強化し、「対ソ国交の飛躍的調整」をはかる。

四、「対南方武力行使」に際しては、極力「英国のみ」に限定し、香港《ホンコン》およびマレー半島を攻撃す。

五、仏印《ふついん》〔フランス領インドシナ。現・ベトナム、ラオス、カンボジア〕に対しては、援蔣行為を徹底的に遮断《しやだん》するとともに、日本軍の通過、補給、飛行場使用などを認めさせる。そのため状況により「武力」を行使する。

六、蘭印《らんいん》〔オランダ領東インド。現・インドネシア〕に対しては、しばらく「外交的措置」によって重要資源確保に努めるが、状況によっては「武力を行使し」、その目的を達する。

七、対米戦争は、つとめて「避《さ》くる」よう施策する。しかし、状況により戦争に至る場合もありうるので、その準備に遺憾《いかん》なきを期す。

八、国内体制としては、新世界情勢に対応しうる「国防国家」の完成を促進する。そのため、強力政治機構の確立、対米依存経済の脱却などの実現を期す。

原著に記されている、大本営政府連絡会議決定の「時局処理要綱」と内容的にはほぼ同じである。陸軍案が大本営政府連絡会議決定の基本となっている。

この「時局処理要綱」陸軍案で、すでに荻窪会談「申し合わせ」の内外政策が示されている。独伊との提携強化、対ソ国交調整、南方英仏蘭植民地への進出、新政治機構の確立などである。

表現は多少異なるが、内容的に、荻窪会談「申し合わせ」（七月一九日）は、「時局処理要綱」陸軍案（七月三日）を踏襲したものであることがわかる。

第二次近衛内閣の発足

荻窪会談後、近衛は組閣を終え、七月二二日、第二次近衛内閣が成立する。

そして、七月二六日、内閣の基本方針である「基本国策要綱」を閣議決定した。この「基本国策要綱」は、原著でも部分的に紹介されているが（167～168ページ）、概略次のようなものだった。

一、「日満支」の結合を根幹とする「大東亜の新秩序」を建設する。

二、内外の新情勢に鑑み、国家総力発揮の「国防国家体制」を基底とし、必要な軍備を充実する。
三、内政においては、強力なる「新政治体制」を確立し、国政の総合的統一を図る。
四、「大東亜」を包摂する「自主経済」政策を確立する。

実は「基本国策要綱」は、組閣直前、陸軍の武藤章《むとうあきら》軍務局長から、陸軍の要望として近衛に直接手渡された「総合国策基本要綱」を踏襲したものだった。

武藤は近衛と面会した際、「本案〔総合国策基本要綱〕を諒解の上、政綱の基本として呑《の》まるるならば、軍は新内閣に対し万全を尽《つく》すであろう」と述べている（牧達夫「軍の政治関与と国内状勢」『牧達夫氏談話速記録』）。

陸軍からの「総合国策基本要綱」は、米内内閣末期の一九四〇年（昭和一五年）七月上旬から中旬にかけて、新内閣の政綱として、陸軍軍務局によって作成されていた（矢次一夫『昭和動乱私史 中』）。

その主な内容を記そう。

一、「日満支」の結合を根幹とする「大東亜の新秩序」を建設する。
二、国家総力発揮の「国防国家体制」を基底とし、必要な軍備を充実する。

三、これまでの欧州戦不介入の方針を再検討し、わが国是《こくぜ》遂行に同調する国家とは提携す。
四、内政においては、強力なる「政治体制」を確立し、国政の総合的統一をはかる。
五、大東亜を包摂する「自給自足経済政策」を確立する。

三以外は、基本的な部分が、閣議決定「基本国策要綱」と酷似していることがわかる。三はまったく触れられていないが、「基本国策要綱」は広く国民に発表する予定だったので、外交の機微《きび》に属するとして除かれたものと推測される。

「総合国策十年計画」

ところで、武藤が近衛に示した「総合国策基本要綱」は、六月中旬に陸軍軍務局が作成した「総合国策十年計画」にもとづいていた。

前年の一九三九年（昭和一四年）九月、ヨーロッパで第二次世界大戦が始まった。ドイツ軍がポーランドに侵攻。これに対して、イギリス・フランスが、ポーランドとの相互援助条約にもとづいてドイツに宣戦したのである。なお、開戦直前の八月二三日、ドイツとソ連の間に独ソ不可侵条約が結ばれていた。

陸軍では、このような国際情勢に対処するための基本プランとして「総合国策十年計画」を策定した。

その主な内容は次のようなものだった。

一、最高国策として、日本・満州・中国の結合をもとに、「大東亜を包容する協同経済圏」を建設し、国力の充実発展を期す。
二、この国策の遂行のために、必要な陸海軍の軍備を充実する。
三、欧州戦争には不介入を維持する。
四、中国に対しては、親日政権の育成発展をはかり、日中経済提携により「日満支」経済総合計画をもとに、重要産業を開発する。
五、内政においては、新事態に即応する「強固なる政治指導力」を確立し、「全国的国民総動員組織」を作り上げる。

ここでのポイントの第一は、のちの大東亜共栄圏論につながる「大東亜を包容する協同経済圏」の考えが打ち出されたことである。日本・満州・中国のみならず、それを越えて東南アジアを含むかたちで、大東亜協同経済圏が設定されている。

ここでの「大東亜」とは、東アジア、東南アジアを含む地域が念頭に置かれ、その地域が主に資源の自給自足の観点から「協同経済圏」とされている。そこには、南方資源獲得の方向性が含まれていた。

東南アジアから獲得すべき必要資源は、石油、生ゴム、鉄、錫《すず》、ニッケル、燐《りん》、ボーキサイト（アルミニウム原料）などだった。

石油は、軍艦・戦車・航空機の燃料として、生ゴムとボーキサイトは軍用自動車・航空機生産などに不可欠な原料として、必須のものである。だが国内や中国大陸ではほとんど産出しえない資源であり、インドシナ半島、インドネシアなどからの確保が考えられていた。また、兵器生産原料となる鉄、錫、ニッケル、燐なども、国内や中国での産出量では不足し、東南アジアからの補充が必要だった。

たとえば、石油、ボーキサイト、錫はオランダ領東インドに、鉄はイギリス領マレー（現・マレーシア、シンガポールなど）に、生ゴムは東南アジア全域に、存在していた。

ただ、当時、東南アジアはタイを除いて、すべて欧米諸国の植民地となっていた。インドシナ半島はフランスの植民地であり、マレー半島、西ボルネオ、シンガポール、ビルマはイギリスの植民地だった。また、インドネシアはオランダの植民地だった。

ポイントの第二は、国策遂行のため、「強固なる政治指導力」を確立し、「全国的国民総動員組織」を創出すべきとの考えが打ち出されていることである。

これは、後述する近衛周辺の新党結成の動きと連動し、いわゆる新体制運動の推進というかたちで具体化していく。親軍的な政党による一党独裁の方向が志向され、近衛新党の政治的指導力によって、「一国一党」のもとでの新しい政治体制を実現しようとする動きとなっていくのである。

これらが陸軍の要望である「総合国策基本要綱」に引き継がれた。

このように、近衛内閣の「基本国策要綱」は、陸軍「総合国策十年計画」をベースにしたものだった。

この点は原著では触れられていないが、近衛内閣の政策を理解するうえで軽視しえない事実なので、いちおう紹介しておきたい。

対英戦争は可、対米戦争は不可

一九四〇年（昭和一五年）七月二七日、大本営政府連絡会議で「時局処理要綱」が決定され、二九日、昭和天皇の裁可《さいか》を受けた。なお、原著では「陛下の御前において」決定されたとなっているが（168ページ）、富田の記憶違いだろう。

この「時局処理要綱」は、これ以後の国策の基本方針とされ、近衛内閣の政策に大きな影響を与えるので、その主要な点をすこし詳しくみておこう（168〜171ページ）。

そこでは、まず、国際情勢の変化に対応して「好機」を捕捉し、対南方問題の解決につとめる、との基本方針が示されている。そのための「対南方武力行使」については、対象を「英国のみ」に限定し、アメリカに対しては、その動向に留意し、摩擦を「避く」るよう施策するとされた。

ここで注目すべきは、主にマレー、シンガポールと推定されるイギリス植民地を主要ターゲットとした南方武力行使が明確に打ち出され、しかも、いわゆる英米可分の見地に立っていることである。すなわち、イギリスのみに攻撃を限定し、アメリカからの軍事介入を避けることが、状況によっては可能だと考えられていた。

そして、その武力行使の「好機」とは、ドイツ軍のイギリス本土侵攻が想定されていた。したがって南方武力行使は、そのような国際状況の好機をとらえて、自給自足的な「大東亜協同経済圏」「大東亜新秩序」形成に積極的に乗り出そうとするものだった。イギリス植民地への武力行使はその一歩と位置づけられていた。

ただ、前年六月の天津《てんしん》英仏租界封鎖問題で、アメリカはイギリスを支援して日米通商航海条約の破棄を日本に通告していた。英米可分といっても、英米が連動する可能性も念頭に置かれていた。したがって、事態の進展によっては対米戦もありうるとして、そのための「準備」の必要性も指摘している。

ただし、武藤軍務局長は、あくまでも「米国と戦争するは不可」との姿勢だった（『続・現代史資料4　陸軍　畑俊六日誌』）。

当時、日米の国力差は約一二倍と推計されていた。武藤ら陸軍主流は、日米戦争は国家総力戦となり、「国力戦」となることを十分承知していた。それゆえ陸軍は、アメリカとの戦争を可能なかぎり回避しようとしていた。海軍も同様だった。

だが、武藤ら陸軍中央は、英米の密接な関係を十分承知していながら、この時点で、なぜ、イギリスのみに攻撃を限定することが可能と考えたのだろうか。なぜ、英米可分と判断したのだろうか。

それは、ドイツ軍の英本土上陸によってイギリス本国政府が崩壊すれば、アメリカ政府は、戦争準備態勢の未整備と孤立主義的な国内世論のなかで、南方への軍事介入のチャンスを失う。また、英本国が崩壊すれば、その植民地のために、日本との戦争を賭《と》してまでアメリカが軍事介入する可能性は少ない。そう考えられていたからである。

なぜ、近衛は「時局処理要綱」に触れなかったのか

なお、蘭印（オランダ領東インド）についても、外交的措置により石油などの重要資源の確保

につとめるとしていた。

蘭印の本国・オランダは、すでにドイツ軍に占領された状態だった。だが、オランダ政府自体は、イギリスに亡命するかたちで存続していた。したがって、蘭印当局が、イギリスと連携して、日本への資源提供に難色を示す可能性があった。ということは、状況によっては武力行使することを視野に入れていたといえよう。

武力行使の対象は、極力イギリス領に限定するとしながらも、石油資源などの確保のため、蘭印にまで広げている。

ただ、武力攻撃をおこなえば、蘭印当局が、日本にとってもっとも重要な石油施設を徹底的に破壊する可能性があった。その場合、石油生産の完全な回復には、二～三年を要すと推定されており、それを避けるためにも、外交交渉を優先させようとしたのである（ただし、太平洋戦争開戦時は、空挺《くうてい》部隊による奇襲攻撃などにより、パレンバンら蘭印石油施設を大きな損傷なく確保した）。

さらに、仏印（フランス領インドシナ）についても、援蔣行為を徹底的に遮断するとともに、日本軍の補給、部隊通過、飛行場使用を認めさせるとしている。また、そのための武力行使も示唆している。蔣介石政権への援助物資補給ルートの封止と、イギリス領シンガポール・蘭印攻撃をにらんでのことだった。

援蔣ルートの問題は、米英などによる援蔣行為を遮断することによって、「重慶政権屈服」を実現するための一《いち》手段として考えられていた。だが、仏印の位置づけは、援蔣遮断のみならず、シンガポール・蘭印などへの攻撃基地としてのものだったのである。

また、この南方問題解決のためには、「独伊との政治的結束」を強化し、「対ソ国交の飛躍的調整」をはかるとされている。関係者や付属文書の説明によれば、具体的には、南方武力行使に際して、独伊との軍事同盟や、ソ連との不可侵条約締結などが想定されていた。南方地域の処理について独伊の承認を取り付けるため、また南方進出時に北方の安全を確保するためである。

六月中旬の「総合国策十年計画」では、独伊との関係について、従来の友好関係を維持するとの表現にとどまっていたものが、ここでは、軍事同盟にまで踏み込もうとしているのである。

これは、前述の「総合国策基本要綱」において、「国是遂行に同調する国家とは提携す」とされていたことの具体的内実でもあった。また、先には触れなかったが、「総合国策十年計画」では、ソ連との関係についても、不可侵条約論などは抑制するとしていた。だが、ここでは、条約締結の可能性も念頭に置かれるようになっている。

つまり、武藤ら陸軍は、六月中旬の時点では、欧州戦争不介入方針を前提に、欧州情勢に距離を置いていたといえる。それが、ここでは、はっきりと独伊にコミットし、対ソ関係の積極的安定化をはかろうとしているのである。明らかにイギリス領植民地および蘭印への攻撃を念頭に置いた、南進《なんしん》のための布石《ふせき》だった。

大英帝国の崩壊を好機に、南方のイギリス領植民地さらには蘭印を一挙に包摂し、自給自足的な「大東亜協同経済圏」建設に踏み出す。そのために、イギリス本土を攻略するドイツと密接な関係を結び、相互了解を得るとともに、北方対ソ関係の安定を確保しようとしていたのである。日中戦争の解決もこのような戦略方向のなかに位置づけられていた。

なお、残された近衛の手記類（遺稿）では、なぜか「時局処理要綱」にまったく触れられていない。その国策上の重要性からみて、不可解なことである。そこに「英国」への武力行使、すなわち対英戦争の計画が明示されていたからではないかと推測されている。

ただ、富田は、「時局処理要綱」について、近衛の「今は調子よくいっているが、結局ドイツは最後に、また第一次大戦の二《に》の舞《まい》をやるのじゃないかね」との言葉を紹介している。そして「近衛首相は、ドイツの最後までの完勝について、当時むしろ疑問を持っていた」とし、「南方進出の考えなど毛頭《もうとう》持っていなかった」と記している（173ページ）。

ちなみに、近衛は七月二七日の大本営政府連絡会議席上で、「時局処理要綱」陸海軍案について、「政府として原案に異存なし」と発言し、首相として正式に同意している（防衛庁防衛研

修所戦史室『大本営陸軍部　大東亜戦争開戦経緯1』)。

このあたりをどう考えるかは判断の分かれるところだが、ここでは事実のみを記するにとどめたい。

二、新体制運動――陸軍をも飲み込もうとした近衛

近衛新党結成の動き

「時局処理要綱」大本営政府連絡会議決定では、国防国家の完成を促進するため、「強力政治」の実行が定められていた(原著での記述では省略されている)。この項目は、陸軍案では「強力政治機構」の確立の実現を期す、となっている。

陸軍の「総合国策十年計画」でも、「強固なる政治指導力」を確立し、「全国的国民総動員組織」を作り上げる、とある。陸軍から近衛に示された「総合国策基本要綱」では、国内体制として「強力なる政治体制」を確立し、国政の総合的統一をはかる、となっている。近衛内閣の閣議決定「基本国策要綱」も、同様の内容である。

この「強力政治」の実行、「強力なる政治体制」の確立の方針は、近衛周辺の新党結成の動きと重なりあい、新体制運動の積極的推進というかたちで進んでいく。

近衛新党結成の動きは、一九四〇年（昭和一五年）三月頃から始まり、五月下旬には、近衛文麿、木戸幸一、有馬頼寧《ありまよりやす》が会合し、「新党樹立に関する覚書」を作成した。

そこでは、近衛の大命降下後、既成政党の解党を前提として新党を結成し、閣僚は新党より任命することなどが申し合わされた。また、大命降下前には新党樹立は積極的にはおこなわないことになっていた（木戸『木戸幸一日記 下巻』）。

ちなみに近衛は、新党について次のように考えていた。「僕は新党を作って国民的背景を持ちたいと思う。第一次内閣の弱体は、超然内閣で基盤を持っていなかった点にある。だから今度は今からその計画を進めて、万遺漏《ばんいろう》なきを期したいと思う」（有馬頼寧『政界道中記』）。新党を、自身の国民的支持基盤にしようというのである。

なお、欧州では五月一〇日、ドイツの西方攻撃が開始され、オランダ、ベルギー、さらにフランスへと侵攻していた。

六月上旬、武藤軍務局長は、新党結成について「近衛公の出馬、新党の結成には軍を挙げて賛成にして……これを実現するよう陰ながら支援いたしたき考《かんがえ》なり」と述べている（「金光・武藤軍務局長会談内容」『現代史資料44 国家総動員(二)政治』）

これは、「総合国策十年計画」における、「強固なる政治指導力」として近衛新党を考えていることを意味する。ちなみに武藤は、第二次近衛内閣成立後の八月下旬に発足した新体制準備委員会にも、常任幹事として参画している。

だが、新党は天皇の統治権を制約する「幕府的存在」（旧徳川幕府のイメージ）であり国体と相容《あいい》れないとの批判が起こり、それに近衛が動揺し、新党結成に消極的となっていく。

しかし、武藤ら陸軍は、あくまでも「強力なる政治的実践体の結集」を主張し、「一国一党」すなわち一党独裁による新体制の建設を推進しようとした。強力な政治力を持つ「中核実践体」＝新党を創設し、その「強力な指導」によって、国家総力戦に向けての新しい「国民運動組織」を作り上げようとしたのである（「新体制に関する近衛公爵声明文案」『現代史資料44 国家総動員(二)政治』）。

陸軍そのものは本来、主な役割を軍事面に限定した官僚的な組織だった。したがって、それ自体では全国民の自発性を、一定の政治目的（「国防国家」体制の構築）のために動員する運動組織とはなりえなかったからである。

なお、陸軍の「総合国策十年計画」には、「全国的国民総動員組織」創出のため、既存政党の発展的解消をはかることも記されていた。

だが、近衛は、一党独裁的な政党組織は幕府的存在となるとの批判を恐れて、結局、新党を断念する。九月下旬、近衛内閣は、行政を補完する精神運動組織として大政翼賛会《たいせいよくさんかい》の設置を閣議決定。一〇月中旬、大政翼賛運動を推進する組織として大政翼賛会が発足した。

当初、新党結成をめざした新体制運動は、政治的指導力を持たない単なる精神運動組織としての大政翼賛会を生み出して終息した。武藤ら陸軍が望んだ、親軍的な「強固なる政治指導力」としての新党の創出は、ついに実現しなかった。

陸軍を抑えようとしたのか、それとも——

この新体制運動については、原著でも比較的詳しく述べられており、その経緯がよくわかる。

近衛や富田は当初、新体制運動を、陸軍に対抗するための新党運動として考えていた。既成政党とは異なる、全国民に支持される新党を創設し、それによって「軍部を抑え」、日中戦争を解決しようとの意図からだった（114、241ページ）。その新党は「陸軍を圧倒できるような政治力」を備え、「軍部に対抗し得る」ものでなければならなかった。そう富田は記している（178ページ）。

すなわち、近衛は、陸軍に対抗し、それを抑え、さらには陸軍を圧倒しうるような政党を考えていたのだ、と。ちなみに、近衛自身もその手記で同様の主張をしている（近衛文麿『失は

大政翼賛会

1941年6月、大政翼賛会第1回中央協力会議で挨拶《あいさつ》する近衛文麿議長

れし政治』）。
しかし、これとは異なる見方もある。
近衛は、当時の談話で新党について、次のように述べている。

「私は新しい政治体制によって強力な新党を結成して、この重大なる時局に対処しなければ、この難局は打開できないと思う。軍との関係については、協調はもちろん必要なことだが、軍の鼻息ばかりうかがって軍に盲従ばかりしているだけではいけない。……しかし、これは決して軍を圧迫したり、軍に反抗したりすることではない。……軍とピッタリ一緒になってゆくようにしなければならない。これが私の理想だ」（『既存政党合体のみ

で新体制たり得ず」『東京朝日新聞』一九四〇年六月五日）

つまり、新党は、陸軍に「対抗」するものというよりは、それと「ピッタリ一緒になってゆく」ものだというのである。

同年八月に近衛が発表した「新体制声明文」でも、次のように記されている。

世界的大動乱の渦中《かちゅう》において「世界新秩序の建設」に指導的役割をはたすため、「国家国民の総力」を最高度に発揮しうる、「高度国防国家の体制」を整《ととの》えなければならない。そのためには、強固な「新体制」の確立が必要である。この「新体制」には「統帥《とうすい》と国務との調和」も含まれる、と（187〜188ページ）。

富田も、近衛の発言として、「新体制」においては「軍官民が三位一体《さんみいったい》で」進んでいくものだとの趣旨を紹介している（155ページ）。

さらに近衛は、「挙国政治体制（新体制）という中には、立法府ばかりでなく、行政府も、ある意味からいえば統帥部（陸軍参謀本部と海軍軍令部）も入らなければならない」との発言も残している（原田『西園寺公と政局　第八巻』）。

これらから、この頃の近衛の意図は、新体制運動によって、陸軍を含めすべての有力な政治勢力を糾合《きゅうごう》することにあった。それを「中核体」として（128ページ）、「高度国防国家」確立のために全国民を動員しようとしていた。そして、天皇のもと、自身がすべての勢力を統合して、国政の実権を掌握することを意図していた、と推測される。

のちに近衛が、統制派《とうせいは》が主導権を握る陸軍に対抗するため、皇道派《こうどうは》に強くコミットしたことはよく知られている。だが、この頃は、国内での政治的対立を緩和し、すべての有力な勢力を糾合しようとしていたのではないか。こういう見解である。

いずれにせよ、近衛の新体制運動については、なおさまざまな角度からの検討が必要だろう。ちなみに、近衛はのちに（首相就任後）、次のような言葉を残している。

「今日本の進む方向は、世界の状勢がそうさせて居《い》るのである。軍人が起《た》とうと起つまいと、満州事変が起《おこ》ると起るまいと、これは国民が当然辿《たど》るべき運命である。……政治家にしてこの国民の運命に対する認識を欠ける以上、……軍人が推進力となって、ますますこの運命の方向に突進するに違いない。しかし軍人にリードされることは甚《はなは》だ危険である。一日も早く政治を軍人の手から取り戻す為《ため》には、先《ま》ず政治家がこの運命の道を認識し、軍人に先手を打って、この運命の道を打開するに必要なる諸種の革新を実行する外《ほか》にない」

（近衛文麿「元老重臣と余」『改造』一九四九年一二月号）

すなわち、満州事変以来日本の進んできた方向は、日本国民の運命的な道である。これまでは、それを軍人が主導してきた。だが軍人が政治をリードすることは危険だ。したがって、政治家（近衛自身）が軍人の先手を打って、この運命の道をみずから切り開かなければならない。そう言うのである。興味深い発言といえる。

陸軍との関係については、富田は「第二次近衛内閣発足早々から毎週水曜日を定めて、陸海軍軍務局長と内閣書記官長（私）とは、必ず昼食を共にしながらおよそ二時間くらい、時局を話し合うことにしていたので、政府と軍部との意思疎通《そつう》は、従来例のないくらいに、よくとれていた」としている（268～269ページ）。

国民の権利を制限

近衛は、新体制運動を「万民翼賛」のための「国民組織の確立」をめざすものと位置づけた。そして、新体制運動としての「国民組織の運動」において、「その活動分野は、国民の全生活領域に及ぶものである」としている（188～191ページ）。

近衛のいう「高度国防国家」体制への国民動員（「万民翼賛」）は、人々の全生活領域におよぶものであり、「高度国防国家」建設という国家目的のために、個々人のすべての生活領域が動員される。そこでは、国家目的から離れた個々人の私的領域の存在は許されない。したがって、生きる意味の、人生の目的の、自由な選択の余地はない。

このような観点は、その後、近衛内閣下で発表される『臣民《しんみん》の道』（文部省発行）のなかで明確に現われてくる。

「我ら皇国臣民は、悠久なる肇国《ちょうこく》の古《いにし》えより永遠に皇運扶翼《ふよく》の大任を負うものである。この身この心は天皇に仕えまつるを以って本分とする。……我らは国民たること以外に人たることを得ず、更《さら》に公を別にして私はないのである。我らの生活はすべて天皇に帰一し奉り、国家に奉仕することによって真実の生活となる。……されば、私生活を以《も》って国家に関係なく、自己の自由に属する部面であるとみなし、私意を恣《ほしいまま》にするがごときことは許されないのである」（傍点は川田、以下同じ）

個々人の生活は、いっさいの私的領域を否定され、すべて国家目的（天皇のもとでの国家総動員体制）に奉仕するものであることが要請される。これが「臣民の道」すなわち一般国民の生き方として義務づけられ、教育されたのである。

ちなみに、ドイツのナチス体制下でも、「生のあらゆる面」が、「私生活」を含めた生の「全領域」が、国家目的のために動員された（ヘルマン・ラウシュニング著、菊盛英夫・三島憲一訳

『ニヒリズムの革命』)。ヒトラーはこう述べている。「彼ら〔ドイツ国民〕は、一生自由になることはない。……彼らはそれで幸福なのである」と(ナチ党幹部への演説、一九三八年一二月)。

三、日独伊三国同盟——それは対米戦争回避のためだった

三国同盟の目的

第二次近衛内閣の外交政策上の大きな出来事は、日独伊三国同盟(以下、三国同盟)の締結とその後の推移であり、この問題をみておきたい。

「時局処理要綱」における「独伊との政治的結束」強化の方針にもとづいて、一九四〇年(昭和一五年)九月二七日、ドイツの首都ベルリンで三国同盟条約が締結された。

その要点は、

一、日本は欧州新秩序建設における独伊の指導的地位を認め尊重する(第一条)。

二、独伊は大東亜新秩序建設における日本の指導的地位を認め尊重する(第二条)。

三、三国はたがいに協力し、三国中いずれかの一国が現に欧州戦争または日中紛争に参入していない一国によって攻撃された時は、「三国はあらゆる政治的、経済的および軍事的方法により相互に援助すべきことを約《やく》す」（第三条）。

四、三国は、本条約の諸条項が三国のそれぞれとソ連との間に現存する政治的状態に何らの影響をおよぼさないものであることを確認する（第五条）。

である。

第三条の「欧州戦争または日中紛争に参入していない一国」とは、具体的にはアメリカとソ連を指す。だが、第五条でソ連は除かれているので、この同盟がアメリカを仮想敵国とした対米軍事同盟であることは、名指しはしていないが、明瞭に表明されている。

近衛によれば、三国同盟の「具体目標」は、アメリカの参戦防止と、対ソ親善関係の実現の二つにあった（220ページ）。

当初（条約締結前）、陸軍も松岡外相も、独伊との同盟を、イギリスを仮想敵国とした対英軍事同盟として考えていた。

大東亜新秩序（大東亜共栄圏）の建設のためには、東南アジアのイギリス領植民地を支配下に置く必要があり、イギリスとの戦争が想定されていたことは、すでに触れた。また、仏印、蘭印など東南アジアに対する日本の支配権を、ドイツ側に認めさせることも要請されていた。仏印、蘭印の宗主国であるフランス、オランダは、すでにドイツに攻略されていたからである。

それらの観点から、独伊との同盟は対英軍事同盟として考えられていたのである。

ところがドイツは、イギリスを支援するアメリカの対独参戦に直面しており、アメリカを太平洋側から牽制《けんせい》するため、日本との同盟を望んでいた。そこで、むしろアメリカを仮想敵国とする対米軍事同盟を提案してきた。しかも、イギリス攻撃のためには、日本の軍事支援を要せず、対英軍事同盟の必要はないとの意向だった。

そこで、日本側は、東南アジアでの日本の支配権をドイツに認めさせる必要から、やむなく対米軍事同盟に同意した。

国内の有力者のなかには、この同盟によってアメリカは態度を硬化させ、日米戦争が不可避になるとして、危惧を表明する者もあった。

しかし、近衛内閣は三国同盟締結に踏み切ったのである。

ソ連を加えた四カ国でアメリカに対抗すべし

近衛は、三国同盟と対ソ親善の実現を結びつけ、日独伊ソの四カ国の圧力で、アメリカとの関係改善を実現しようとしていた。

近衛はこう述べている。

「日米の国交」はますます「悪化」の一路をたどり、両国の関係は「極度の行き詰まり」の状態になっている。もはや礼譲や親善の希求などの通常の外交手段では「国交改善」の余地はない。


「唯一の打開策は、むしろ米国の反対陣営たる独伊と結び、さらにソ連と結ぶことにより て米国を反省せしむるほかはない。独伊だけでは足りない。これにソ連が加わる事により てはじめて、米英に対する勢力の均衡《きんこう》が成り立ち、この勢力均衡の上にはじめて日米の了 解も可能となるであろう。すなわち日独ソの連携も、最後の狙《ねら》いは対米国交調整であり、 その調整の結果としての支那事変処理であったのである」(222～223ページ)

すなわち、三国同盟とソ連との提携を組み合わせることによって、アメリカに圧力をかけ、行き詰まっている対米関係を打開しようというのである。

松岡外相もまた同様に、三国同盟を対米関係の改善に結びつけたいと考えていた(207、220～221ページ)。

当時、日本は日米通商航海条約破棄後、アメリカの輸出制限に苦しんでいた。石油と屑鉄《くずてつ》以外の主要物資が、アメリカから輸入できなくなっていたからである。対日輸出制限は、日中戦争に対する対中国支援の意味も含まれていた。

そこで近衛や松岡は、三国同盟と対ソ提携を結びつけ、日独伊ソの四国提携の圧力によって、アメリカに譲歩を迫ろうとした。それにより、主要資源の対日輸出を再開させ、さらには対中国支援を控えさせようとしたのである。陸軍もまた同様の考えだった。

三国同盟締結協議の際、ドイツ側から日ソ親善について「正直なる仲介人」としての用意があるとの申し出がなされていた（201～202ページ）。これが、三国同盟締結の一つの理由だった。

ただ、松岡は、当面「日独伊同盟を締結すれば、対米関係は悪化し、物資の面では、〔中国との〕戦争遂行にも国民生活にも非常な困難が来る」と考えていた（202ページ）。だが、それも日独伊ソの提携が実現すれば、アメリカは譲歩せざるをえず、困難な状況は打開されるだろうと判断していた。

陸軍も、武藤軍務局長は部内の会議で「日独伊条約は……米国を目標としている。……ドイツ側は米国の欧州戦参加を阻止し、日本は……日米衝突を……阻止するかあるいはこれを収拾する力となるべし。……本条約は日米戦を目的とするのでなく、あくまでこれを回避するのを目的としている」と述べている（『金原節三業務日誌摘録』防衛省防衛研究所所蔵）。

それに続いて東条陸相も「次に来るのはソ連との調整である」と言葉を継《つ》いでいる。

つまり、三国同盟は対ソ国交調整とセットで、アメリカとの戦争を回避するためのものだというのである。

一般には、三国同盟は対米戦争を目的とするものだったとの理解が一部にある。だが、近衛や松岡、陸軍にとっては、むしろ対米戦争を回避するためのものと認識されていた。

近衛らは、三国同盟と日ソ提携によって、世界に「新秩序」が形成されると考えていた。

それは、近衛によれば「世界諸民族が数個の共存圏を形成する」ものだった（208ページ）。具体的には、独伊が主導する欧州・アフリカ、日本が主導するアジア、ソ連圏、米国が主導する南北アメリカ、の四つの「共存圏」に世界が分割される。つまり、近衛らは、大英帝国が消滅した新しい世界秩序の形成を企図していたのである。それが「時局処理要綱」以来の近衛内閣や陸軍の狙いだった。

なお、松岡や陸軍の一部は、三国同盟の効果の一つとして、ドイツの仲介による日中間和平の可能性を考えていたようである（佐藤元英『御前会議と対外政略 1』、原田『西園寺公と政局 第八巻』）。

これについては、一一月頃、実際にドイツに対して外務省ルートで日中間の仲介を依頼している。それを受け、ドイツのリッペントロップ外相は重慶国民政府の陳介《ちんかい》駐独大使と会談し、いちおう仲介を試《こころ》みているが、事態は進展しなかった（大橋忠一『太平洋戦争由来記』、防衛庁防衛研修所戦史室『大本営陸軍部　大東亜戦争開戦経緯3』）。

昭和天皇の憂慮

一九四〇年（昭和一五年）九月一六日、三国同盟締結を閣議決定したあと、近衛は、その旨を昭和天皇に奏上した。その時天皇は、近衛に対して「自分はこの時局が心配であるが、万一〔日米戦となり〕日本が敗戦になった場合に……近衛も自分と苦楽を共にしてくれるだろうか」と問いかけている。

翌日も、三国同盟問題について閣議が開かれることになっていたが、松岡外相の出席が遅れた。その時のことを富田は、こう記している。

「そこで、私はいつもの通り、ボツボツ閣議を開いていたら、そのうち松岡外相も馳《か》けつけてくるだろうと思って、総理に『閣議をそろそろ開いてはいかがでしょうか』と言うと、いつになく近衛公はむっつりとして、『今日は重要な閣議だから全閣僚そろってから、開くことにします』と素《そ》っ気《け》ない言葉で、態度もまた、ふだんと異なっており、総理大臣室の正面の大机の椅子に端正な姿勢で眼《め》を半眼に閉じたまま、きちんと胸を張って座《すわ》っておられる。いつもソファーに横に寝そべっている近衛公とは、およそ別人の感じである。このことは、すぐ後で了解できた。近衛公としては、珍しい緊張の数刻だったのである。松岡外相も、やがてあたふた入ってきた。……『外相来《きた》る』と私が報告するや、近衛総理はスックと立ち上がって、スタスタ隣室の閣議室に入っていく。そして、私（内閣書記官長）が閣議の開催を述べると、すぐに近衛公は椅子《いす》を離れて立ち上がった。（立って話をすることは閣議ではほとんど前例のないことである）。そして厳粛に、おもむろに述べたのである。『本日は三国同盟に関する重要な閣議でありますが、この際、私より閣僚各位にご報告致します。昨日、本条約に関し奏上致しましたるところ、陛下におかせられましては、日本の将来につき、深く御軫念《しんねん》遊ばされておりまして、特に今後何百年にわたる日本の運命を決すべき重大事であり、朕《ちん》と苦楽を共にしてくれよとの御言葉でございました。私は誠《まこと》に恐懼《きょうく》に堪《た》えませぬ。ここに閣僚各位にこの御言葉をお伝えいたしまして、共に聖《せい》旨《し》に副《そ》うよう最善の努力を尽くしたいと存じます。……今後各位のいっそうのご支援をお願い致します』と簡単ではあったが、厳然とした報告であった」（204〜205ページ）

近衛の緊張した姿が伝わる描写であり、内閣書記官長として近衛のそばにいた富田ならではの回想といえる。

五〇パーセントの確率

九月一九日、御前会議で三国同盟締結が正式決定された際、原嘉道《はらよしみち》枢密院議長は、アメリカは三国同盟により「日本に対し石油、鉄を禁輸」するのではないか。長期にわたって「日本を疲弊」させ、「戦争に堪えざるに至らしめる」ようはかるのではないか、と質問している（佐藤『御前会議と対外政略 1』）。

当時、アメリカの輸出制限措置によって、日本がアメリカから輸入しうる軍需物資は、航空機用ガソリン・潤滑油以外の石油製品・原油・一般屑鉄のみとなっていた。

この原の質問に対し、松岡外相は、今や「米国の対日感情は極端に悪化し」ており、わずかの機嫌取りで回復するものはない。ただ「我の毅然《きぜん》たる態度」によってのみ戦争を避くることができる。それにより機会をとらえて「日米関係の改善」を試みるつもりだ、と答えている。松岡も、日米関係の改善を望んでいたのである。ただ、それには毅然とした態度しかないというのである。

さらに原は、「米国は自負心強き国なり。したがって我が国の毅然たる態度の表示が、かえって反対の結果を促進することなきやとも考う」との意見を述べた。

これに対して、松岡はこう応じている。アメリカは態度を「一時硬化」させるだろうが、「冷静に利害を算討し、冷静なる態度に立ち返る」と考えている。「もとより彼がますます硬化して一層険悪なる状態となるか、彼が冷静〔に〕反省するかの公算《こうさん》は、半々なるべし」と。

松岡自身、三国同盟によって日米戦争を避けることができるか否《いな》かは、五〇パーセントの確率だと考えていた。松岡はこの時点では、五〇パーセントの確率にかけていたのである（その確率は、三国同盟にソ連を加えることができれば、さらに上昇するとは想定されていただろう）。

ただ、松岡は、それ以外に現在の事態に対処する方法はないとの見方に立っていた。

なお、この御前会議において、日米戦となった場合の国力の見通しについて質問が出された。これについて近衛は、日米戦争になっても耐えうる旨を答えている（同書）。

その後、一九四一年（昭和一六年）四月、日ソ中立条約が締結され、日独伊ソ四国の提携は実現する。

ところで、三国同盟締結後の同年一一月、元老西園寺公望が死去した。

西園寺は長年、近衛を引き立て、近衛も政党内閣期には西園寺の側近の一人として、貴族院の有力議員として、その活動に協力してきた。西園寺はイギリス型の政党政治を理想としており、それを日本に定着させるべく努力を重ねていた。だが、第二次近衛内閣の頃には、両者の考えにかなりの開きが出ていた。

その西園寺と近衛の関係について、富田は、一九三九年（昭和九年）頃の近衛の次のような発言を紹介している。

「今の政党はなっていませんよ。議会はどうにもなりませんよ……不勉強と無感覚だと言って、若い軍人が怒るのも無理はないと思う。私はそこで、今の日本を救うには……この議会主義をたたきつけなければならない。が、この議会政治の守り本尊は元老西園寺公です。これが牙城《がじょう》ですよ」(240ページ)

貴重な証言といえる。

四、日米交渉——アメリカの事情を見抜けなかった日本

「日米諒解案」への好感

ところで、日ソ中立条約締結の四日後、独ソ開戦前の、一九四一年(昭和一六年)四月一七日、野村吉三郎《のむらきちさぶろう》駐米アメリカ大使から、「日米諒解案」が打電されてきた。

その内容は、原著でも詳細に紹介されている(287〜294ページ)。

ポイントは以下の点にあった。

一、三国同盟にもとづく日本の軍事上の義務は、ドイツが現在欧州戦争に参戦していない国によって、積極的に攻撃された場合にのみ発動される。

二、アメリカ政府の欧州戦争に対する態度は、もっぱら自国の福祉と安全とを防衛する考慮によってのみ決められる。

三、日中戦争について、中国の独立、日中間の協定にもとづく日本軍の撤兵《てっぺい》、蔣介石政権（重慶）と汪兆銘《おうちょうめい》政権（南京《ナンキン》）の合流、満州国の承認などを条件に、米大統領が蔣政権に和平を勧告する。

四、日本が武力による南進をおこなわないことを保証し、アメリカは日本の必要資源入手に協力する。

五、新日米通商条約を締結し、両国の通商関係を正常化する。

六、日米首脳会談をハワイのホノルルにおいて開催する。

この諒解案は、両国間の懸案事項について、項目六の日米首脳会談に先だち、両国の見解を大まかに統一しておこうとするものだった。

日本側にとって枢要な点は、項目三の米大統領による中国への和平勧告、同四の必要資源入手、同五の通商関係正常化にあった。撤兵条項については、日中間の協定にもとづくとされており、撤兵の期間や範囲は、協定内容によりさまざまな方策がありうると日本側は判断していた。

これに対し、アメリカの主な関心は項目一と二、すなわち対独参戦した場合の日本側対応にあった。それは、アメリカの対独参戦を自衛のためのものとして認め、三国同盟の適用外とし、日本は参戦しない趣旨を含んでいた。

諒解案の内容は、近衛内閣、陸海軍ともに、容認しうるものだとして歓迎する姿勢だった。ただ、松岡外相は独伊ソ訪問中で留守にしていた。

諒解案到着後の大本営政府連絡懇談会（大本営政府連絡会議を改称）では、「原則賛成」との返電をすぐに打ったらどうかとの意見が強かった。

ところが、外相臨時代理だった近衛首相が、「もう二、三日すれば帰着するはずの外相の意見も一度聞いてからにすべきではないか」との意見を示した（296ページ）。これに他のメンバーも同意、松岡の帰着を待つことになった。

富田によれば、当初は富田書記官長のみが松岡を出迎えることになっていたが、近衛は富田に次のように話したという。

「松岡外相は、人一倍感情の強い人だから、日米交渉試案（前掲日米諒解案）に対し、政府も大本営も一致して即刻、承諾の返事を出したいと言っても、これを言い出す人物のいかんによっては、またその時の本人の気持ちいかんでは、どういう返事をするかわからない。自分がわざわざ出向いて帰途、自動車の中ででも話をすれば、案外スラスラいくかもしれないと思う。自分が出迎えに行ったほうが良いと思うのだが」（298ページ）

そこで、富田とともに近衛も出迎えることとなった。

だが、立川飛行場に着いた松岡は、閣議に出る前に二重橋《にじゅうばし》で宮城を拝《おが》みたい、と言い出した。そのようなパフォーマンスを嫌う近衛は結局、松岡に同行しなかった。代わりに大橋忠一《おおはしちゅういち》外務次官が同車して松岡に事情を説明したが、松岡は同意せず、その後日米の関係は悪化し、太平洋戦争に突入していく。

のちに、近衛は「あの時、自分が同車していたならば」と、富田に繰《く》り返し残念そうに語ったとのことである（301ページ）。

興味深いエピソードである。

松岡外相の抵抗と修正案

帰国した松岡は、外相である自分が関知しないところでまとめられた日米諒解案に不快感を示した。そして五月三日になって、ようやく松岡は、外相として日本側修正案を大本営政府連絡懇談会に提案した。

そこでの大きな修正点は三点あった。

第一点は、三国同盟の軍事援助義務（第三条）について、諒解案での限定（自衛の場合は適用しない）が削除された。アメリカの対独参戦の場合における軍事援助規定の発動について、弾力的解釈の余地を残さないものとなった。

第二点は、米大統領から蔣政権に対する和平勧告の具体的項目がすべて削除されていた。これは、和平条件へのアメリカの介入を排除しようとの意図からだった。

第三点目として、日米首脳会談の項目が削除された。

これらは陸海軍の意向にはなく、松岡独自の意見によるものだった。

しかし、諒解案による日米交渉の早急な開始を望む陸海軍や近衛らは、この案をおおむね受け入れ、アメリカ側への修正提案として合意した。

そして五月一二日、アメリカ側に提示された。

松岡修正案の眼目は、第一点の三国同盟に関係する部分だった。松岡の意図は、アメリカが対独参戦すれば日本も対米参戦する意志を、明確にアメリカ側に示すことにあった。松岡は、この三国同盟の武力援助条項厳守の明示と、南方武力行使の威嚇《いかく》との組み合わせによってのみ、アメリカの対独参戦を阻止できると考えていた。

南方武力行使は、日ソ中立条約によって背後の安全を確保したことにより、その現実的可能性をすでに米英側に示していた。そして、日独伊ソ四カ国の提携それ自体、アメリカの対独参戦阻止の圧力になるとの判断だった。

つまり、松岡は日米諒解案の一、二、の部分には当初から反対だった。それを認めれば、アメリカの対独参戦に対する抑止効果が失われ、松岡の構想が根本から破綻すると考えていたからである。

急変したアメリカの回答

これに対して、アメリカ側対案が六月二一日に示された。

その内容は多岐にわたるが、ポイントは、

一、アメリカの欧州参戦は自衛のためである。日本は三国同盟条約第三条（相互援助規定）の適用を自衛による場合には除外する。

二、したがって、第三条はアメリカの欧州参戦には適用しない。
三、日中間の和平のための大統領の仲介は、日米間で定める和平条件のもとにおこなわれる。

にあった。

すなわち、アメリカの対独参戦は自衛のためであり、日本は三国同盟による対米参戦はおこなわない。日中戦争解決への米大統領の仲介の際には、和平条件についての日米間の合意を前提とする、というものだった。

また、日米間で合意すべき和平条件として、日中間の協定にもとづく中国からの日本の撤兵、満州国に関する日中間の交渉、などが挙げられていた。日本の防共駐兵や日中間の経済協力の問題については、今後の検討にゆだねるとされた。

アメリカの参戦と三国同盟の問題、和平条件の日米間合意は、明らかに五月一二日の日本側提案を否定するものだった（ただし、日米首脳会談には言及せず）。

このような内容は、日本側からみれば受け入れがたいものだった。

アメリカの修正案は、満州国を承認せず（日中間の交渉事項とする）、日本軍の駐兵を拒否している。また、蔣介石政権（重慶政府）と汪兆銘政権（南京政府）の合流に触れておらず、日中交渉の相手として、汪政権ではなく蔣政権のみを示唆している。さらに、事実上三国同盟の空《くう》文化《ぶんか》を求めている。そう判断されたからである。なお、汪政権は当時、日本の影響下にあった。

近衛や陸海軍は、当初の諒解案とのギャップに驚いた。

アメリカ政府は六月一二日頃、ドイツの対ソ侵攻の確証を得る。これを契機に、アメリカの対日姿勢は大きく変化し、それが六月二一日の米側提案に反映されていたのである。アメリカの態度変化は、松岡修正の影響というより、むしろ独ソ戦の確信によるものだった。

だが、日本側もアメリカ提案の到着翌日（六月二二日）の独ソ戦勃発《ぼっぱつ》によって、その対応に忙殺され、日米諒解案による日米交渉の検討は事実上、一時中断される。

このような経緯は、日本側の動きのポイント・ポイントが、原著でも比較的詳細に紹介されている。

アメリカが抱えていた事情

それでは、日米諒解案をめぐるアメリカのスタンスはどうだったのか。ここで、その背景となるアメリカの政策動向をすこし立ち入ってみておこう。

そもそも、アメリカ政府（ルーズベルト大統領・民主党政権）は、イギリスがドイツに敗北すれば、大西洋の制海権は失われ、アメリカ自身の安全保障に重大な影響をおよぼすとみていた。

ナチス・ドイツが、イギリスを含めて全欧州を支配すれば、アジアは日本の支配下に入るだろう。その結果、アメリカはヨーロッパとアジアから完全に切り離され、南北アメリカ大陸に封じ込まれる。これはアメリカの安全保障上、許容しがたい事態だった。

フランスの対独降伏後、ドイツの航空攻撃によりイギリスの存続にも疑いが持たれるようになった。だが、ルーズベルトは、イギリスの応戦能力に必ずしも悲観的な判断をしておらず、その本格的な支援に乗り出す。

一九四〇年（昭和一五年）九月二日、米英間での「駆逐艦・基地交換協定」が発表され、アメリカ政府の本格的イギリス援助、独英戦争への積極的コミットメントの姿勢を示した。

これ以後、アメリカ政府は戦略的に、いわゆるヨーロッパ第一主義をとった。欧州戦局を重視し、まずはドイツの打倒に向けて全力を振り向けるべきとの考えだった。したがって、アジアでの日本の動きに対しては、原則的には強硬なスタンスをとりながらも、対日戦を回避しながら、種々の牽制策によって、日本の軍事的膨張を抑止しようとする。

だが、三国同盟の締結によって、対独戦が同時に対日戦を誘発し、同時両面戦争となる強い蓋然性《がいぜんせい》が生じてきた。アメリカ政府としては、大きな国力を持つとはいえ、戦争準備の観点から、大西洋と同時に太平洋で戦争状態に陥《おちい》ることは、できるかぎり避けたかった。

また、三国同盟第二条（東アジア・東南アジアでの日本の指導権を承認）によって、日本の南進条件が整えられた。仏印、英領マレー・シンガポール、蘭印への日本の武力行使の現実的可能性が増大したのである。

アメリカ政府のなかでは、さらに日ソ間に協定が成立し、日独伊ソ四国の提携が実現すれば、アメリカの利害が大きく損《そこ》なわれるとの懸念《けねん》が出されていた。ドイツとソ連の間には、すでに不可侵条約が結ばれており、三国同盟を契機に、日ソ提携の方向に事態が展開することを危惧してのことだった。

スティムソン陸軍長官やモーゲンソー財務長官は、日本が南進行動に出る前に対日経済制裁を強化すべきだとして、対日石油全面禁輸を主張した。だが、ハル国務長官は、「石油全面禁輸は日本を蘭印に向かわせる」として反対。ルーズベルト大統領もハルを支持した。この頃、ルーズベルトも、石油を禁輸すれば日本は蘭印に進むだろうとの趣旨の発言を残している。

ハルもルーズベルトも、この時点ですでに、石油全面禁輸は日本の武力南進を誘発すると判断していたのである。

アメリカの態度が変化した理由

このような状況のなかで、日米諒解案が浮上してきた。

諒解案は、アメリカのカトリック神父ウォルシュとドラウト、日本の井川忠雄《いかわただお》産業組合中央金庫理事と岩畔豪雄《いわくろひでお》前陸軍省軍事課長らによって、非公式な協定案としてまとめられたものだった。

ウォルシュとドラウトは、ハル国務長官、ルーズベルト大統領とも接触していた。井川は近衛首相とつながりがあり、岩畔は陸軍省から野村大使を補佐するためアメリカに派遣されていた。また、その作成過程には、駐米日本大使館、米国務省なども直接間接に関与していた。

一九四一年（昭和一六年）四月一四日、ハル長官と野村大使との会談がおこなわれた。そこでハルは、「これまで非公式に打診されてきている日米諒解私案を〔野村〕大使より正式提案として出すよう」うながした。

ハルは、四月九日に野村から示された諒解案の草稿について、「われわれは非常に失望した。それはわれわれが考えていたより、はるかに調停の余地の少ないもの」とみていた。ところが、四月一六日には、それに部分的な修正を加えたにすぎない日米諒解案を、日本側から公式のルートに乗せるよう勧《すす》めている。

ハルの態度の変化は、なぜ起こったのだろうか。

その重要な要因は、四月一三日の日ソ中立条約締結にあったと推測される。

この条約により、日独伊ソ四国提携が進展し、かつ日本は北方の安全を確保し、南方進出のための前提条件を整えることができた。それは、日本の南方武力行使が、アメリカにとっても現実的な脅威となる可能性が高まったと受け取られ、ルーズベルト政権の政策に深刻な影響を与えたのである。

アメリカ政府は、松岡が訪欧に出発した三月中旬には、日ソ間で何らかの協定ができるのではないかとの懸念を持っていたが、それはなお可能性にとどまっていた。

この頃アメリカ政府は、海軍のパトロール地域を大西洋西経二六度以西にまで拡大し、その地域への枢軸国艦船の侵入は、実力で阻止するとの方針をほぼ固めていた(「半球防衛計画第一号」。その範囲にはグリーンランド・アイスランド西端が入る)。そして、その実行に必要な大西洋艦隊強化のため、太平洋艦隊の一部を大西洋に移動させる意向だった。

ドイツは、すでにアイスランド、グリーンランド以東を戦闘地域とすると宣言していた。したがって、アメリカのパトロール地域とは水域が重なり、米独が交戦状態に入る可能性があった。

だが、日ソ中立条約締結二日後の四月一五日、アメリカは太平洋艦隊の大西洋移動を一時保留することを決定。「半球防衛計画第一号」実施も延期された。日本の南方進出を警戒してのことだった。

したがって、対独戦を優先したいアメリカ政府は、米独開戦時の日本の参戦回避、日本の南進回避のため、ある程度日米妥協の可能性を探らざるをえなくなったとみられる。

それが日米諒解案を公式ルートに乗せるようハルが野村に勧めた理由だった（ウォルドゥ・ハインリクス「日米関係におけるソ連要因」入江昭・有賀貞編『戦間期の日本外交』）。

そのためには、中国の利害をある程度犠牲にすることもやむをえないとハルは考えていたようである。

たとえば、ハルは五月二三日、中国の胡適《こてき》駐米大使に「極東問題はヨーロッパ戦争と結びついている。ヨーロッパ戦局がさらに危険なものとなれば、ハワイにいるアメリカ海軍の大部分を大西洋に移動させねばならなくなるかもしれない。したがって極東和平の問題は、交渉の段階で取り上げられるのではないにしても、起こりうることである」と述べている（福田茂夫『アメリカの対日参戦』）。

「極東和平の問題」とは、日米諒解案における米大統領の対中和平勧告が念頭に置かれていたものと思われる。

アメリカはこの頃、大西洋での対独戦と同時に、太平洋で日本と戦争を遂行する準備はできていなかった。したがって、近づく対独戦突入の際、日本が三国同盟によって対米参戦することを強く危惧していた。そして、日ソ中立条約の締結によって北方の安全を確保した日本が、南方武力行使に踏み切るのではないかと懸念していたのである。

アメリカにとって諒解案の重要な狙いは、それによって日本の南方進出を引き延ばし、対独戦突入時の日本参戦を回避することにあった。

その頃、アメリカ政府はさまざまな情報から、ドイツの対ソ侵攻の兆候をつかんでいた（バルバロッサ作戦計画の情報も入手）。

だが、ドイツのソ連国境線への兵力集中は、対ソ威圧を狙ったもので、スターリンはそれに屈服するのではないかとの情勢判断をしていた。むしろ、ドイツの強い主導権下の新たな独ソ提携の出現を危惧していたのである。また、ドイツの春季攻勢はイギリスに向かうとの見方も、政府内には強かった（同右）。

したがって、独ソ間の緊張を知りながらも、アメリカ政府としては、対日融和的な日米諒解案を、日米間の交渉開始の基礎として容認することとなった。さしあたり日本の南進を押さえ、近い将来予想される対独開戦時の日本参戦を回避することを意図したのである。

その後、五月一二日、日本政府の正式提案（日本側修正案）が到着し、事実上日米交渉が軌道に乗ると、翌日、アメリカ政府は、一部太平洋艦隊の大西洋移動を決定する。

さまざまな情報から、諒解案にもとづく日米交渉が継続している間は日本の南進はないと判断していたからである。これにより太平洋艦隊の約二〇パーセントが削減され、太平洋での日本艦隊との勢力比は劣勢となった。

ちなみに、前述のように、アメリカ政府が、ドイツの対ソ侵攻の確証を得るのは六月一二日頃で、それ以後、アメリカの対日態度は大きく変化し、六月二一日の強硬な対案提示となる。

独ソ戦勃発と、近衛が考えた三国同盟破棄

このアメリカ側提案到着の翌日となる一九四一年（昭和一六年）六月二二日、独ソ戦が勃発する。

独ソ間緊張の情報は早くから日本でも把握していた。

その情報は、松岡外相の渡欧前、日ソ中立条約締結前から伝えられていた。その後、六月五日には、大島《おおしま》浩《ひろし》駐独大使より「独ソ開戦は確実」との知らせが入る。その段階でも松岡は独ソ間での「妥協六分、開戦四分」との判断で、陸軍でもそれほど急迫しているとはみていなかった（323～324ページ）。

だが、独ソは結局、開戦となる。アメリカとイギリスは、ただちにソ連援助の声明を公表。日独伊ソの提携は崩壊する。

これは、近衛や松岡、陸軍にとって、まさに衝撃的な事態だった。日独伊ソ四国の連繋《れんけい》によ

ってアメリカに圧力を加え、その政策変更をせまる、一種の威圧外交は、独ソ戦によって瓦解《がかい》したのである。

このような事態に直面して、松岡は「日本はドイツと協力してソ連を打つべき」として対ソ開戦を主張した。陸軍でも田中新一《たなかしんいち》作戦部長ら参謀本部は同様の考えだった。

しかし、武藤軍務局長ら陸軍省は対ソ開戦に慎重で、近衛も対ソ開戦には反対だった。そして、七月二日の御前会議決定「情勢の推移に伴う帝国国策要綱（以下、帝国国策要綱）」で、「さしあたりソ連に対し行動を起こさない」ことが決められる（325ページ）。

富田によれば、この時、近衛は三国同盟の破棄を考えていたようである。


「ここで独ソ開戦により、三国同盟の再検討ということが当然問題となってくる。……三国同盟は元来《がんらい》ドイツとソ連との友好関係という基盤の上に成立したものであると共に、同盟締結の当初の目的は、この同盟にソ連を加盟せしめて、でき得れば日独伊ソの四国協定となし、これら四国提携の圧力によりて、米国との了解を遂げ、支那事変を終結させようというものであり、これこそが近衛公の三国同盟締結の真の目標だったのである。したがって、独ソ開戦ということは、この基盤の崩壊であって、議論上は独ソ開戦即三国同盟破棄の結論となるわけである。そこで、近衛総理は私（内閣書記官長）に命じ、文書にして、松岡外相ならびに陸海両相に対し、三国同盟破棄の理論と、したがって改めて同盟存続の可否を検討すべきことを申し入れることになった。しかしこれは、木戸〔幸一〕内大臣の賛成を得ただけで、松岡氏は問題にせず、軍部大臣もドイツ破竹の進撃に目がくらみ、独ソ戦はドイツの圧倒的勝利をもって三、四ヵ月で終了すると思い込んでいる始末で……誰も同盟破棄のことなど真剣に考える空気ではなかった」（325〜326ページ）

近衛自身の手記にも、

「余《よ》〔近衛〕は〔独ソ開戦〕当時、三国同盟締結の理由ないし経過に鑑み、本条約〔三国同盟〕を御破算《ごはさん》にすることが当然なのではなかろうかと、軍部大臣とも懇談したことであった。しかしながら、ドイツ軍部を信頼すること厚きわが陸軍は、とうていかかる説に耳を傾《かたむ》けようとしなかった。……ここにおいて、余は次の結論に達した。すなわち、三国同盟の再検討はとうていわが国内事情が許さざるのみならず、昨年締結したばかりの同盟を今すぐに廃棄すべきがごときは、いかに相手方の裏切り行為によるとはいえ、それは裏面の話であって、表面はわが国の国際信義の問題となる。ゆえに今、三国同盟そのものを問題とするは適当でない。……かかる条件の下において、将来三国同盟より生ずることあるべき危険、すなわち対米戦争の危険に陥るごときことあらば、わが国としては由々《ゆゆ》しき一大事である。……ゆえに、この危険に対しては充分備えるところがなければならぬ。それは、日米接近のほかはない。……余が三国同盟に多少、冷却的影響を与えることありとも、日米交渉はぜひ成立せしめねばならぬと決心したのはこのためであった」(226〜227ページ。原文は近衛『失はれし政治』)

と記されている。

つまり、独ソ戦によって三国同盟の破棄を考えたが、陸軍の反対と、国際信義の問題から断念したというのである。

ただ、この点については異なった角度からの見解もある。

富田の回想では、近衛の三国同盟破棄論に対して、木戸内大臣が賛成したとされている。そのことについて、木戸は戦後のインタビューで次のように述べている。

「近衛君も、ちょっと〔三国同盟の〕破棄をやったらよかったかなあ、というぐらいのことをいった。しかしまともに検討したというまでは行かなかった。あとから述懐として、あのとき解消してしまえばよかったといったんで、政府の問題として考えたんではないね」(勝田『重臣たちの昭和史 下』)

つまり、近衛は三国同盟破棄をまともに検討したとはいえず、あとからの述懐にすぎない、と。

また、三国同盟締結時の正式の交換公文で、ドイツは、日ソ関係について「その力のおよぶかぎり友好的了解を増進することにつとめる」ことを約束している。ドイツの対ソ開戦は、日本の「友好」国を攻撃するもので、その趣旨に明らかに反する。交換公文は公表はされていないが、正式の外交的取り決めであり、それに反することを非難しても、特段に「国際信義を破る」ことにはならない。

さらに、近衛は松岡への書簡で「米国と国交を調整する結果、ドイツの要求に満足を与えることはできず、ために一時その感情におもしろくない暗流を、生ずることになるかもしれぬが、これはやむを得ない。米国との国交調整は……必要である」と記している(334ページ)。

日米諒解案にもとづく日米和解は必要で、それによるドイツとの感情的な疎隔《そかく》も一時的なものにとどまると判断していたとみられる。

すなわち、近衛はこう考えていた。当面、日米諒解案によるアメリカとの関係改善を実現する。そのうえで、独ソ戦でソ連が屈服すれば、三国同盟はなお意味を持つ。また、もしアメリカの対独参戦によって英米側が優位となっても、日米関係が改善されていれば、それはそれで対処できる、と。

そのような見方である。

近衛内閣の評価に関わる興味深い論点であり、なお検討を要する問題だといえよう。

関東軍特種演習

このように、対独関係はともかくとして、近衛は対米関係を何とか改善したいと考え、諒解案にもとづく日米交渉の進展を強く望んでいた。

しかし、松岡外相は日米交渉の打ち切りまで主張した。その後も、原著で紹介されているように、富田らが作成した米側回答への対案にも不満を示すなど混乱が続いた（338〜339ページ）。

そこで、近衛内閣はいったん総辞職し、松岡外相を排除するかたちで、第三次近衛内閣が組閣された（七月一八日）。外相には海軍出身の豊田貞次郎《とよだていじろう》が就《つ》いた。

さて、独ソ開戦後、七月二日の御前会議で「帝国国策要綱」が決定されたことは、すでに触れた。

その要点は次のようなものだった（330〜331ページ）。

一、自存自衛上、南方要域に対する各般の施策を促進する。そのため南方進出の態勢を強化する。
二、独ソ戦に対しては、しばらくは介入せず、密《ひそ》かに対ソ武力的準備を整え、自主的に対処する。独ソ戦争の推移がきわめて有利に進展すれば、武力を行使して北方問題を解決する。
三、北方武力行使は、対英米戦争の基本態勢保持に支障のないようにおこなう。
四、米国の対独参戦は極力防止するが、参戦の場合は、三国同盟にもとづき行動する。ただし武力行使は自主的に決定する。

すなわち、独ソ戦については、当面は介入しないこととなった。ただ、対ソ戦備を整えておき、戦況が日本にとってきわめて有利な状況となれば、北方武力行使に踏み切ることが認められた。また、南方進出の態勢を強化するとの一般的な合意がなされた。

これは陸軍案をもとにしたもので、田中作戦部長ら参謀本部の対ソ侵攻論が、武藤軍務局長ら陸軍省によって陸軍内でいちおう抑えられたことを意味した。また、内閣レベルでは松岡の対ソ開戦論が抑えられた結果でもあった。

しかし、田中ら参謀本部は、対ソ戦準備そのものは公式に認められたことから、北方武力行使を念頭に満州への陸軍の大動員を計画・実施する。その総兵力は八五万に達した。未曾有《みぞう》の大動員である。これら人員・物資の移動は極秘とされ、動員目的を秘匿《ひとく》するため、名称も「関東軍《かんとうぐん》特種演習（関特演《かんとくえん》）」とされた。

ただ対ソ侵攻そのものは、独ソ戦がドイツにきわめて有利と判断されるまでは、認められていなかった。

しかし、関特演の動きをつかんだルーズベルト大統領から、次のようなメッセージが近衛首相に届けられる。

「各種各様の源泉から米国政府に達しつつある情報は、日本政府がソ連と戦端を開く意図を持っていることを告げている。……日本軍が軍事的侵略と征服の路《みち》に踏み出すならば、それは日本政府もまた分かち合うものと了解される」（335ページ）

五、南部仏印進駐——南進よりも北進を恐れたアメリカ

予想外だったアメリカの反応

他方、日本側は、「帝国国策要綱」にもとづき、南方進出への第一段階として、南部仏印進駐を決定・実行する。

これに対し、七月二一日、日本側の動きを知ったアメリカ側から「かくては従来の会談は無用となる」として、日米諒解案にもとづく日米交渉の打ち切り通告がなされた（350ページ）。ここで日米諒解案はいったん御破算となる。続いて、七月二五日、アメリカ政府は在米日本資産を凍結し、その後、石油を含め日本への輸出を全面的に禁止する。

石油の全面禁輸は日本にとって決定的な意味を持っていた。当時、日本は石油の需要をほとんどアメリカからの輸入に頼っていたからである。

このアメリカの対日全面禁輸措置は、近衛や陸海軍にとっても予想外のことだった。

富田はこう記している。

「今から考えると、日本の南部仏印進駐は、結局米国をして対日戦を決意せしむる原因となったのであるが、当時、近衛公も私も、このことで海軍側ともしきりに懇談を重ね……心配していたことであったが、海軍でも仏印進駐だけでは、皆それほど重大な結果を招来するとは予想していない様子であった。……それほど重大な結果には至るまいという考えのもとに、仏印進駐の決定に賛成したというのが、近衛公の真意であった」（349〜350ページ）

この点は陸軍も同様だった。しかも、燃料である石油を絶たれた海軍に、南方石油資源獲得のための南方武力行使論が台頭《たいとう》してくる。東南アジアのイギリス領植民地や蘭印への武力行使は、英米の緊密な関係から対米開戦をも意味した。

富田によれば、近衛は「対米関係において、慎重かつ消極的な海軍を杖柱《つえはしら》として、陸軍の積極論を抑えてきた」（351〜352ページ）。その海軍が強硬姿勢となってきたのである。その後、陸海軍ともに対南方武力行使に傾斜していき、ついに対英米開戦となる。

その意味で、南部仏印進駐に対するアメリカの対日全面禁輸は、太平洋戦争開戦の決定的な契機となったのである。

石油全面禁輸はルーズベルトの意思ではない⁉

では、なぜアメリカ政府は日本の南部仏印進駐に対して、対日石油禁輸、対日全面禁輸の措置に出たのだろうか。その点をすこし立ち入ってみておこう。

一般には、南部仏印進駐に対するアメリカの対日石油禁輸は、日本のさらなる南方進出を抑制するためだったとされている。

だが、そもそもルーズベルト大統領やハル国務長官は、石油の対日禁輸は日本の武力南進を誘発すると考えていた。三国同盟締結時などの際にも、アメリカ政府内の対日強硬派による石油禁輸論には、常に反対していた。

すでにみたように、アメリカ政府は、戦略的にヨーロッパ第一主義（ドイツ打倒優先）の姿勢であり、対日政策は、原則的には強硬姿勢をとりながらも、対日戦を回避しながら、種々の牽制策によって日本の軍事的膨張を抑止しようとしていた。

このように、アメリカ政府内でも、日本の南部仏印進駐への対応について、意見が分かれていたのである。対日強硬派は、対日圧力を強めれば日本は最終的に譲歩すると判断し、対日全面禁輸を主張。これに対して、ルーズベルトやハルは、石油の全面禁輸は日本を蘭印に向かわせ、日英米戦争となるとして、慎重な姿勢だった。蘭英米間ではすでに事実上防衛協力がすすめられていた。

したがって、八月一日に発表されたアメリカの対抗措置は、対日石油輸出制限強化で、必ずしも即時全面禁輸を意味するものではなかった。

それは、日本が一九三五・三六年度に購入したのと同量までの、原油、低質ガソリンなどについては、輸出許可証および凍結資金解除証を発行する、との内容を含んでいた（一九三五年の対日石油輸出量は約二三〇万キロリットル、一九四〇年の同量は約四五〇万キロリットル）。全面禁輸ではなかったのである。ルーズベルトは、輸出制限強化は警告的なものにとどめ、日中戦争前のレベルで対日石油輸出を認めるつもりだった。

しかし、実際には八月一日以降、石油は事実上の全面禁輸状態となった。モーゲンソー財務長官やイッキーズ内務長官、アチソン国務次官補など対日強硬派の意向だった。

ルーズベルトやハルが、対日石油全面禁輸の状態となっているのを知るのは、九月上旬だが、彼らもその時点では、事態（対日石油全面禁輸状態）を容認した。その間、ルーズベルトは前年五月にイギリス首相に就任していたチャーチルとの大西洋会談に臨《のぞ》んでおり、ハルは転地休養後だった。

では、なぜルーズベルトやハルは、日本への石油全面禁輸を認めたのだろうか。石油禁輸が日本を南方（蘭印）に向かわせると考えていたにもかかわらず、なぜアチソンらの措置を容認したのだろうか。

この頃、ルーズベルトらアメリカ政府は、独ソ戦において、ドイツの攻勢を受けたソ連軍が危険な状況に陥っていると判断。ソ連の対独戦線崩壊（対独講和）の危機感を強め、対英支援用軍需物資を急遽《きゅうきょ》、対ソ援助に大量に振り向けるなどの緊急の対応策をとった。このことは、同様の危機感からイギリス政府も了承していた。

八月三〇日、ルーズベルトは陸海軍長官に、ソ連に対する適切な軍需品供給は、アメリカの安全保障にとって最高の重要性を持つものだとの趣旨を伝えている（七月末から八月はじめ、ルーズベルトは側近のホプキンス前商務長官をソ連に派遣し、その報告により対ソ全面援助を決めていた）。

もし、ソ連の対独戦線が崩《くず》れドイツに屈服すれば、再びドイツがイギリス本土侵攻に向かうとみられていたからである。

それは前年よりはるかに強力なものとなり、イギリスに本格的な危機が訪れると考えられていた。イギリスの敗北は、アメリカにとってヨーロッパでの足がかりを失うこととなり、安全保障上の許容しえない状況に陥ることを意味した。

そのような観点から、アメリカ政府は関特演によるソ満国境への日本軍の大動員に強い警戒感を持った。先に触れた、ルーズベルトから近衛への、日ソ開戦への危惧と警告に触れたメッセージは、このことと関係していた。対独戦で苦境にあるソ連軍が、東部から日本軍の攻撃を

大西洋会談

1941年8月9～12日、大西洋の軍艦上でおこなわれた。左からフランクリン・ルーズベルト米大統領、ウィンストン・チャーチル英首相

受ければ、ソ連にとって最悪の事態になることも想定されたからである。

それゆえ、ルーズベルトは南部仏印進駐の機をとらえて、在米日本資産凍結と対日石油輸出制限、さらには全面禁輸という強硬措置に踏み切ったのである。それは、主に日本の対ソ攻撃を阻止するためだった。

誰も見抜けなかったキーワード

八月には、ドイツ軍の進撃によって、ソ連は危機的な状況に陥りつつあった。

そして、九月五日、ルーズベルトは、チャーチルからスターリンの書簡（九月四日付）を受け取った。

それは、独ソ戦による最近のソ連の惨

状を綿密に綴《つづ》ったもので、ソ連軍は壊滅寸前の敗北の危機にある旨が記されていた。破局を防ぐには、ドイツの背後に第二戦線を設ける必要があること、またアルミニウム、航空機、戦車などの緊急援助が、スターリンから要請されていた。これがないと、ソ連は長期抗戦力を失い、敗北するとしていた（ウォルドー・ハインリックス「『大同盟』の形成と太平洋戦争の開幕」細谷千博・入江昭ほか編『太平洋戦争』、深瀬正富「一九四一年におけるチャーチル首相の軍事・外交戦略」『軍事史学』第40巻1号）。

英ソ間では七月中旬に相互援助協定が結ばれており、イギリスは八月下旬に戦闘機四四〇機の供与を約束していた（ソ連の要請は毎月、飛行機四〇〇機・戦車五〇〇台）。さらに、ソ連のマイスキー駐英大使は、ソ連はドイツと単独講和するかもしれないと最悪の判断を示していた。

このような状況から、ルーズベルトは日本の北進《ほくしん》（ソ連攻撃）阻止のための最大限の圧力を行使することを決意し、アチソンらによる対日石油全面禁輸の措置を容認したのである（九月上旬段階でも、日本はなお満州一六個師団態勢を維持していた）。

これは、ルーズベルトやハルが懸念したように、日本の南進、対米開戦の危険をはらむものだった。にもかかわらず、この時、ソ連軍の崩壊を食《く》い止めることが、ルーズベルトにとって喫緊《きっきん》の課題であったといえる。

日本軍による北進の脅威が去れば、ソ連は極東軍を対独戦線の大幅な強化にあてることができる。それは当時のソ連にとって死活的な問題と判断されていた。ハルもまた、ルーズベルトのこの意向に異を唱《とな》えなかった。

当時、アメリカの対日戦準備は、フィリピン基地の整備や重爆撃機の配備などがまだ完了しておらず、未完成な状況だった。にもかかわらず、対日戦の危険をはらむ、石油の対日全面禁輸に踏み切ったのである。それだけ、アメリカ政府の、独ソ戦におけるソ連崩壊への危機感が強かったといえよう。

このように、アメリカの対日石油禁輸は、日本の南進への危惧から出された政策というよりも、日本の北進、対ソ開戦を防止する意図からなされたものだった。

したがって、日本側からみれば、南部仏印進駐による対日全面禁輸は意外な対応だったのである。イギリス領に侵攻したわけではないにもかかわらず、アメリカが、対日全面禁輸という戦争を賭《と》した措置に出るとは思われなかったからである。

当時の日本側の記録をみても、アメリカの対日全面禁輸措置を関特演と関係づけて考えていた者はほとんどいなかった。この点では、近衛も同様だった。

アメリカの石油禁輸によって、田中ら参謀本部は北進を断念。蘭印の石油を求めて南進へと方針を転換する。石油の供給を絶たれた状態では、対ソ戦は困難と判断したからである。

六、幻《まぼろし》の日米首脳会談――近衛の覚悟と挫折

富田のアイデアだった日米首脳会談

アメリカの対日全面禁輸措置と日米交渉打ち切りに対して、近衛は、ルーズベルトと近衛による日米首脳会談をアメリカ側に提案する。対米関係を改善し、日米戦争を回避するためである。

富田によれば、それは富田の発案によるものだった。「私は残された一つの途《みち》として、近衛公とルーズベルト大統領との両首脳の直接会談ということを思いついた」。富田が近衛にその旨を提案すると、近衛も「それはおもしろいですな。もうそれ以外途《みち》がないかもしれない。陛下より全権を委任されて、アメリカですべてを大統領と直接談判で定めてくる以外、途は残されていませんね」と賛意を表した（353～354ページ）。

そこで富田は、首脳会談の実施を軍部に納得させる必要があるとして、軍部への申し入れ文書を、近衛の口述にもとづいて作成した。その口述内容を紹介しよう。

「この際尽くすべきことは尽くすことが、われわれの義務だと思う。……まったく危機一髪の時であって、野村〔駐米〕大使等を通じての交渉では時宜《じぎ》を失《しっ》する恐れあり、……もちろん、日本の主張は大東亜共栄圏の確立にあり、米国は九ヵ国条約を楯《たて》としているので、この両者は相容《あいい》れない。しかしながら、米国も『合法的な方法による条約の改訂には、いつでも相談に乗る用意がある』と言っているし、またいっぽう、日本も理想としては、大東亜共栄圏確立を目指すものであるけれども、この理想の全部を一挙に実現することは、今日《こんにち》の国力では無理なのだから、日米の話し合いは双方が大乗的《だいじょうてき》立場に立って話せば、できないことはないと考える。この会談は急を要する。何となれば、独ソ戦の見通しとしては、だいたい九月には峠《とうげ》が見える。もし今日、一部の人の予想するごとく戦争が膠着《こうちゃく》すれば、ドイツの将来は楽観を許さない。そういう形勢になれば、米国の鼻息も強くなり、日本からの話などは寄せつけないことになる。逆に、独ソ戦がドイツに有利に展開するとしても、この会談は日本にとって大《だい》なる不利はもたらさない。ドイツの対日感情は冷却する恐れはあっても、ドイツの世界制覇とか、対米英完勝などはあり得ず、したがって、日独の関係はいかようにも転向の途はあり得る。ゆえにこの際は、独ソ戦が〔ドイツに〕有利な場合は深く心配する必要なく、むしろドイツに不利となる場合を考えて、一日も早く米国と手を打つことが急務だと考える。……要するに、尽くすだけのことを尽くす。それでできなければ、やむを得ない」(355～358ページ)

つまり、日本の大東亜共栄圏の確立と、アメリカの九カ国条約遵守《じゅんしゅ》は相容れない。しかし、アメリカも合意による条約修正は受け入れる用意があると言っており、日本も大東亜共栄圏を一挙に実現することは、今日の国力からして無理である。だから、首脳会談での合意の可能性はある。

独ソ戦の見通しについても、戦線が膠着すれば、ドイツの将来は楽観できない。ドイツ有利に展開しても、ドイツの世界制覇や対米英完勝はありえない。日米首脳会談は、一時的にドイツの対日感情悪化を招くかもしれないが、日独の関係はどのようにでも処理できる。今はドイツが不利となる場合を考えて、アメリカとの関係改善をはからなければならない。そういうのである。

この頃の近衛の、時局判断と対米・対独認識がわかり、興味深い。

たとえ殺されても

陸海軍は、この申し入れに対し、原則合意を伝えてきた(ただし陸軍は条件つき)。

富田によれば、この時近衛は「アメリカへ行けることになったら、たとえわが軍部が交渉条項につき異議を唱えても（このことは支那からの日本軍の撤兵ということについて、特にその公算《こうさん》は多かったのである）、会見地から直接、陛下に電報で御裁可を乞《こ》い、調印するという非常手段を考えていた」と述べている（359ページ）。

すなわち、近衛は、両首脳の合意に陸軍が反対しても、現地から昭和天皇の勅裁《ちよくさい》を得るとの「非常手段」を考えていたというのである。

このことは、近衛自身の手記類には記されていないが、木戸内大臣が戦後の談話で次のように証言している。

「近衛君がやってきまして……要するに『陛下のお力を借りたい』と言うことなんです。向こう〔ホノルル〕で近衛君とルーズベルトで、こっちは最大限の譲歩をしても仕方ない。だから、それ〔合意〕ができたら、そしたら僕のところに電報を打つから陛下のご承認を得てくれ。それから内閣に回す、と。こういうことにしようじゃないかと言うんだよ。近衛君は。……その辺でいこうじゃないかというのが僕ら二人の話で……その時の案をちょっと見ましたが、むろん最大限の譲歩です。……それで、そういう話で、『それじゃそういうつもりで自分〔近衛〕はいく。だから、いよいよまとまるというか、これでルーズベルトが承認したら、君のところへ電報を打つから陛下に奏上して、「それでよかろう」とおっしゃったらそれを陸海軍大臣に示して、それで「陛下の思《おぼ》し召《め》しだ」ということで押し切ろうではないか』という話だったんですよね」（『木戸幸一政治談話録音速記録』国立国会図書館所蔵）

木戸の証言は、富田の記述を裏づけている。

この頃近衛は、日米戦争を絶対に回避し、首脳会談によって日米間で懸案となっている諸問題を一気に解決する決意を周囲にもらしていた。やむをえなければ、中国からの撤兵や三国同盟の実質的破棄など、全面的な対米譲歩をおこなってでも、ルーズベルトとの合意に達したいとの考えだった。

近衛もこの時は、思いきったことを実行に移そうとしていたようである。陸軍の反対を押し切ってでも、またドイツと関係を決定的に悪化させても、アメリカとの関係改善を実現しようと決意していたのである。

この頃、近衛は交友のあった伊沢多喜男《いざわたきお》枢密顧問官と会談しており、伊沢が「これ〔日米首脳会談〕をやれば殺されるに決まっているが……」と話したのに対し、近衛は「生命のことは考えない」と答えている。また、伊沢が「生命のみではなく、米国に日本を売ったと言われるだろう」と述べると、近衛は「それでも結構だ」と応じ、決意を示している（矢部貞治『近衛文麿 下』）。

なお同時期、無任所国務大臣平沼《ひらぬま》騏《き》一郎《いちろう》（元枢密院議長）が、右翼団体構成員から銃撃され、一時重体となった。六発の銃弾を体に受けたが、かろうじて一命は取り留《と》めている。

近衛も、この時はかなりの覚悟で日米首脳会談に臨もうとしていたようである。それだけ、対米戦争回避の決意は固かったといえよう。

近衛は、かねてから国際社会は日本、ドイツなどの「持たざる国」にとってきわめて不公平な状態で、その「生存権」が脅《おびや》かされると主張していた。そこで、イギリス、フランスなどの「持てる国」に対して、「力」によって状況の変更を迫ることもやむをえない、との考えだった（近衛文麿述、伊藤武編『近衛公清談録』）。

したがって、「時局処理要綱」における対英武力行使、東南アジアのイギリス領植民地の獲得にも同意していた。つまり、対英戦争はやむなしとの考えだった。

だが対米戦争は、大きな国力差ゆえに絶対に回避したいことだったのである。

近衛の首脳会談の提案はアメリカ側に示され、近衛自身も直接ルーズベルトにメッセージを送った。

その後、野村駐米大使から、ルーズベルト大統領も首脳会談に乗り気なことが伝えられ、日本政府や陸海軍は、首脳会談の実現に備えて、随員《ずいいん》の人選などを進めた。
九月三日、近衛提案に対するアメリカ政府の回答が示された。それは、首脳会談には趣旨として賛成であるとしながらも、会談開催に先だち、これまでの懸案事項について事前に日米間に一定の合意が必要だとしていた。

これまでの懸案事項とは、中国撤兵問題、三国同盟問題、通商無差別原則の問題などを指していた。これらについては、アメリカ側と陸軍との間で、その主張が相容れない状況にあった。

これにより、首脳会談の実現には、これら日米間で妥協困難な問題の解決が前提とされ、事実上、首脳会談の開催の見通しは立たなくなった。

この段階で、首脳会談による日米和解という近衛の企図は水泡《すいほう》に帰した。

七、「帝国国策遂行要領」——陸海軍の動向、戦争か外交か

緊迫した御前会議

その間、日米首脳会談の動きとは別に、アメリカの全面禁輸措置を受けて、陸海軍では新たな国策の立案が進められた。

陸軍内部では、今後の対策をめぐって方針の対立が起きていた。田中作戦部長ら参謀本部は、すみやかに南方武力行使、対米英戦を決意し、作戦準備を進めるべきと主張。これに対し、武藤軍務局長ら陸軍省は、できるかぎり外交での解決をはかるべきと主張した。武藤らは、あくまでも日米交渉によって事態の打開をはかろうと考えていた。

海軍では、一〇月頃を目処《めど》に外交と戦争準備を並進させ、外交的妥協が成立しない場合は実力行使に踏み切るべきとの考えだった。

こうして九月二日、次のような「帝国国策遂行要領」陸海軍案が決定された。

一、対米英蘭戦争を辞せざる決意のもとに、一〇月下旬を目途《もくと》として戦争準備を整える。
二、これと並行して、米英に対し外交手段を尽くして要求貫徹につとめる。
三、一〇月上旬頃に至っても要求が貫徹できない場合は、ただちに対米英蘭開戦を決意する。

陸軍内部の対立意見と海軍の意見を折衷《せっちゅう》したものだった。

翌九月三日、大本営政府連絡会議で陸海軍案が一部（三の「要求が貫徹できない場合」を「要求を貫徹する目途のない場合」に）修正のうえで採択され、御前会議が開かれることとなった。

九月六日、御前会議で「帝国国策遂行要領」（370〜373ページ）が決定された。その時の模様については種々の記録が残されているが、会議に陪席《ばいせき》していた富田も生々《なまなま》しい回想を残している。

「かくして九月六日午前十時、御前会議は開かれた。そして席上、木戸内大臣の事前の取り計らいにより、陛下に代わって原〔嘉道〕枢密院議長から、質問をしたのである。『この案を見ると、外交よりもむしろ戦争に重点が置かれる感がある。政府と統帥部の趣旨を明瞭に承《うけたまわ》りたい』これに対し、及川《おいかわ》〔古志郎《こしろう》〕海相が政府を代表して答弁したが、統帥部からは誰も発言しない。そこで陛下が突如厳しいお態度で御発言になったのである。『ただ今の原枢相の質問はもっともである。これに対し、統帥部が何ら答えないというのはどうしたことか』と仰《おお》せられ、明治天皇の御製《ぎょせい》

よもの海みなはらからと思う世に
　など波風のたちさわぐらむ

を御読み上げになり、『余は常にこの御製を拝読して、大帝《たいてい》の平和愛好の御精神を紹述《しょうじゅつ》しようとつとめているものであるぞ』と仰せられた。一瞬、御前会議は、前例もないかかる御発言に、死のような沈黙が襲ってきたのである。私など幹事役として末席に陪席していた者さえ、息も詰まってしまうような瞬間であった。……やがて永野《ながの》〔修身《おさみ》〕軍令部総長は、この死のごとき静けさを破るがごとく、恐懼《きょうく》して発言した。『統帥部に対するお咎《とが》めは恐懼に堪《た》えませぬ。実は先ほど海相が答弁致しましたのは、政府・統帥部双方を代表したものと存じた次第であります。統帥部としても、もちろん海相のお答え致した通り、外交を主とし、万やむを得ぬ場合、戦争に訴《うった》うるという趣旨に変わりはございません』と申し上げた。……かくて九月六日の歴史的御前会議は、その会議経過においても、まさに未曾有の緊張裡《り》に散会したことであった」（376～377ページ）

海軍の態度

だが、その後も日米間の交渉は進展しなかった。「帝国国策遂行要領」で決められた交渉期限の一〇月上旬が過ぎた一〇月一一日夜、富田は海軍の岡敬純《おかたかずみ》軍務局長を訪ね、翌一二日に予定されている首相・陸海相・外相の会談で、海軍として「戦争回避、交渉継続」の意思をはっきり表明してもらいたい旨を依頼した。そして岡とともに、同日夜中に、及川古志郎海相邸に赴《おもむ》いた。

すると及川は、富田の依頼に対して「軍として、戦争できる・できぬなどと言うことはできない。戦争をする・せぬは政治家、政府の決定することです。……明日の会談では海軍大臣としては、外交交渉を継続するかどうかを総理大臣の決定に委《まか》すということを表明しますから、それで近衛公は交渉継続ということに裁断してもらいたいと思います」と答えた（384ページ）。

富田は、これで「和戦に対する海軍の態度は明瞭になった」と判断した。富田自身、この日のことは「生涯忘れられない夜」となったとしている。

だが、一〇月一二日の荻外荘での会議では、原著で詳しく紹介されているように（385〜387ページ）、事態は富田の望んだようには進まなかった。

東条英機陸相の「日米交渉は全然見込みなきものと考える」との発言に対し、及川海相は「総理大臣の裁断に俟《ま》つ」として、近衛首相の判断を求めた。今や戦争決意か、交渉継続かの重大な岐路に立っているとの認識を示したうえでのことである。

近衛首相は「自分としては、交渉のほうにより大なる確信あり。ゆえにこの途《みち》を選びたし」との判断を示し、「それにもかかわらず、戦争をやると言うならば、自分としては責任はとれぬ」と発言した。

東条は「九月六日の御前会議において、〔一〇月上旬までに〕外交交渉の見込みなきときは開戦を決意すると決定され、総理も出席、同意されたではないか、それにもかかわらず、開戦に対し責任をとれぬと言わるるは解《かい》しがたし」として近衛の判断を受け入れなかった。

会談は決裂したのである。

ところが、一〇月一四日、陸軍の武藤軍務局長が富田を訪れ、「海軍の腹《はら》がどうも決まっていないように思う。そこで海軍が本当に戦争を欲《ほっ》しないなら、陸軍も考えねばならぬ。……総理の裁断ということだけでは、陸軍部内を抑えることはとうていできない。しかし海軍が、この際は戦争を欲しないと公式に陸軍に言ってくれれば、若い連中も抑えやすい。海軍がそういうふうに言ってくるように仕向けてもらえないか」と申し入れた。

そこで富田は、海軍の岡軍務局長にその旨を伝えた。岡の答えは「海軍としては、戦争を欲しないなどと正式には言えない。首相の裁断に一任と言うのが精一杯のことである」というものだった（391ページ）。

この富田の一〇月一一・一四日の行動は、岡軍務局長の当時のメモにも残されており、原著の記述を裏づけている（「岡敬純中将覚書〔非公開〕」防衛庁防衛研修所戦史室『大本営海軍部 大東亜戦争開戦経緯2』）。

八、日米開戦、そして終戦――近衛の真の意図と限界

内閣総辞職

一〇月一四日夜、鈴木貞一《すずきていいち》企画院総裁が近衛邸を訪れ、東条陸相からの伝言をもたらした。それは「その後色々聞くところによると、海軍が戦争を欲しないようである。それならば、それをハッキリ言ってくれたら、統帥部を抑えることもできる。海軍の腹が決まらないから……この際辞職して、〔御前会議決定を〕練《ね》り直す以外に途《みち》はない。しかし陸海軍を抑えて、案の練り直しをやる力を持つ者は、宮様《みやさま》以外にはないと思う。……このために総辞職をして、宮様内閣を作る以外に途はないと思う。……どうか東久邇宮《ひがしくにのみや》〔稔彦《なるひこ》王陸軍大将〕を後継内閣に奏《そう》請《せい》することに尽力していただきたい」というものだった（391～392ページ）。

富田は、これを東条からの総辞職要求と受け止めた。

近衛は「一案だと思う」として、必ずしも否定的ではなかった。東久邇宮は日米開戦には反対意見で、近衛は富田に「東久邇宮内閣を作って、戦争阻止はどうだろう」とも語っていた（392ページ）。

だが、木戸内大臣は「絶対反対」の意向を示した。

その理由は「宮様に出馬を願うには、あらかじめ陸海軍の意見の一致していることが前提であるべきで、宮様に陸海軍の一致をはかっていただくなどということはまちがっている。また宮様は政治的経験もないし、そこで実権を陸相が握ることになって、万一《まんいち》戦争にでもなれば、直接の責任を皇室に負わせることになり、いわんや戦争に負けでもしたら、国民の批判の的《まと》となり、国体の問題にもなってくると思う」からである（393〜394ページ）

木戸の日記には、こう記されている。

「難問題は未解決のままにて、この打開策を皇族にお願いすると云うは絶対に不可なり。……万一皇族内閣にて日米戦に突入するが如き場合には、これは重大にて……万一予期の結果を得られざる時は、皇室は国民の怨府《えんぷ》となるおそれあり」（木戸『木戸幸一日記 下巻』）

当時、内大臣は後継首班の決定に大きな影響力を持っていた。一〇月一六日、ついに近衛内閣は総辞職する。その三日後、富田に会った木戸はこう話した。

「十六日昼、東条が来たので色々話をしたら、まだまだ日米交渉についても継続の意思はあるようだったので、今すこし経過を見たらと思っていたのに、その時すでに近衛は朝から閣僚の辞表をとりまとめつつあるということで、いかんとも仕方がなかった。すこし早まったように思われる」（407ページ）

この点について、木戸は戦後の手記で次のように記している。

「十六日、東条陸相より面会を求められたので、午後三時内大臣室で面会した。……余〔木戸〕は御前会議決定の不用意なる点あること、この際御前会議の決定を再検討するの要《よう》あることを述べ、……万一不用意なる点が少しにてもあれば、これを思い直すが至当ならずや、聞くところによれば海軍は必しも自信を有《ゆう》せずというにあらずやと云《い》いたるに、これには陸相も同意にて、もし海軍が進まぬ様《よう》ならばこれは重大にて到底このまま実行する訳には行かぬ。……もし、このままで行けないと云うことになれば近衛内閣では処理は難しい、これは皇族内閣を組織願う外《ほか》ないと思うとのことなりしゆえ、それは今までの方針を全然改《あらた》むることに陸軍も決定し、この百八十度の転回は臣下では抑へられないので後の始末を皇族に御願《おねがい》するとの意味であるかと問いたるに、陸相は否、左《さ》にあらず、今後の方針の御決定を皇族に願うとの意なりとのことなりしゆえ、それならば同意し得ず、皇族内閣は絶対に平和の方針に決定したる場合以外には不可なりと述ぶ。東条陸相はしばらく沈黙して居《お》ったが、突如として、それでは日本は一体どうなるのか、と尋《たず》ねられしゆえ、……〔その東条の言葉から〕この分《ぶん》ならば近衛公とも話し、今一《いまひと》息《いき》首相が努力すれば、あるいは打開の途を発見するにあらずやと考え、近衛公に電話をしたのであったが、その時はすでに各

木戸幸一

1889〜1977年。木戸侯爵家に生まれ、京都帝国大学法学部卒業。貴族院議員等を経て、第1次近衛内閣で文相、厚相。1940〜1945年、内大臣として東条英機内閣の成立、終戦工作などにかかわった。写真は内大臣時

閣僚の辞表を取纏《とりまとめ》中とのことで機会を逸《いっ》してしまったのであった」（木戸幸一「戦争回避への努力」木戸日記研究会編『木戸幸一関係文書』）

富田に語ったことと、ほぼ符合している。

その後、内大臣と首相経験者たちとで重臣会議が開かれ、木戸の主導により、東条英機が次期首相候補とされた。一九四一年（昭和一六年）一〇月一八日、東条内閣が成立する。

敗戦を予測

原著の記述は、このあと東条内閣期から東条の辞職、終戦工作へと続いていく。

ただ、第二次世界大戦初頭から太平洋戦争開戦直前に至る近衛内閣の動きをフォローすることが、本書の主な目的なので、以下は簡単な紹介としたい。

一九四一年（昭和一六年）一二月八日、東条内閣のもとで太平洋戦争に突入する。

近衛は、開戦当初から、周辺には敗戦は避けられない旨をもらしていたようである。ただ、同時代の記録では、一九四四年（昭和一九年）二月はじめ、側近の細川護貞《ほそかわもりさだ》（近衛の娘婿）に、「悲惨なる敗北を実感する」と述べたことが、その日記に記されている（細川護貞『細川日記』）。日本のガダルカナル島撤退、独ソ戦線クルスクでのドイツ機甲軍団敗北、イタリア降伏のあとのことである。

同年七月、サイパン島が陥落する。それを契機に、元首相の岡田啓介《おかだけいすけ》を中心に、若槻礼次郎《わかつきれいじろう》ら重臣の一部が、東条内閣に見切りをつけ、政局転換の方向で動き始める。近衛もそれに加わっていた。

近衛は前年一〇月、細川を高松宮宣仁親王《たかまつのみやのぶひと》（海軍将校）の情報係につけ、自身もそのラインから多くの情報を得ていた。東条内閣の上奏は不正確で、都合の悪い情報や事実は隠していると、近衛はみていた。木戸についても同様な認識だった。そこで、高松宮を通して、情報面で昭和天皇に働きかけようとしたのだ。

また、この頃には、政権中枢や陸軍首脳部に皇道派を起用し、東条ら統制派を排除する方策を考えていた。以前のように、皇道派によって統制派を牽制させるレベルではなく、統制派の全面排除を企図していたのである。

重臣の岡田、近衛、若槻、平沼は、木戸内大臣に嶋田繁太郎《しまだしげたろう》海相の更迭や東条排斥を働きかけ、木戸も東条に海相更迭、重臣の入閣などを要求した。

東条は、嶋田海相の更迭は受け入れたが、重臣の一人である米内光政が、東条からの海相就任を固辞。重臣の入閣工作に失敗した東条内閣はついに総辞職する。米内は、岡田・近衛らと入閣拒絶を申し合わせていた。

ソ連への特使に内定

一九四四年（昭和一九年）七月下旬、予備役陸軍大将で朝鮮総督の小磯国昭《こいそくにあき》が首相に就任した。小磯は、大本営政府連絡会議を改組して、最高戦争指導会議を新設。正式メンバーは、首相、陸海相、外相、陸海両総長の六名だった（他に、陸海軍軍務局長らが幹事として参加）。

翌年二月、木戸内大臣は、かねてから天皇への拝謁《はいえつ》を希望していた重臣らの希望を容《い》れ、その機会を作った。その際、近衛は、次のような上奏文（いわゆる近衛上奏文）を提出した。もはや敗戦は遺憾ながら必至であり、勝利の見込みのない戦争をこれ以上継続すれば、共産革命が起こりかねない。国体護持《ごじ》の立場より、一日も早く戦争終結の方法を講じなければならない、と。

なお、この上奏文で近衛は、陸軍主流の統制派は共産主義の影響を受けており、彼らを陸軍から一掃する粛軍を実行しなければならないとも主張していた。

まもなく、小磯内閣は総辞職。一九四五年（昭和二〇年）四月上旬、鈴木貫太郎《すずきかんたろう》内閣が成立する。

ところが、その頃、近衛上奏文の内容が陸軍に漏《も》れ、それを流布《るふ》した疑いで吉田茂《よしだしげる》（のち首相）らが逮捕された。富田によると、憲兵隊の当初の目標は近衛だったとのことであるが、吉田はほどなく釈放された（458〜462ページ）。

六月上旬、沖縄戦が絶望的な状況となるなか、木戸が時局収拾のための対策試案を作成。昭和天皇、鈴木首相、米内海相らに説明し、その承諾を得た。天皇の聖断による戦争終結を提案するものだった。

六月中旬、最高戦争指導会議の正式メンバーのみの会合で、ソ連を仲介とした和平交渉に着手することが決められた。そして七月中旬、ソ連への特使派遣を申し合わせ、特使に近衛を内定した。

近衛は、昭和天皇から直接ソ連派遣の命を受けた。その際、三国同盟締結の時、天皇が近衛に、自分と苦楽を共にしてくれるか、と話したことを近衛は援用し、身命を賭してつとめる旨を答えている。

その時の心境を、近衛は富田にこう語っている。

「自分（近衛公）は元来ソ連を信用しないもので……ソ連に終戦の仲介を頼むなどということには反対なのであるが……お顔色も青ざめ、いたくおやつれになっておられる陛下の御様子を拝すると、もう何も言えなくなって……お引き受けして退下《たいげ》しました。……あの本土決戦・一億玉砕《ぎょくさい》の強硬な軍部を抑えて、その面子《メンツ》も立てつつ、和平に持っていくには、とにかく中立国ソ連に仲介をたのむということより他に手はなかったかもしれない。

そんなことを考えてお引き受けしたのです」(471〜473ページ)

しかし、ソ連側は近衛特使の使命が不明瞭であるとして、特使受け入れの回答は不可能との反応だった。なお、スターリンは一九四五年（昭和二〇年）二月のヤルタ会談ですでに、ドイツ降伏三カ月後の対日参戦を約束していた。

近衛の評価

このような経過のなか、一九四五年（昭和二〇年）七月二六日、ポツダム宣言が発表された。翌日、戦争指導会議正式メンバーの会合が開かれた。即時拒絶すべきとの強い意見も出されたが、鈴木首相や東郷茂徳《とうごうしげのり》外相はそれを抑え、しばらく意思表示をしない方針とした。

だが、八月六日、広島に原子爆弾が投下され、九日にソ連が対日参戦する。

同日、戦争指導会議正式メンバーの会合が開かれ、ポツダム宣言の原則受諾の方向で一致した。しかし、受諾条件を国体護持の一点とするか、その他三条件を加えた四条件とするかで意見が対立した。三条件の内容とは、武装解除は自主的におこなうこと、戦争犯罪人の処罰は日本側でおこなうこと、本土占領を回避すること、だった。

ソ連参戦を知った近衛は「陸軍を抑えるには天佑《てんゆう》であるかもしれない」と考えた(494ペー

ジ)。だが、四条件では終戦の望みはなくなると判断。重光葵《しげみつまもる》前外相に事情を説明し、このうえは天皇陛下の御親裁によりて提出条件は国体護持の一点にかぎるほかはない、と木戸の説得を依頼した。

木戸も重光の説得を受け入れ、天皇の聖断によるポツダム宣言受諾を決意した。

八月一〇日未明、御前会議が開かれ、昭和天皇による聖断のかたちでポツダム宣言受諾を決定。連合国側に発信された。ただその際、阿南惟幾《あなみこれちか》陸相の強い要請により、国体護持についての明確な意向表示を求めた。その日の午後、重臣会議が開かれ、近衛を含め宣言受諾を受け入れた。

その後、連合国側からの回答(バーンズ回答)をめぐって意見の対立がみられたが、八月一四日、御前会議での昭和天皇による再度の聖断によって、終戦に決した。

八月一五日、いわゆる玉音《ぎょくおん》放送によって終戦が国民に知らされ、太平洋戦争は終わった。同日、鈴木内閣が総辞職し、東久邇宮内閣が成立。近衛も無任所大臣として入閣した。

その後も、近衛は連合国軍最高司令官マッカーサーとの会見、憲法改正作業への参画など、国家再建への意欲をみせていた。だが、自身も戦犯指名を受け、収監の日の朝に服毒自殺した。五四歳だった。

そもそも近衛は、第一次組閣時から、自らの権威で国内での政治的対立を緩和し、すべての有力な勢力を糾合しようと考えていた。天皇のもと、自身がすべての勢力を統合して、国政の実権を掌握することをイメージしていたと思われる。首相として、それなりの抱負を持っていたのである。

近衛は、祖先にあたる平安期の藤原道長《ふじわらのみちなが》（摂政《せっしょう》、太政大臣《だいじょうだいじん》）を強く意識しており、おそらくそれに理念的な自己イメージをダブらせていたのではないだろうか。だが、近衛は、道長のような自身を支える強力な権力基盤を欠いていた。そこに、近衛の根本的な弱点があった。

近衛は、第一次内閣時にも、陸軍内で統制派系が実権を掌握し、自身その「マネキンガール」のようにあつかわれ、首相としての主導権を発揮しえない現状に強い不満を持っていた。そこで、内閣改造によって、陸軍省トップに石原莞爾《いしはらかんじ》系の板垣征四郎《いたがきせいしろう》を据え、それに統制派の東条英機を組み合わせるかたちで、陸軍内で両派のバランスを取ろうとした（原田『西園寺公と政局　第六巻』）。

両派の勢力バランスを利用することで、陸軍に対する政治的影響力を行使する余地を生み出すことを意図したものだった。だが、陸相となった板垣が、東条ら統制派の掣肘《せいちゅう》を受けて身動きが取れず、結局、統制派の陸軍内での実権掌握は揺るがなかった。

そこで、前述した新体制運動（新党運動）の際、近衛は自ら強力な新党を創設して、その政治指導者たろうとした。その新党は主要な政治勢力を統合し、陸軍をリードしうるものとして考えられていた。ただ、独自の政治基盤を持たない近衛にとって、陸軍の協力が不可欠だった。「陸軍が……自分をまたロボットに使おうと思っている」(原田『西園寺公と政局 第八巻』)としながらも、陸軍の力を背景にせざるをえなかった。

しかし、一国一党的新党は幕府的だとの批判を受けると、近衛自身が腰砕けとなり、新党構想を放棄した。

その後は、陸軍のラインに乗るかたちでの政権運営となっていく。そして、自身が絶対回避したいと考えていた日米戦争に直面し、ついに陸軍と対立。政権の座から引きずり下ろされることとなったのである。

なお富田は、戦後に公職追放となるが、その後四期にわたって衆議院議員をつとめ、一九七七年(昭和五二年)、七九歳で死去した。

敗戦日本の内側——近衛公の思い出（富田健治）

1 盛り上がる政治新体制

昭和十五年は、日本の政局が国際政局によって非常に影響を受けた年である。すなわち第二次欧州大戦の推移は、この年になって俄然《がぜん》急進展を見るにいたり、ドイツ軍は破竹の勢いで、ノルウェー、オランダ、ルクセンブルク、ベルギーを攻撃し、さらにフランスを席巻して、イギリス軍もダンケルクの悲劇を味わされていたのである。そして六月十日には、イタリアがドイツ側に立って参戦、十四日はドイツ軍がパリに入城するというような情勢であったので、わが国内では再び前の日独伊三国軍事同盟締結の要望が強くなってきたのであった。

ところが、米内《よない》〔光政《みつまさ》〕内閣は元来《がんらい》欧州戦争不介入の立場であり、また対米英関係の親密ということを希望していたので、日独伊の三国同盟問題に関しても、自《みずか》ら消極的態度を採らざるを得なかったのである。しかし、それがまた陸軍を中心とする積極派の反対するところとなるいっぽう、欧州戦局の進展に対し何かしら焦燥感にかられていた国民大衆にとっても、この内閣の態度にはあきたりないものがあり、旁々《かたがた》米内内閣に対する退陣要望の声が次第に高くなってきたのである。そしてこのような国内政情こそ、再び新党運動が激しく動き出す原動力となったものである。

元来この新党運動は昭和十五年になってはじめて起こったものではなく、前にも述べた通り、第一次近衛《このえ》内閣途中から近衛公も、またその側近の者も色々考えていたことであったが、当時は近衛公の自信の持てるような組織が考え得られず、そのまま、ぐずぐずに経過していたものであったが、欧州戦局の発展と、弱体内閣の連続に焦燥を感じていた国民一般の要望とによって、急速に解決を与えられねばならぬような切実な問題となってきた次第である。

近衛公は、この当時の心境をその手記の中で次のように述べている。


「第一次内閣における余《よ》の首相生活の結論は、自己の内閣がきわめて宿命的なる中間内閣であり、また何ら世論の後ろ盾《うしろだて》もないものであるということであった。斎藤《さいとう》〔実《まこと》〕内閣以来西園寺《さいおんじ》〔公望《きんもち》〕公が示した対軍部方針は、主義としては、余は反対であったが、時流というか、全体の潮流というか、とにかくいずれの内閣も、もはや中間的存在たらざるべからざるまでに常識化され、固定化せられてしまった。特に統帥《とうすい》と国務はあたかも別個のごとく遊離隔離し、この間をつなぐ糸はきわめて性格の曖昧《あいまい》なる陸軍大臣を通ずるのみの状態となった。

しかも、この陸軍大臣は常に内閣の死命を制する状態であった。内閣したがって国務は、統帥に操《あやつ》られる弱い造作《ぞうさく》にすぎなかった。国民生活も外交政策も、もはや国民の総意世論とは、かけ離れたものとなり、軍部の意思、さらに極言すれば統帥の影によって決定、修正、放棄せられるものであった。余はこの漠《かん》として捕捉《ほそく》しがたい軍部の意思なるものの正体をとらえるため、軍部大臣に要求すること縷々《るる》であった。

余は対支《し》政策の転換のため、宇垣《うがき》〔一成《かずしげ》〕氏に懇望して外相に就任してもらったが、同氏の対支工作も再び軍部の攻撃によって挫折《ざせつ》し、さらに軍部の余に対する攻撃も増大せるに鑑《かんが》み、余自身むしろ支那事変拡大の責任を負うがため、自己の中間的存在を放棄清算し、自ら国民世論の後ろ盾を得て、軍部を抑制せんとの決意を抱いていたのである。

同時に政党も五・一五事件、二・二六事件以来漸次《ぜんじ》落潮を示し、もはや各政党自体の力によっては軍部を抑制すること不可能であった。ゆえにかかる既存政党とは異なった国民組織、全国民の間に根を張った組織と、それの持つ政治力を背景とした政府が成立して、はじめて軍部を抑え、日支《にっし》事変を解決することができるとの結論に達し、これが組織化についで研究することが、余が第一次内閣総辞職に際し、心に持った大きな希望であったし、第二次内閣組織の時の中心的希望であった。ところが期せずして昭和十五年の春あたりから、国民組織という声が出て来、それがいわゆる新体制運動となった云々《うんぬん》」

要するに国内外の時局が、大きな国民的政治力の結集を要望したことは事実であった。ただしその内容は必ずしも一致していなかった。

近衛公自身でもかかる「新政治力」の内容、組織ということになると、はなはだ自信がないものであったし、いわんや陸軍はナチス的一国一党を考え、また既成政党は満州事変以来の退潮を近衛を中心とする新党結成によって一挙に挽回《ばんかい》しようという企《たくら》みであるし、また世間一般では、純粋な立場から国民大衆の盛り上がる国民運動の結晶というようなことも考えられていたのである。

しかも、これらの運動の中心には、いつもきまって近衛公が考えられていたのである。したがって、米内内閣の声望が落ちれば落ちるほど、早急なる新政治力の結集が必ず近衛中心に要望されるということになったのである。風見章《かざみあきら》氏（第一次近衛内閣書記官長）は当時の状況につき、次のようなことを言っている。

「政友会《せいゆうかい》ははじめから解党するというので別だが、他の党の解党などは考えなかった。民政党《みんせいとう》からは永井《ながい》（柳太郎《りゅうたろう》）一派を引き抜くことになっていた。各党などに解党など求めたことはないし、呼びかけたこともない。だから中野正剛《なかのせいごう》などは私に向かって俺を仲間に入れないといって憤慨《ふんがい》していたし、有馬《ありま》（頼寧《よりやす》）伯爵を訪ねて仲間に入れてくれと言ったくらいだ。後になって各党のほうから、バスに乗り遅れまいと先を争って解党したのだ。こっちでは民政党など仲間に入れる気はなかったし、また民政党一つくらい残っているほうがよいと思っていた、その民政党も自分で解党したのだ」

この解党を求めたかどうかということは微妙な問題で、たとえ解党を要求しなくても、政党のほうから意向を聞かれて、新党をやると言えば、政党側では解党要求の含みと受け取ることも当然であろうし、また近衛周辺の人達の中には、当時近衛の意図だとして解党を説いて回った者もいたようである。

が、少なくとも近衛公自身は、解党を要求したり、示唆《しさ》したりしたことはなかったと公自身が手記で述べているのであって、当時各政党所属の政治家達はごく少数を除いて、ほとんど全部が、この新政治情勢に対して「バスに乗り遅れては大変」という心境で、解党へ解党へと浮き足立っていたことは事実であった。

かくて色々経緯があったが、だいたい久原《くはら》（房之助《ふさのすけ》）派と中島《なかじま》（知久平《ちくへい》）派を含む政友会の大部分、永井柳太郎氏や桜内幸雄《さくらうちゆきお》氏らを中心とした民政党の一部、小会派、無産党の一部などを統合し、民政党の主流は考慮に入れずにこれを除外し、広く財界、言論界、文化人を糾《きゅう》合《ごう》して新党を作ることに略々《りゃくりゃく》話がまとまり、近衛公も乗り出す気持ちで、そのため枢密院《すうみついん》議長も辞《や》めるつもりだったのであるが、近衛公は「新党というのでは、一般からまた例の政権亡者の離合集散かと思われるが、何かよい表現はないか」と言う。これに対し、風見氏の案で「政治新体制」と称することになったと伝えられているのである。

その頃、近衛公は新聞記者に談話を発表して政治新体制の必要を力説し、「ただ政党が解党して、真ん中の障子《しょうじ》と襖《ふすま》を取って離合集散しただけで、新しい政治体制だというのでは、国民を欺《あざむ》くもので、全国民にも、既成政党にも呼びかけ、組織も思想も時代の要求に適合しなければならない。軍と協調も必要だが、軍の鼻息ばかりうかがって、軍に盲従するのでは意味がない。何もかも軍のいうことを聞くくらいなら、軍政になったほうがよい」と言っている。

風見章

1886〜1961年。早稲田大学政治経済学部卒業。朝日新聞記者等を経て、衆議院議員。第1次近衛内閣で内閣書記官長、第2次近衛内閣で法相。戦後、社会党の代議士として日ソ協会副会長等を歴任

このように近衛公は、いっぽうにおいてはバスに乗り遅れまいとして解党を急ぐ政党者流に「障子と襖」を取り払っただけでは何もなりませんよ。内容を変えなさい、心がけを更《か》えなさいと厳しい警告を発すると共に、当時絶対的な力を政治の上にも持ってき

ていた軍部に対しては、「軍の鼻息をうかがい」、「軍に盲従する近衛」を考えては駄目《だめ》だということも強調したのであった。近衛公は腐敗と無気力の既成政治家に愛想をつかしていたが、同時に思い上がった軍部を抑えるためにはどうしても、この政治新体制が必要だと思っていたのである。

したがって、この政治新体制はもちろん軍部の要望していたようなドイツのナチス的一国一党ではなかった。

後年、わが国の敗戦後、戦争責任が云々されてきた当時、占領国側からこの政治新体制がナチスの一国一党と同じではないかといわれた際「政治新体制はナチスの一国一党だった。自分は新体制に反対だったのだ。近衛が政党を解消させて、このナチス張《ば》りの政治新体制を作ったのだ。近衛こそ、ヒットラーであり、ファッショの元凶《げんきよう》であった」と言って、しきりに攻撃して、進駐軍の御機嫌とりと、自分の公職追放処分を免《まぬか》れようとヤッキになって策動したのも、これら、政党人であったことは、今後の参考のため特記する価値ありと考えられる。

近衛公は当時、枢密院議長であった。したがって、このような日本の政治の渦巻《うずまき》の中心に立つことは、理論上許されないことである。米内内閣が不評となればなるほど、そして世間から近衛が政局の中心になることを要望されればされるほど、問題になってくるのである。さりとて、原田熊雄《はらだくまお》氏の言ったように「今ただちに枢府《すうふ》議長を辞めて、新党を作るとか何とか言って世の中を騒《さわ》がせ、結果において倒閣のようなことになると非常におもしろくないから、よほど考えなくちゃならん」ということにもなるのである。

その時、近衛公は原田氏に対し「実際自分が今、議長を辞めたら大変だ。人は議長を辞めることを、清水《きよみず》の舞台からでも、飛び降りるように思っているらしいが、自分としては元から嫌なことなのだから、辞めることくらいは何でもないが、今辞めれば、さぞかし、うるさいことだと思う。やはり、もうすこしこの内閣にやってもらわねば、どうしたって今あとを引き受けることなんか、とても準備ができない」と語っている。

忘れもしない。昭和十五年五月上旬のことである。当時長野県知事の任にあった私が、近衛公を永田町《ながたちょう》の邸に訪ねたことがあるが、例によって近衛公はすこし風邪《かぜ》気味だというので、寝台に横になり、喉《のど》にも湿布《しっぷ》をしておられたが、政治新体制の構想を述べ、政党の腐敗堕落《ふはいだらく》と軍部への追従、軍部の専横、非常識を慨嘆《がいたん》し、「それにつけても、旧政党人が小《こ》うるさくて困る。自分は裸《はだか》になって野《や》に下り、新体制を作り、新鮮で真剣な国民大衆の組織によって軍部を抑えたい。それについて幹事長になる人がない。あなた御迷惑だろうが、知事を辞めてそれを一つやってくれませんか」とシミジミ言われたのである。

そこで、私は即座に「公爵のお気持ちはよく了解できます。幹事長はともかく、政治新体制に打ち込ませていただきます。早急に辞める手続きを採ります」と言ったら、「そりゃありがたい。私も近く枢府議長を辞めるつもりです。あなたの辞職の時期は、いずれこちらの準備が万事整《ととの》ったら通知しますから、その心づもりだけしておいてください」とのことであった。

私は長野へ帰ってから、早速、後々の仕事のこともあるので、極秘ということにして、当時の県の総務部長（鈴木登氏《すずききのぼる》）に大要《たいよう》を打ち明けて、近々知事辞任をするからそのつもりで懸案解決を急ぐようにと頼んだことであった。

近衛公の話では、非常に急なことで、一週間以内にはいっさいを進めるような口ぶりであったが、なかなか通知が来ない。どうなったかと思っていたところ、六月はじめになって近衛公から長距離電話があり、「枢府議長辞任がなかなかデリケートなことになったので、あなたの知事辞任も今しばらく待ってもらいたい。しかし、私はあくまで初志を貫《つらぬ》くつもりで、その工作を進めている。あなたの辞表は今しばらく、そのままにしておいてください」ということであった。

今から思うと、当時枢府議長辞任、そして晴れて政治新体制樹立に努力するということは、取りも直さず、倒閣になってしまう恐《おそ》れが多分にあったのである。また色々の人達の錯雑《さくざつ》した関係に当惑していた近衛公が、まったく意表外の、しかも東京の政治にまったく素人《しろうと》の私を幹事長にと考えられたことも理解できるのである。

六月十七日、近衛公は京都に旅立った。そして十八日、木戸《きど》〔幸一《こういち》〕氏を通じて政府に枢府議長辞任の意を伝えた。当時この議長辞任の理由と併《あわ》せて、公の新体制理念を述べたものを、京都の都《みやこ》ホテルの便箋《びんせん》に鉛筆で書いたものが今残っている。大要次のごときものである。

「最近挙国体制確立の運動が、新党運動の名においてさかんに行なわれ、政界に大きな波紋を描いているが、その中心題目は、自分の起否にあるやの観《かん》がないでもない。自分としては今まで何人にも新党運動に乗り出すとか乗り出さぬとか言明したことはないから、自分としては何のかかわりもないと言えば言えるが、現実としては、政界にかくのごとき波紋を、しかも自分の起否を中心として提出しつつあることについては、枢密院議長の地位にある者として、立場上おもしろくないことに相違ない。あるいは自分の出処進退に関し、疑惑を抱く者もないとは保障できず、ついには累《るい》を思わざるあたりにもおよぼす恐れさえありとしたならば、自ら省《かえり》みて疚《やま》しいところはないとしても、自分の立場上一種の責任を感ぜざるを得ないように思う。これが議長を拝辞した第一の理由である。

挙国一致体制の期するところは、支那事変《しなじへん》の処理と、欧州大戦にともなって変転きわまりなき世界の情勢に対処するためである。しかし、国内体制を整備することなくしては、事変の処理は完遂を期しがたく、世界情勢に対処して、国運の飛躍的発展を庶幾《しょき》〔心から願う〕することはできないからである。自分もかねてから挙国一致体制を確立することは喫緊《きつきん》の要務と考えていた。あるいは既成政党の離合集散、大合同をもって、膨大《ぼうだい》なる新政党を組織することが、挙国一致体制だと思い、あるいは思わせようとしている運動が、過去にも縷々《るる》行なわれたが、かくのごときは、国家の当面する重大時局に鑑《かんが》みて、すべて無意味である。また眼前の政権を目標とするような運動が、挙国体制確立の名をもって行なわれる疑いもないではないが、これは新体制の確立運動の純粋性を汚瀆《おとく》するものであって、心ある者のヒンシュクに値《あたい》するものにほかならぬ。

自分の理想とする挙国体制は、既成政党の解消を先決問題とするような、単なる既成政党の離合集散ではないのであって、国民各階各層を打って一丸《いちがん》とし、脈々《みやくみやく》として血の通うような組織を成立するにあることは、先に新聞紙上、自分の談話として報ぜられた通りである。かかる新体制を実現すべき具体的方策、構成、組織、機関、運営等については、なお攻究の要《よう》があるが、挙国体制の確立そのものの必要は言うまでもないことであるから、国家の飛躍的発展の使命を認識し、それの達成を希求する国民の一人として、そのための新体制確立運動にはあえて微力を致し、より良き機構組織の成果を庶幾し、成立の暁《あかつき》には、その一分子《いちぶんし》として参加しようと思うのである。これは伊藤《いとう》〔博文《ひろぶみ》〕、桂《かつら》〔太郎《たろう》〕の行き方とは違ったものを考えているのである。

しかしながら、枢密院議長の現職におりながら、たとえ国家国民的の喫緊事であるとはいえ、かかる運動に参加することは、大義名分の上から、考慮を要するものがある。ここにすなわち議長を拝辞した理由が存《そん》する」

かくて、近衛公の枢府議長辞任は六月二十四日に実現し、後任には原嘉道《はらよしみち》副議長の昇格が決定した。

近衛公は辞任した。そこで、私は自分の知事の進退を近衛公に預けていたので、長野から電話でどうしたものかと聞いたところ、近衛公は近日軽井沢《かるいざわ》へ行くつもりだから、新体制のことも、その他ゆっくり相談したいと思うということであった。七月六日軽井沢に来られた。これは政界の渦中《かちゅう》から一時逃《のが》れるためと、新政治体制の構想を練《ね》るためだった。

私は早速《さっそく》翌日午前、近衛公を訪ねて色々その後の話や心境を聞いたことであるが、その際、近衛公は「枢府議長辞任が倒閣となることはもっとも避《さ》けたい。というのは、政治新体制はあくまでも国民大衆から盛り上がったものでなくてはならない。したがって、自分が組閣して総理大臣としてやるのでは、それも民間運動でなく官製のものになってしまう。全然私の理想に反する。また内閣組織だけを考えても、まだ私に準備ができていない。これはどうしても、米内君に今しばらく持ちこたえてもらわなくてはならぬところです。それにかえって米内君や石《いし》渡《わた》〔荘太郎《そうたろう》〕君さえ、誤解して、私が倒閣の尻押《しりお》しでもしているように思っているらしい。馬鹿らしいにもほどがある。しかしそれには軍部の倒閣策動もあるが、既成政党の連中の僕を利用しての勝手な倒閣宣伝が非常にたたっているらしい。とてもうるさくて閉口です。ともかく早急に新政治体制の構想をまとめてください。東大教授の矢部貞治《やべていじ》君も来ますし、後藤隆之《ごとうりゅうの》助《すけ》君も来る、一つ皆で早くまとめてください」というような話で、あのいつも落ち着いた近衛公としては珍《めずら》しく興奮と焦燥にかられておられるように見受けた。

そして「知事の仕事は忙しいのですか。辞めることもなんだが、それよりも四、五日軽井沢に来てもらいたいと思います」というような始末であった。

まさに近衛公の希望はどうあれ、公の辞任以来新体制運動は俄然《がぜん》活気づき、政党は解党が滔々《とうとう》たる勢いとなり、陸軍や右翼の倒閣運動もますますさかんになってきたのである。ちなみに、この「新体制」という言葉は新しい流行語となり、唯《ただ》に政治新体制のみならず、教育新体制、経済新体制、さては家庭新体制、演劇新体制と、あらゆる方面に用いられる言語となってきたのであった。

七月七日午後、記者団との会見で近衛公は「新体制は相当恒久的なもので、拙速《せっそく》主義を排《はい》する。細《こま》かいことは何も決まっていないが、議会や憲法は尊重する。新体制は軍と政府との関係が重要で、その中には国民組織、それと並行《へいこう》した議会、政府と統帥権《とうすいけん》との連絡、政府内部の統一などが含まれるので、自分は新党という言葉は使っていないし、国民組織は、既成概念の政党ではない。この運動のため、内閣を組織する必要があるなどと言う人もあるが。自分は絶対にそういうことは考えない。しかし新体制の中心は内閣だから、政府はこの運動に進んで協力すべきだと思う。新体制の最大目標は、渾然国策の一点に集中して、この時艱《じかん》〔その時代の当面している難問題〕に当たることだ」と述べたのである。

『近衛文麿伝』の著者矢部貞治氏は、当時の政治新体制に対する各種の潮流につき、次のように述べている。きわめて明確な分析であると考えるので、左に掲《かか》げさせてもらう。

「当時新体制に対する種々の潮流があったが、その一つは既成政党主流の動向であった。彼らは満州事変《まんしゆうじへん》以来の凋落《ちようらく》不振から、何とかして立ち直ろうと念願し、近衛を総裁にして新党を結成しようと企《くわだ》てていた。この動きは前から色々の動きがあったが、近衛の枢府〔議長〕辞任によって拍車《はくしや》され、政党の解消運動が表面化しつつあった。

近衛が新党結成を提唱すれば大部分は解党して合流する形勢にあった。これは既成政党人による近衛新党への動きであった。しかるに、他方には、親軍的な一国一党の動きが強く存在していた。支那事変がますます長引き、泥沼《どろぬま》に引きずり込まれた状態で、国民の隠《いん》然《ぜん》たる不信を受けていた陸軍は、何とか局面転換の必要に迫《せま》られて、国民運動の必要を感じていた。そこに民間の右翼陣営が結託し、近衛の新体制運動を利用して、親軍的な一国一党に導《みちび》こうと策謀していたのである。

しかし一口《ひとくち》に右翼と言っても当時大別《たいべつ》して二種の右翼があった。一つは俗に革新右翼と言われていたもので、他は『観念右翼』と称されていたものであった。革新右翼は、だいたいにおいて、陸軍の『統制派《とうせいは》』と結ばれ、顕著《けんちょ》に親独主義で、三国同盟の熱心な主唱者であり、国内ではナチスまたはファッショ流の一国一党を考えていた。当時東亜建設連盟は、この革新右翼の中心であって、会長に末次《すえつぐ》〔信正《のぶまさ》〕大将を戴《いただ》き、中野正剛、橋本欣五郎《はしもときんごろう》、小山亮《こやままこと》、白鳥敏夫《しらとりとしお》などという人々と、その一派がそれに結合されていた。

これに対し、観念右翼は、純正日本主義ということを唱え、国体明徴《こくたいめいちょう》〔国体=天皇統治を明らかにすること〕を重視、特に共産主義をもっとも嫌ったが、しかし同時にナチスやファッショも国体と相容《あいい》れないとするもので、著《いちじる》しく精神運動の性質を持ち、具体的な内政の政策はほとんど見るべきものなく、大衆の組織運動も重視しなかった。これはだいたいにおいて、小林順一郎《こばやしじゅんいちろう》、井田磐楠《いだいわくす》らが中心で、陸軍の『皇道派《こうどうは》』に近く、平沼《ひらぬま》〔騏《き》一郎《いちろう》〕や頭山満《とうやまみつる》などと連携し、さらにこれに井上日召《いのうえにっしょう》や三上卓《みかみたく》なども繋《つな》がっていた。この一派はテロによる威嚇《いかく》を武器とし、近衛は思想的にも皇道派に近かったが、同時に井上や三上一派のテロ性にひどく脅《おびや》かされていた。〔富田付記・この点はすこし矢部氏の誤解があると思う〕

このような革新右翼と観念右翼は、ちょうど、統制派と皇道派との関係のように、鋭《するど》く反目《はんもく》していたが、近衛が新体制を唱えた頃は、欧州でのドイツの破竹の勢力を反映して、革新右翼が優勢に見えた。彼らは外交の転機と国内新体制というスローガンによって、事実は三国軍事同盟の締結と一国一党組織の結成を考えていたので、近衛が軽井沢に行った頃には、陸軍の倒閣運動と呼応《こおう》して、露骨《ろこつ》に動いていたのである。これは親軍的一国一党への動きであったから、観念右翼のほうはむしろ、近衛の新体制は『幕府的存在』だと称して、これを排斥《はいせき》していたわけである。

しかし右のごとき既成政党人の近衛新党と、革新右翼の親軍的一国一党の潮流のほかに、今一つ国民大衆は、表面で大声には言わないが、親軍的一国一党には深刻に反感をいだいていたけれども、同時に既成政党の離合集散による新党にも、ほとんど魅力を感じなかった。

心ある国民は、むしろ軍部やその便乗者らを圧倒し、支那事変を解決するに足《た》るような経済人も、文化人も、宗教家も、婦人も、青年も、学生も参加した一大国民運動こそ待望していたのである。このように新体制に対する期待と理解は色々と立場によって異なっていた。その中で近衛自身が何を考えているのかは判然としなかった。軽井沢で近衛が自分（矢部）に語った断片的な考えを総合すると、支那事変の解決につき深く責任を感じている。その解決には政治意思の強固な一元化が不可欠であるが、陸軍の政治関与と、軍そのものの不統一と、派閥争いと、中央と出先《でさき》の乖離《かいり》などで、それが不可能になっている。そこで第一次内閣の体験からしても、どうしても陸軍を圧倒するに足る政治力を持たねばならぬが、それには国民的基礎に立って、国民の世論を背景にする政治力を結成する必要がある。それはしかし無力不信の既成政党の離合集散のみでは成立せず、もっと革新的な勢力を包括した強力なもので、かつ産業人も文化人も包括しなければならぬ。しかし一国一党の『幕府的存在』になることは、絶対に排斥する。自分としては、今さら政党の首領になる意志は毛頭《もうとう》ない云々。

そこで意見を求められた自分（矢部）は、はなはだ当惑したが、大要次のようなことを進言した。

すなわち経済団体や文化団体の職能的国民組織を基礎とし、国民各職域における活動を政治に結びつけ、国策の樹立に内面から加わると共に、樹立された国策を、国民生活の中に浸透させるような組織によって、国民を政治に直結し、それによっていっぽうでは、国民生活の実状から遊離している官僚統制の弊《へい》を改め、他方では政党の無力化によって、政治が国民との結合関係を失っている状態を補《おぎな》い、そのような職能団体組織と既存の諸政党の中から、優秀な人物を集めて中核体とし、挙国的な国民運動を展開したらどうかというのであった。云々」

事実、近衛公の考えた政治新体制は、およそ難しいものであった。後にこの結実《けつじつ》として現われた「大政翼賛会《たいせいよくさんかい》」も、したがって当初から変なものになってしまい、近衛公自身「妙なものになってしまって……」と他人にも言うようなことになったのは、返す返すも残念なことであった。

後年大東亜戦争《だいとうあせんそう》中、近衛公は私（富田）に次のようなことを述懐された。

「西園寺公爵は偉い人だった。所信に忠実な人であった。徹底した自由主義者、議会主義者であった。自分は思想的に色々遍歴した。社会主義にも、国粋主義にも、ファッショにも、心を惹《ひ》かれたことがある。色々の思想党派の人々とも親交を持った。しかし老公は徹底していた。終始一貫して自由主義、政党主義であった。自分は一国一党のナチス化はあくまで防いだけれども、大政翼賛会という訳《わけ》のわからないものを作ってしまった。が、やはり老公の政党政治が一番無難のものだった。これ以外には良い政治方式はないかもしれない。識見といい、勇気といい、やはり老公は偉い人だった」

かくて近衛公が枢府議長を辞め軽井沢に行ってから、政局は近衛公の希望とはおよそ反対に急速に動いて、米内内閣の終末を早めるようなことになっていったのである。

米内首相は、前にも述べたように、七月八日原田熊雄氏に対し「近衛は次の内閣を引き受けるのを承知したそうだから、政変は近衛の了解済みだ」と皮肉を言うような始末であったが、実際、近衛公は側近の後藤隆之助氏を介して「ぜひもう半年、内閣を続けてくれるように」と石渡書記官長にも頼むというようなありさまであった。しかし陸軍は、これらとは無関係に倒閣一方に動いていった。

木戸日記によると、十四日畑《はた》〔俊六《しゅんろく》〕陸相は、米内首相に文書をもって重大進言を行なったことになっているが、その趣旨は「今や世界情勢の一大転換期に際会《さいかい》し、国内体制の強化、外交方針の刷新は、焦眉《しょうび》の急《きゅう》となっている。しかるに政府は何らなす術《すべ》なく、いたずらに機会を逸《いっ》している。これでは事変処理のためにも支障がある。すべからく、この際人心《じんしん》を一新し、新体制の確立を促進するため現内閣の進退を決意すべきだ」というのである。

十六日朝、米内首相はこれに対し「陸軍の所見と異なるから、都合悪ければ辞めてもらいたい」と陸相に辞表の提出を求め、ここに政府と陸軍は正面衝突となった。後に米内首相は陸相の後任の推薦を求めたが、結局「後任は得がたい」という結論になって、十六日午後三時半、陸相から首相にこの旨《むね》回答した。そこで午後七時、米内首相は葉山《はやま》に赴《おもむ》き、拝謁《はいえつ》して辞表を奉《ほう》呈《てい》し、ここに米内内閣は去り行くこととなり、意外に早く、近衛再出馬の時期が来ることになってしまったのである。

2　暗い湯船の中で燃え立つ明るい政治への希望

近衛公は、七月六日（昭和十五年）以来、軽井沢に来て、同月十六日政局急転の報により、山を降りるまで、ここに滞在しておられた。そして、その間はたくさんの政治的訪客に接すると同時に、前述する通り矢部貞治、後藤隆之助氏および筆者（富田）をはじめ、多くの人達と真剣に軍部に拮抗《きっこう》し得るような国民組織の構想に肝胆《かんたん》を砕《くだ》いていたのである。

私は当時、長野県知事の地位にあったが、近衛公との約束で、近くこれを辞任してこの新しい国民組織の結成に力をいたそうと決意していた私にとっては、往時を回想して、何かしら異常の緊張感ないし真剣必死のものが当時は去来していたように思う。長野市から軽井沢まで、汽車は二時間はかかる。自動車では二時間半以上もかかったかと記憶している。これらの車中で、自分は政治新体制の構想をとつおいつ練《ね》るのである。そして知らぬ間に着いた軽井沢での会議に列したことであった。

夜遅くなって長野へも帰れなくなると、軽井沢の唯一といってもよい日本旅館の「つるや」

に、夏のさなかで、お客の多いところを頼みこんで、やっと泊めてもらって、うす暗い浴槽で、生温《なまあたたか》い湯の中で、お客さん達の使い残しのお湯の匂《にお》いを嗅《か》ぐことも一再《いっさい》ではなかった。しかし、何かしら明日の「明るい政治」への希望に燃え立ち、張り切っている私というものであったように覚えている。

前にも詳しく述べたように、近衛公の政治新体制構想は、実に難しいものであった。国民各階層を包容する国民組織、軍部の専横を抑え得る強力な政治組織、しかし一国一党のナチスのようなものであってはならぬ、一国一党は幕府的存在であり、日本の国体と相容れない。一国一党ということになればわが国では、その総裁は天皇であらねばならぬのだという意見。バスに乗り遅れまいとする既成政党人の寄せ集めではなく、清新にして国民の真《しん》に信頼を受けるに足る人達の結集体。

これをどうして組織していくか。この法的性格をどう規制するのか。なかなか議論は難しかったのである。

しかし、この理論構成の困難さの他に、現実の政治上の問題として、いっぽうにおいては米内内閣は今にも倒れようとして近衛公への大命降下《たいめいこうか》が世論となっている時機である。既成政治家が、この近衛を放っておくわけがない。軍部はすでに米内内閣に見切りをつけているというよりも、むしろ倒閣に回っている現状であり、しかも次には、やはり近衛公出馬を絶対としているありさまである。愛国団体においても、上述したごとく、ファッショ的な革新を志向するものと、純粋国体主義思想のものとの差異はあれ、共々《ともども》近衛公を推《お》すという空気である。当時社会主義政党は、形式上存在しなかったが、社会主義的思想の政治家は多くあったと思う。その人達もやはり、その思想の理解者としての近衛公を推していた。

いつの世も、大衆はおおむね一般の空気によって動かされるものである。また新聞は世論を作るとか、指導するとかいうよりも、強い大衆の力に動かされることが多い。とすると、ほとんど日本全国の希望は、近衛公に集中されていたといっても過言ではなかった。したがってあらゆる階層の人達が、ここ軽井沢に近衛公を訪ねることになったのも当然であろう。夏季の軽井沢は都会人の避暑客で賑《にぎ》わうのであるが、特にこの夏は、近衛公訪問の政客だけでも雑踏したという実情であった。

別にすこしも宣伝したわけではなかったが、私が何かしら、近衛公の政治行動に参画していると見受けられたのであろう。長野市の知事官舎へも次々と東京からお客さんが続いた。なかには知人の紹介状を持って来る初対面の人もあり、また旧知の人で、長野赴任以来無沙汰《ぶさた》していた人も思い出したように訪ねて来られた。

不思議なことは、二、三の例外を除き、既成政治家と言われている人はほとんど一人も来訪されなかったことで、訪客はことごとくと言ってもよいほど、今の政治を深憂し、これが根本的改革を説く人達であった。児玉誉志夫《こだまよしお》氏も以前から、時々来られたが、当時は支那現地軍の軍人からの伝言を持ってやって来たし、天野辰夫《あまのたつお》、鹿子木員信《かのこぎかずのぶ》、三上卓、大岸頼光《おおぎしよりみつ》諸氏もたびたび来られて、その抱懐するいわゆる日本的革新理想の具現《ぐげん》について、私の奮起《ふんき》を促《うなが》されたことであった。

それについて、おもしろい挿話がある。私は当時自分を訪問して来る東京の政治家、ことに右翼とか言われている人達については、自分に何ら疾《やま》しいところもなきまま、当時の警察組織からして、むしろ率直にアケスケに「誰が来た」「どういう話であった」と言ったほうがよいと思ったので、警察の立場も考えて、差《さ》し支《つか》えない限り、そんなことを部下の警察部長に話をしていたのである。ところが、あとでわかったことであるが、それが全部多少色つきで内務本省に報告せられ、それらの訪問者の最近の言動として価値のある情報となっていたというのである。

私は、それは警察部長はもちろんのこと、直接その報告を書いた警察官の非常な悪意に出たこととは思っていない。しかし警察とはだいたいこんなものなのである。私はそれについても思う。

今日《こんにち》の政治においては、保守党というものが、青年や革新思想を持つ人から、どうやら見放されている観がある。そして、それらの多くの人達が「革新」と自称する社会党に引かれていっているように思う。が、当時は少なくとも近衛新体制に対して保守も革新もなかった。全国民、全階層の人達が、あるいはかえって革新的な人々がこの新体制に希望を持っていたのである。これはなぜか。

私は考える。近衛公には暗い影《かげ》がなかった。汚職や疑獄など片鱗《へんりん》も考えられなかったのみならず、何か新鮮な革新的なものを皆が感じていたことである。そして一点の私心なく、清新な政治によって支那事変を解決してもらいたいという熱望が、ここに集中したと考えられるのである。

近衛公は政治新体制理論を練ると共に多くの政客に面会し、またひっきりなしに東京から電話もかかっていたのであるが、この新体制理論が出来上がっても、具体的にこれを結成して、当初の目的通り軍部に拮抗《きっこう》し得るような国民組織にするためには、どうしても相当の日時が必要である。また、この組織は官製であってはならず、民間から盛り上がる政治組織にしなければならないと固《かた》く信じ、このことは何度聞かされたかわからないくらいであった。

そこで現実の問題としては、何とかして現米内内閣が持続してくれればよいということになるのであった。したがって、近衛政権が急速にできることを待望している世論の中にあって、近衛公の真の希望は現内閣の一日も長く存続するということだったのである。

後年、大東亜戦争の終末近くなって、鈴木《すずき》（貫太郎《かんたろう》）内閣の海軍大臣米内光政氏と共に、近衛公は戦争終結につき種々奔走されたし、またこの機会にはじめて米内氏との間の微妙なわだかまりもほぐれてきたのであるが、その時、近衛公は述懐して「やっと米内君も米内内閣倒壊当時の事情がわかってきてくれたらしい。今まではやはり僕が政権欲しさに、米内君を倒しにかかったと見ていたのだ。あの人も案外単純だからね。しかし、それには海軍部内で、米内君の反対派である末次（信正）大将を僕が起用したことも、今一つの原因になっていたのだが」と言われたが、政治家というものは、とんでもない、思いがけない誤解を受け、それが解《と》けるにも相当の時日《じじつ》のかかるものである。いや一生解けない場合もある。あるいは解けないままにテロの目標になる場合もあるであろう。あの、私心なしと誰もが信じていた近衛公に対してすら、なおかつしかりである。

七月十六日夕方近く、軽井沢の近衛山荘で近衛公中心に、前記数名が集まって政治新体制を例によって研究論議していた時である。東京からの電話で中座されていた公が、席に帰るまでもなく、立ったままで、いつもと異なってすこし興奮の態《てい》で「もう新体制論議はあと回しにになってしまった。閣僚の人選々々。とうとう内閣はダメになってしまった」と悲痛な顔で言われたのを未《いま》だに記憶している。よほど官製新政治体制がいやだったらしい。そして、その席上、米内内閣の総辞職となったこと、また第二次近衛内閣組織のやむなき情勢など、原田熊雄氏からの電話であったと述べ、石黒忠篤《いしぐろただあつ》、安井英二《やすいえいじ》、橋田邦彦《はしだくにひこ》、松村謙三《まつむらけんぞう》、村瀬直養《むらせなおかい》諸氏の名が閣僚の人選に関連して挙げられたことを今に覚えている。

翌十七日には、次期政権担当者を奉答する重臣会議が開かれることになった。近衛公は、この会議に列すべく月を仰《あお》ぎつつ、自動車で軽井沢を去り、碓氷《うすい》峠を降《くだ》っていかれたのである。

その当時、すでに次女温子《よしこ》（細川護貞《ほそかわもりさだ》氏夫人）さんは東京で危篤《きとく》の状態にあった。国の前途を憂《うれ》い、政治新体制組織を考え、大命降下必至《ひっし》の情勢に、悲痛な心境で近衛公は山を下りていったのである。途上、碓氷の山の白百合《しらゆり》は、公が温子さんの重症の床《とこ》への見舞いの花となったことも、何かこれからの政治の悲劇を象徴しているようであった。

近衛公の去った軽井沢の夏は、いっそう避暑客で賑わっていたが、政治的には台風一過《いっか》のすでに秋になってしまった。私にとっても、もう長野市から軽井沢へ行く必要もなくなってしまったのであるが、いっぽう、長野では、長野はもとよりのこと、東京からの訪客や、ひっきりなしにかかる電話に忙殺されたことである。夜の二時、三時さてはひと眠りしたと思うと午前五時、東京からの電話に起こされるという始末で、うちの女中さん達も大変であった。しかしこれらの電話は近衛公はもちろんのこと、組閣本部からのものでは全然なかったのであって、すべては、外部から、ことに新聞社からのものであった。

ある晩、やはり遅く寝ているところを東京からの電話で起こされた。某新聞社の旧知の政治部副部長からである。「おめでとう。ところで書記官長ですか法制局長官ですか」「何もわからない」「古いなじみじゃありませんか。今度だけ一回僕の顔を立ててくださいよ」「立てるも立てないも、僕には東京から今まで何の連絡もないのです」「あんたも大政治家になられたんだから、もう官僚式から離脱してくださいよ。何かあったんでしょう」と、三十分ほど電話の押し問答である。

信濃毎日新聞社長の小坂武雄《こさかたけお》氏は、私の第三高等学校の柔道部の先輩であり、私が長野県〔知事〕在任中、公私とも大変お世話になった仁《じん》である。この人が夜の十二時頃「法制局長官に定まったそうですね。おめでとうに来ましたよ」と言われるが、「実はまだ、近衛公が軽井沢を立たれてから一度も連絡がない実情です。したがって色々新聞社から、聞かれるけれど答えようがなくて困っているのです。政治新体制の幹事長という話は、だいぶ前にちょっとありましたが、これもそれからだいぶ事情が変わってきているし、今はどうなるかわからないわけなんです。どうも申し訳ありません」と小坂氏に謝《あやま》る始末。よく私の心情のわかってもらえる小坂氏は「ああ、そんなわけですか。どうも遅くに起こしてすみませんでしたね。ゆっくりまた寝てください」と玄関の立ち話で帰っていかれた。

かくて、私は第二次近衛内閣の最終時期に内閣書記官長に決定して発表された。これは近衛公の深い思いやりから出たことが後になってわかったが、七月十七日の近衛公への大命降下から二十二日の組閣完了まで、約一週間の間、私とは何らの連絡もなかったのが事実である。ただし、後に近衛公から直接聞いたことであるが、私の内閣書記官長を、はじめから近衛公は心に決めていた。しかし、富田反対というよりも、自薦他薦の多かった内閣書記官長なので、うっかりはじめから名前を出すと、たたかれて実現できなくなる人事である。そこで木戸（内大臣）だけにははじめから言って了解を得ておいたんですよと、近衛公は後日になって私に言われた。

軽井沢での近衛

1943年、千代子《ちよこ》夫人と

　これに関連して、組閣の後日物語になるが、私が、長野県知事在任を利用して、軽井沢によくやって来る近衛公にあらゆるサービスをやって御機嫌取りをやり、書記官長の地位をものにした。その手段として、富田は自分の次女を近衛の侍女《じじょ》として軽井沢の近衛別荘に提供したが、女好きの近衛がこれに手をつけたので、それを口実《こうじつ》にして翰長《かんちょう》〔内閣書記官長の俗称〕に成り上がったのだという話である。

組閣後一ヵ月くらいたってから、この噂《うわさ》がもっぱら流布《るふ》されていると、私は聞いて驚いた。こんな荒唐無稽《こうとうむけい》の話が、講談にはよく聞くことで、通用している世の中が、日本という国である。この点は民主主義になった終戦後でもあまり変わっていないのではなかろうか。ちょっと聞くと噴《ふ》き出したくもなるし、すこし考えると実にいやな後味の残るデマでもある。もっとも幸《こう》か不幸か、私の子供は二人だけであり、しかもその二人は男児で、当時東京府立一中の三年生と一年生で、侍女になるにはまったく縁遠《えんどお》い存在だったことである。

3　近衛公に第二次組閣の大命

昭和十五年七月十六日、米内（光政）内閣の総辞職にともない、後継首班を奏請《そうせい》する順序となったが、木戸内大臣は、従来西園寺元老に後継の御下問《ごかもん》のあった方式を改め、かねてから考究していた方式によって後継者を奏請することとした。その理由は西園寺公もすでに老齢となり、いちいちこれを煩《わずら》わすこともいかがかと思われるような情勢となってきたいっぽう、元老亡《な》き後のことにも備える意味で、新方式をかねてから考えていたのであって、すなわち枢密院議長と首相の前歴を有《ゆう》する重臣達を宮中に呼び出して、この会議に後継首班に関する意向を徴《ちよう》するというやり方である。

そこで七月十七日午後一時、枢府議長と前首相が招集された。この重臣会議に出席したものは、原枢相、若槻礼次郎《わかつきれいじろう》、岡田啓介《おかだけいすけ》、広田弘毅《ひろたこうき》、林銑十郎《はやしせんじゆうろう》、平沼騏一郎、近衛文麿の諸氏であった。

重臣会議では、広田を除き全員が、この際近衛のほかには、適任者なしという意見であった。近衛公は「この際、時局を担当する者は、軍の事情に精通し、軍と志向を同じくし、充分了解ある者でなければならぬ。自分はその力もなくまた準備もないので、誰かそういう人を選定されたい」と述べたが、木戸内府は、むしろその軍が近衛を圧倒的に希望し、陸軍の今回の行動も、その底には近衛公の出馬を予定していると解《かい》される節《ふし》ありと言い、そこでそれまで留保的であった広田氏も同意。一致して近衛だということになり、普通はもっと時間もかかるのに、この時は僅々《きんきん》三十分で終わってしまった。

散会後、広田氏は別室で近衛公に対し「原田〔熊雄〕男爵は近衛ではいかん。軍にやらせろと言うので、今日の会議で自分がそれを言うことになっていたのだが、大勢《たいせい》やむを得ず、ついに言わなかった。まあ一つ御奮発願う」と言ったような始末であった。

十七日に原田男爵が西園寺公に、後継は近衛の他にない情況だと言ったら、園公は、「今頃人気で政治をやろうなんて、そんな時代遅れの考えじゃ駄目だ」と言っていたが、重臣会議の結果を待って松平《まつだいら》〔康昌《やすまさ》〕内大臣府〕秘書官長が園公のところに行った際、公は「自分は老齢でもあり、この間中、病気をしていて世の中のことが的確にわからない、その自分がわかったふりをして賛成してみたり、御下問にお答えしたりしてはかえって忠節を欠く所以《ゆえん》だから、この奉答は御免《ごめんこうむ》被りたい」と言って、近衛奏請の責任を取ろうとしなかった。

このことを興津《おきつ》〔西園寺邸があった静岡県興津〕から電話で聞いた木戸内府は、「自分にはわからぬ」という程度なら、非常に反対ということでもあるまいと考え、陛下に拝謁して西園寺公のことは、まことにやむを得ぬことと存じますから、強《し》いて奉答を求めず、近衛をお召《め》しいただきたいと言上したのであった。

陛下は、木戸内府に「このくらいのことは近衛に言ってもよかろうか。内外時局重大の際だから、外務と大蔵の人選は特に慎重にするようというのはどうだろうか」と聞かれたので、内府は「よろしうございましょう」と答えた。

近衛公は十七日午後七時二十分、お召しにより参内《さんだい》した。大命の際、陛下は憲法を遵守《じゅんしゅ》することと、外務、大蔵の人選に特に注意せよということを仰《おお》せられた。あとで木戸内府の話によると、この御言葉はそう深い意味はなく、白鳥〔敏夫日独伊三国同盟論者、陸軍と仲のよかった外交官）などを外務大臣に持ってくるなということであったらしい。

近衛公が大命を受けた重要な目的の一つは、言うまでもなく、支那事変の解決であったが、同時に、歴代内閣の悩みは、陸軍の不統制と陸海軍の不一致ということであるがゆえに、組閣の前に、腹《はら》の合った者で、同志的な気持ちで、最高方針を決めるのでなくてはならぬ。そこでまず陸、海、外三相の候補と腹を割って話したいということになったのである。

近衛公は内府と会見し、「これから、陸、海相と会い、陸軍には海軍と一緒に行ける者を、海軍には陸軍と一緒に行ける者を、後任に出すよう頼み、その上で、これに外相候補を加え、まず国防、外交、陸海軍の協調、統帥と政治との関係等につき、充分に協議し、一致を見た上で、他の閣僚の銓衡《せんこう》〔選考〕に入るつもりだ。一致しなければ、拝辞するかもしれない。それに二、三日かかるかもしれぬ」と話した。内府は「陛下も近衛のことだから、ゆっくりやるだろうと仰せられているから、ゆっくりやりたまえ」と言っていた（矢部貞治氏著『近衛文麿伝』より）。

七月十七日午後八時四十分、大命を拝して、宮中を退出した近衛公は、畑俊六陸相と会見して右の趣旨を申し入れ、次《つ》いで吉田善吾《よしだぜんご》海相にも会って同じ旨を述べたが、翌十八日午後一時に至って、海軍は吉田氏の留任を回答、陸軍は東条英機《とうじょうひでき》氏を午後四時半に推薦してきた。問題の外相については、近衛公は松岡洋右《まつおかようすけ》氏を選んだのである。

当時、松岡氏には種々反対があった。松岡と同郷で同氏を熟知しているからということで、木戸内府も伊藤文吉《いとうぶんきち》男爵もまた岩永裕吉《いわながゆうきち》（同盟通信社長）その他幾人かは極力その採用をいさめたのである。ずっと後になって筆者（富田）もたびたび近衛公から聞いたことであるが、陛下からも松岡の外務大臣はどうだろうかと二度までも御言葉があったくらいである。

それにもかかわらず、近衛公が松岡外相を押し切ったのである。それには近衛公としても相当な理由があったことである。

それは第一に、松岡は最近たびたび近衛公に会っておたがいに意見を交換していたのであって、それによれば外部では松岡を米英との戦争論者と見ている者も多いが、実は米英との戦争を避けることを深く意中に持っていたこと。第二は、当時の陸軍部内の独伊枢軸《すうじくは》派が勢力を振るっていた状態では、親米英派の外交官では、絶対に外相になり得ないこと。また、たとえ外相に就任しても、円滑にやっていけないだろうと思われたこと。第三に、陸軍を相手にして、これを適当に抑えるには、松岡の心臓と気力と驚嘆すべき詭弁《きべん》と、端倪《たんげい》すべからざる権謀術数をもってする以外に途《みち》なしと、かかる観点から松岡を強力に押したのである。

後年、この松岡外相によって、日米交渉妥結の絶好のチャンスを逸《のが》してしまうようなことになったのであるが、その時近衛公はつくづく第二次近衛内閣成立当時の松岡と、一ヵ年たっての松岡との差異のあまりにはなはだしいことに、憤《いきどお》りと悔恨《かいこん》の情を洩《も》らされたことであった。

後の話になるが、昭和十六年七月十六日第二次近衛内閣総辞職の原因は、近衛首相はもとより東条陸相、及川《おいかわ》〔古志郎《こしろう》〕海相はじめ陸海軍こぞって、米国からの日米交渉申し入れに賛成したことであったのに対し、ひとり松岡外相のみ、言《げん》を左右にして日米交渉妥結への歩みを進めず、そのため松岡外相のみを罷免《ひめん》せよとの意見が軍部内にさえあったのであるが（当時陛下も松岡を代えてはどうかと仰せられたと、近衛公も私に漏《も》らした）、近衛首相は「自分は松岡外相だけ罷《や》めさせて、自分だけ残るという無責任はどうしてもできない。あれくらい組閣のはじめ陛下から、また親しい友人達からも注意を受けながら、松岡を推薦した不明の責をどうしても私は負うべく辞任したい」と言ったのは、当時こういう経緯があったからである。これら第二次近衛内閣総辞職前後のいきさつについては、後に詳述することとする。

さて陸、海、外三相候補者が決定したので、七月十九日午後三時から六時半まで、この四者による「荻窪会談《おぎくぼ》」なるものが、荻外荘《てきがいそう》（近衛公の荻窪の邸でこの名前は、西園寺公がつけられたものと言われている）で行なわれた。その時の話し合いが極秘文書として残されている。この文書は組閣後、西園寺公が見たいと言ってこられて、私から極秘で、タイプライターにとって園公に原田男爵を通じて送ったことを記憶している。

その申し合わせは次の通りである。

一、支那事変の処理及び世界新情勢に対応すべき施策のため、戦時経済政策の強化確立を内外策の根基《こんき》とする。そのため作戦軍の生存上、絶対必要なものは別だが、その他のことは一切《いっさい》政府が一元的に指導する。

二、世界政策の根本的方針として

①世界情勢の急変に対応し、且《か》つ速《すみや》かに東亜新秩序《とうあしんちつじょ》を建設するため、日独伊枢軸の強化を図《はか》り、東西互《たがい》に策応《さくおう》して諸般の重要政策を行なう。しかし枢軸強化の方法、時機などについては情勢に応じて機宜《きぎ》を失わないことを期する。

②対ソ関係は、国境の不可侵協定（有効期間五年乃至《ないし》十年）を結び、且つ懸案の急速解決を図るとともに、右の有効期間内に、対ソ不敗の軍備を充実する。

③東亜にある、英、仏、蘭《らん》、葡《ポ》〔ポルトガル〕の植民地を、新秩序に包含《ほうがん》せしむるため、積極的な処理を行なう。但《ただ》しこれに関する列国会議は、なるべく排除する。

④米国とは無用の衝突は避けるが、東亜新秩序の建設に対する米国の実力干渉は、これを排除する堅《かた》い決意を持つ。

三、支那事変処理については

①作戦の徹底と援蔣《えんしょう》諸勢力の遮断《しゃだん》に重点を置き、その成果を拡大する政治的諸施策を行なう。

②南京《ナンキン》政府〔汪兆銘《おうちょうめい》政権〕支援の方針は不変だが重慶《じゅうけい》〔蔣介石《しょうかいせき》政権〕が和平を求めてきたら（イ）東亜共同防衛の具現（ロ）東亜経済圏の確立（ハ）排日の禁絶と対日不再戦の保障（ニ）防共について、わが要求を受諾すること、及び新政府樹立に関しては、重慶側も南京政府の意向を尊重し「内政問題として」両者間に妥結することを条件として、停戦と和平交渉に応ずる余地を残す。重慶に和平気運を促進するため、南京政府やその他の策動を支援する。

四、国内体制では

①国体精神を遵奉《じゅんぽう》し全国民を結合するような、新政治組織の結成に邁進《まいしん》するとともに、当面の政治力強化のため、首相に直属し、政治の大方針を策定建議すべき機関を設置する。それには真に有能な官民少数で組織する。

②実地に即《そく》し且つ官僚的事務に堕《だ》しない戦時経済指導機関を設置し、資源開発、生産拡充、消費制限等の方策を決める。

③政府事務の敏活《びんかつ》のため、官庁の廃合を断行し、事務の統合整理を行なう。

④国内経済力の全幅《ぜんぷく》発揮のため、必要に応じ経済機構の改革を行なう。

⑤国民生活の安定に必要な物資を確保し、配給の円滑を期する。そのため先《ま》ず必要な最小限度の所要物資につき、正確な調査を行なう。

⑥貿易を作興《さっこう》〔さかんにすること〕し、円ブロック輸出制限は、できるだけ緩和する。

こういう申し合わせが今日残っているのであるが、実際は、これほどハッキリと記録に残すことが決められたものではなく、ただ近衛公が誰かに書かせたものを持ち出して、だいたいこんなメモを基礎にして話し合いをしたというのが事実のようである。

したがって、東条英機氏が終戦後の軍事裁判の供述書において、荻窪会談は私的会談で、記録などは造らなかったがという前提で、「近衛公は、今後の国策は従来の経緯に鑑みて、支那事変の完遂《かんすい》に重きをおいていきたいこと。それがためには、政治と統帥との調整ならびに陸軍と海軍との調和に、今後いっそう重きを置くべきことを提唱せられ、これには、すべて来会者は同感であり、これに努力すべきことを申し合わせた。政治に関する具体的なことも話に出た。内外の情勢の下に国内体制の刷新、支那事変解決の促進、外交の刷新、国防の充実等がそれである。その詳細は今日記憶しておらぬが、後日閣議において決定せられた基本国策要綱の骨子《こっし》をなすものである。この会合は単に意見の一致を見たというにとどまり、特に国策を決定したという性質のものではない、云々」と述べていることによって、大要が了解される。

荻窪会談で、首、陸、海、外相となるべき四者の意見が、だいたい一致したので、近衛公は組閣工作に取りかかった。この際、荻外荘が組閣本部となった。そして組閣は、七月二十、二

十一、二十二の三日間にわたったのである。原田日記によると、二十日午後、原田男爵が近衛公に電話したら「松岡は日米戦争でもやるようなことを言い出すので、はじめ海相などは驚いたようだが、よく話してみると結局非常に穏健だとわかって、安心したようだ。ああいうことを言って人を驚かすのは、どうも松岡の欠点だ。松岡に対する攻撃は相当ひどいようだ。犬養《いぬかい》（健《たける》）が手助けにといって、のべつにやって来るし、それで一《ひと》事件起こしたり実に困ってしまう」と言っていたと書いている。

蔵相は大蔵出身の河田烈《かわだいさお》、逓信《ていしん》は大阪財界から村田省蔵《むらたしようぞう》、内相は内務出身の安井英二、商相は池田成彬《いけだしげあき》氏の推薦で小林一三《こばやしいちぞう》、農相は石黒忠篤、司法風見章、文部橋田邦彦（第一高等学校長）、企画院星野直樹《ほしのなおき》（満州国総務長官）諸氏が決定。拓務、厚生、鉄道の三大臣は他の兼任となった。これは、後の政党の合同解散に備えた次第である。また内閣書記官長は富田健治、法制局長官村瀬直養と決定したのであった。

『近衛公秘聞』（木舎幾三郎《きやいくさぶろう》氏著）や原田日記によると、書記官長として、池田成彬氏は太田正孝《おおたまさたか》氏を推《お》していたと言うし、犬養健氏も書記官長を狙《ねら》っていて、太田も犬養も書記官長をもって自任し、さらに犬養は、自分が書記官長に決まったから、君は法制局長官だと太田に勝手なことを言ったりして、近衛もほとほと弱ったということである。木舎氏によると、そういうことで、この両人は、その後犬猿《けんえん》の間柄になったらしい。富田ははじめ話題に上っていなかったが、前に述べたように知事を辞めて新体制の幹事長をやってくれぬかと近衛から話したこともあり、富田もいつでも犬馬《けんば》の労を取ると言っていたような関係があった。近衛は後に富田に、犬養や太田らの策動を語り、「もし最初から、君の名を出すと、必ずたくさんの競争者が反対すると思ったので言わなかったのだ」と言っていたそうである（矢部貞治氏著『近衛文麿伝』より）。

かくて七月二十二日午後八時、近衛首相の親任式が行なわれ、続いて九時に閣僚の親任式があり、ここに第二次近衛内閣は成立することになったのである。

そこで、私（富田）のことになるのであるが、七月二十二日朝九時すぎ、県庁の知事室に内務省の秘書課長から電話があり「近衛公爵から内務大臣に対し、貴下を組閣本部へ上京させてほしいと依頼があり、大臣もこれを了承されましたので、即刻組閣本部へ出向かれるように願います」ということであった。ちょうど午後一時の長野発東京行の急行より早い汽車はなかった。

正午県庁の食堂で、部課長と一緒に食事をしていたらラジオ・ニュースで組閣本部の発表として「長野県知事富田健治君を内閣書記官長に決定しました」と伝え「なお同氏は午後一時の列車で急ぎ上京組閣本部に入ることになった」と放送した。食堂内の人達からいっせいに喚声《かんせい》がわき起こり、私も思わず、頬《ほお》を紅潮させるような状況であった。

第2次近衛内閣

1列左から東条英機陸相、金光庸夫《かねみつつねお》厚相、近衛首相、平沼騏一郎《ひらぬまきいちろう》内相、秋田清《あきたきよし》拓務相、橋田邦彦《はしだくにひこ》文相、小林一三《こばやしいちぞう》商工相。2列左から柳川平助《やながわへいすけ》法相、村田省蔵《むらたしょうぞう》逓相、及川古志郎《おいかわこしろう》海相、松岡洋右外相、河田烈《かわだいさお》蔵相、石黒忠篤《いしぐろただあつ》農相、小川郷太郎《おがわごうたろう》鉄道相。3列左から小倉正恒《おぐらまさつね》国務相、星野直樹《ほしのなおき》国務相、富田健治内閣書記官長。1940年12月、国会議事堂にて

それと同時に、私が内閣書記官長就任を知ったのは、この時はじめてであって、ここに私はこれからの内閣の大番頭として、どういうことをしていったらよかろうか、さしずめ、すぐ組閣直後の首相談話の草案など心に描かなければならなくなったのである。

軽井沢で暫時《ざんじ》停車中に伊沢多喜男《いざわたきお》氏（元台湾総督、内務省の大先輩）が、車中の私を訪ねられ、祝辞を述べられると共に「輿望《よぼう》を担《にな》った近衛公を援《たす》けて存分にやってもらいたい。大いに君の気力に期待している。軍や右翼に負けぬようにやってもらいたい」というようなことであった。大宮《おおみや》駅に来ると近衛公の秘書塚本《つかもと》義照《よしてる》氏が、特に近衛公の指示で出迎えら

れ、色々近衛公の言葉が伝えられた。上野《うえの》駅へ着くなり、ただちに正装をして総理官邸へきてもらいたいということであった。上野駅へ着くと、さすがに友人、知人、新聞社の人達数十人に取り巻かれた。

そして麹町《こうじまち》三番町の自宅に入り、モーニングに着替えて総理官邸に入った。総理官邸の入口は各新聞社が、フラッシュをたくべく、脚をおいて数十台写真機が待ちかまえていて、パンパン早速やられた。目がくらむようである。そして、親任式を終えて帰る総理大臣を待ち受けたのである。

夜九時半、第二次近衛内閣初の閣議が開かれ、ここで第一の人事として書記官長、法制局長官が正式に決定されることになった。そして長身の近衛公がやおら起《た》ち上がって、初の挨拶《あいさつ》を行なわれた。

「不肖《ふしょう》はからずも再び大命を拝《はい》し、ここに組閣致しましたについては、今後各位の格別の御支援を得たく存じます。この内閣は、支那事変の早期解決、そのための国内体制の整備、政府と統帥との一体化等色々重要問題を処理致していきたいと存じます」

との趣旨であった。

今後当分の間、毎日閣議を開くことを決定。隣室にてシャンパンを抜き、一同乾杯。それから恒例により、首相官邸の階段を背にして総理はじめ、政府首脳一同組閣の写真を新聞社に撮《と》ってもらうことになった。次《つ》いで書記官長として、初の新聞発表をやる。およそ首相官邸詰《づめ》として、当時は総勢百余名の新聞記者が登録されていた。組閣当時の官邸には、その倍にも上る記者の数であったろうか。平常でもだいたい三十名前後は詰めているのである。

初閣議に関する新聞の初発表を終わって、私は総理大臣室に引き返した。近衛公と、この組閣以来はじめて話をするわけである。

「すでに発令になりましたので、今さら何も申し上げません。微力とうていその任でないと思います。したがって不適任と思われたなら、明日にでも解任していただきたいと思います。これだけ申しておきます」

「最初からあなたにやってもらう決心でいました。色々策動もあったので、最後まであなたの名を伏《ふ》せておきました。あなたの思うままにやってください。なかなかつらい仕事だと思いますが。あなたどころじゃない。私のほうがひと月もすればまいってしまうかもしれません。まあ一緒にやってみましょうよ」

というようなことであった。

日本のためになる第二次近衛内閣のために、私は渾身《こんしん》の力を出そう。そんなことを心中深く決しながら、興奮した面持《おもも》ちで、私が家人や知友の待つ麹町の自宅に引き上げたのは、夜も十一時に近かったのであった。

4　支那事変の早期解決——第二次近衛内閣の使命

かくて昭和十五年七月二十二日、第二次近衛内閣は成立を見たのである。翌二十三日に近衛総理は記者会見をして色々の質問に答えているし、また同夕刻には「大命を拝して」というラジオ放送を行ない、世界情勢の急転に対処、国内体制の一新をはからねばならぬと語った。

思うに、従来政党の弊害は二つある。その一つは立党の趣旨において、自由主義をとり、あるいは社会主義をとって、その根本の世界観、人生観が、すでに国体と相容《あい》れないものがあるという点であって、これは今日急速に転回し、抜本的に改正しなければならないところである。その二つは党派結成の主要なる目的を、政権の争奪に置くことであって、かくのごときは立法府における大政翼賛の道では断じてないのである。

しかし、これは政党だけのことではなく、「文武《ぶんぶ》において、海陸において、朝野《ちょうや》において、上下において」億兆一心《おくちょういっしん》で大政翼賛をしなければならぬ。日本独自の立場で外交を進めることとそのためには、また経済を外国依存から脱却せしめ、満支との提携、南洋方面への発展を要すること、国民生活は確保するが、しかし増産と節約が不可欠なこと、個人の創意を重んずるが、種々の統制は不可避だということと教育の刷新が根本だということなど述べたのである。

新聞記者会見においては、多くの質問に対し、まだ言えないと答弁を避けたのであるが、南方発展のことは大いに考慮していること、中国に対しては、近衛声明の精神と汪〔兆銘〕政府支援の方針は変わらぬことと、どこの国とも国交調整が必要なことなど述べ、新体制については新体制をやるために、枢密院議長を辞めたので、内閣を担当したのは、その後の偶然の事実なのだ。民間から盛り上がってくるのが本筋で、政府としてどうするかは、まだ考慮中だ。私自身の私案もまだ無い。組閣後のいろんなことが、一段落したら、考えたいと思う。新体制と言っても、統帥と政治、政府の内部相互の関係、立法府と行政府の問題などと色々考えねばならぬ。ことに官吏制度についてはそのうち案を出したいと述べ、政党との関係は当分不即不離だと言い「一国一党ということは、他の政党政治を認めないことで、自分はそういう考え方はしていない。建前《たてまえ》として一つしか政党がなく、その党の総裁が首相となるというのは、わが国体に反すると思う。いわゆる幕府的存在になる」と言い、また統帥と政治との関係については、これはもっとも重要で、ある意味では、政党の問題よりも大きい。陸海軍にも研究を頼んでいるから、まとまればけっこうと思う。軍官民が三位一体《さんみいったい》で一致していくようでなければならぬ。その実現について、今日までの話し合いでは、軍部大臣も私の考えをだいたい了解している。政戦両略の一致につき、制度の改正も色々意見はあるが、制度化はなかなか困難である云々、また政策政綱は、できもしないことをたくさん並べることはやめにしたいなどという話をしているのである。

西園寺公爵は二十四日、往訪の原田男爵をつかまえ、

「昨夜近衛の放送を聴《き》いたが、声はいいし非常によかった。しかし内容はパラドックス（矛《む》盾《じゅん》）に充《み》ちていて、自分にはすこしもわからなかった。うまくやってくれればよいが」と言ったと伝えられている。

第二次近衛内閣は発足した。しかしそこには、なすべきことが、山ほどあり、重要にして困難な問題で歴代内閣が懸案として残したものも、数々あったのである。しかも当時の国際関係からして、また軍部に引きずられている国内政治の状態からして、ハッキリ割り切ったものの言い方もできず、各方面の要望に応《こた》えつつ、しかもその各方面の勝手な主張は、これを抑えてもいくというような、むずかしい生ぬるい言動を執《と》らなければならぬ時勢だったのである。上述した近衛総理のラジオ放送に対する西園寺公の批判も、この意味において、一面当たってはいるが、同時に困難な当時の内外状勢との関連に対する理解は無いようにも思われるのである。

惟《おも》うに第二次近衛内閣の真の使命は、こうだったと思う。それは第一に支那事変の解決ということである。支那事変は第一次近衛内閣成立一ヵ月後、近衛公の意志に反して軍部の、しかも出先《でさき》軍部の独断で勃発《ぼっぱつ》し、かつ発展していったのである。昭和十二年七月八日〔七日〕の盧《ろ》溝橋《こうきょう》事件勃発から、三ヵ月か六ヵ月で解決しますと、軍首脳部が言明していた現地不拡大方針より、どんどん発展拡大して、戦禍は支那全土におよび、期間もすでに三ヵ年を経過してしまったのである。近衛公としては夢にも忘れられない支那事変の早期解決である。

そこで第二の問題として、この支那事変の解決のための外交処理ということが問題となってくる。当時ヒットラーの率いるドイツは、ヨーロッパにおいて、戦果を着々拡大していたし、対英上陸さえ問題になっていた時であり、これに対し米国も真剣に対英援助を打ち出してきた時である。そしてソ連は、独ソ不可侵条約によって表面は中立的立場に立っていたのである。

この米英対独伊対立の間にあった日本国内においては、陸軍を中心とした独伊枢軸派と親米英派の二派が分かれていたのであるが、支那事変解決のための外交関係として、当時この二派いずれがわが国に有利であるかは、感情論はともかくとして、純粋理論としてなかなか結論を出すことの困難な問題であることは、今でもこれを認めざるを得ないと思う。

しかも、いっぽうに国際信頼の置けない共産国ソ連が、満州の北に蟠踞《ばんきょ》しているのである。そこで陸軍や革新派は、ここにはっきりと独伊枢軸側に日本も踏み切って、同時にソ連とも一《いち》時《じ》手を握っていくのがよいという強い主張であり、これに対し米英派と言われる慎重派は、国際信用の持てない、しかも地理的に日本と遠く隔《へだ》たるドイツに対し、過去においてわが国と比較的友好関係にあり、比較的に信用もできる米英を比較して、ドイツよりはまだ米英のほうが信用できるのではないか。また現在の戦況ではドイツが勝つように思われるか〔も〕しれないが、結局はやはり米英の勝利に帰すると思うという意見や、また仮にドイツ軍の英本土上陸作戦が万々一《まんまんいち》成功しても、その結果はドイツと米英との長期にわたる対立となり、その間に立つ日本の地位はいっそう重要となる。

戦禍の太平洋への波及を防止し、できれば欧州戦争の終結をはかることが、局外に立てる日米両国の責任であり、日米関係の改善に今一段の努力もなさずに、ただちに日独同盟に走るがごときは、国論の支持を得る所以ではない(当時の駐独来栖《くるす》〔三郎《さぶろう》〕大使の意見)。またいっぽうソ連に対しては、陸軍の一部(荒木貞夫《あらきさだお》大将、真崎甚三郎《まさきじんざぶろう》大将、小畑敏四郎《おばたとしろう》中将、柳川平助《やながわへいすけ》中将等)においては、ソ連の不信、不逞《ふてい》の意図政略を看破すべきであって、今軽率に独伊と結び米英相手に南方戦に突入すべきではなく、むしろ、対ソ連考慮から米英と握手して、一日も早く支那事変を解決すべしというような主張もあった。

近衛公は元来むしろ英米派と言えよう。またソ連に対してもわが国としては、極力警戒すべしという意見であり、もとより支那事変早期妥結派であったのである。しかるに何ゆえ、この近衛公が、すみやかに米英と握手して支那事変を解決するように持っていけなかったのであるか。

ここに、当時の日本陸軍の大きな存在を考えなければならない。その陸軍も前述のごとく派閥、意見は分かれていたのであるが、当時陸軍部内に時《とき》を得ていたのは、独伊枢軸派であり、それはいわゆる南方進出派でもあったのである。また、この陸軍独伊派は軍の上層部においてよりも、その下層部、中堅以下に強硬分子が多く、これらはわが国が独伊と同盟を結ぶことによって、ついには米英撃滅を目標としていたものが多かったのである。

国民的支持を受けて起《た》った近衛総理も、自分の信念理想の実現と、現実の政治情勢考慮との間には、幾多《いくた》の複雑にして至難なる問題に当面せざるを得なかった所以が、ここにあるのであり、また後に日独伊三国軍事同盟締結に至った客観状勢と、近衛公の苦慮と決断が潜《ひそ》んでいたのである。

第三にこれらの処理と関連して国内問題がある。近衛総理は組閣後の記者会見において、遠回しの婉曲《えんきょく》な表現をしているが、当時の日本の政治情勢においては、統帥と政治との遊離が、すべての問題のガンだと明言できる状態だった。遊離というのは適当でないかもしれない。政治は統帥の中には、いっさい立ち入れないが、統帥のほうはかえって政治、国務を振り回しているという実情であった。

この弊害除去の途《みち》は、生《なま》ぬるく言えば、国務と統帥との調和であったのであるが、この制度化は近衛総理の言うがごとく容易なことではなかった。ただ、ここに無気力にして腐敗せる当時の政党に代えて、国民各層を結集して、その国民組織の力に依《よ》り、軍部という組織に対抗し、ゆくゆくは、国務と統帥との統合をはかってゆくというやり方、これは考えられる一つの方法であった。

すなわち近衛公はつとに、ここに着眼して、政治新体制を唱えたのである。したがって、近衛公の新体制運動の重点は、実はこの軍部抑制ということにあったのである。この軍部に対する抑えが利《き》き、統帥の専横を抑止し得る政治が出来上がるなれば、はじめて支那事変の解決も早期になし得るかもしれなかったし、また日米戦争も起こらないで、おそらくはすんだことであったろう。

ところが、政治家の多くは、この近衛公の意図とは逆に、ただただ軍部専横の後援者となることによって、自らの地位を保《たも》とうとするのであった。いわゆる親軍派国会議員と呼ばれる多くの政治家の当時の言動は、今にして思い出すだに、嘔吐《おうと》を催《もよお》さしめるものがあったのである。さらにこの新政治体制において近衛公のもっとも意《い》を用いたところは、それが幕府的存在にならないようにということであった。

これについても、陸軍と意見の食い違いがあった。陸軍およびこれに追従する政治家は、ドイツのナチス式の一国一党を考えていたのであって、日本にも一党のみしか認めない、他の政党の存在を許さない、そしてその一党の総裁は必ず総理大臣となる。内閣の政策は、その一党たる党の定めた政策を、そのまま実行するということである。

しかし、近衛公の考えによれば、これでは総理大臣は、その党の総裁たる限り、永久であり、一党というからは全国民を包含するもので、わが国体においては、天皇以外にその適格者はなく、強《し》いて民間のものが就任すれば、それは幕府の将軍と同一資格となるであろう。近衛公の国体観は当時流行していた、付け焼き刃の日本精神、国体明徴論《めいちょうろん》とは、断然違っていた。何千年藤原鎌足《ふじわらのかまたり》の昔から伝えられた血潮《ちしお》の中に流れる冷静だが、しかし混《ま》じり気のない正真正銘《しょうしんしょうめい》の国体信念であったのである。幕府的存在たる一国一党によって、軍部の要求する政策を実行する。これこそ、近衛公の意図する政治体制とおよそ全然逆方向のものなのである。

次にラッセル・ブラインズが、サンフランシスコ・クロニクル紙（昭和十五年九月十五日号）に載《の》せた「はかりしれない公爵」という一文を引用してみよう。

「近衛はやっかいな環境の中で、異常の時代に再び政府の首班となった。

彼は公認されたリベラル（自由主義者）である――あるいはあった。しかし、日本は今や全体主義に向かって驀進《ばくしん》しつつある……今や日本政府は、仏、蘭、英の植民地を目標として、南へ膨張《ぼうちょう》せんとしている。近衛内閣はこの『黄金の機会』を処理する使命を持つ。彼が第一次内閣を辞めたのは、三国同盟を避けるためであったが、今度は戦争にならぬ限り、枢軸との完全な協力を考えるのが、新内閣第一の問題だ。あたかもこの時期に、なぜに近衛が首班となったのか。軍が彼をとらえたか、彼は今や自由主義者の信念を捨てて、国家主義に改宗したとも言われる。彼は学生時代はマルクスを研究し、社会主義についてオスカー・ワイルドを訳し、はじめて首相になった時、『社会正義』を標榜した。さらに彼は西園寺のペット（寵児《ちょうじ》）で宮廷派と親しい。彼らは皆、長年軍部を政治の下僕《げぼく》たらしめんと努力してきた……だから、彼が軍部のイデオロギー（思想）に接近したとすれば、ここ半年のことだと述べ、近衛が政治的危機に直面するたびに、『彼の城壁であるベッド（寝床）』にもぐり込んだこと、彼が怠惰《たいだ》である間に、彼の政治的存在はどんどん大きくなったことを叙述した上、政党を解消して単一党を作る計画が噂《うわさ》された時も、近衛は山にこもった。米内が退《しりぞ》いても近衛は出ようとは思われなかった。彼は膨脹主義に反対の立場にあったからだ。彼が山を下る時、三本の山百合《やまゆり》の花を持っていた。彼は、娘が病気だからこの花を持っていってやりたいと言って。それからしばらくして彼は大命を受けた。『東亜新秩序』という征服に便利な言葉を創《つく》ったのは近衛だった。彼はまた『新体制』

という言葉も作った。近衛の考えは、ファッシズムの模倣《もほう》ではなく古い幕府を作るのだという者もある……疑いもなく軍部は近衛を利用し得ると考えている。しかし政治観察者は、むしろ彼は軍部に反対するだろうと見ている。軍部に反対してしかも生きられる者は、この高貴な血統を持つ『不死身』な近衛以外にはあるまい。彼を支持する国民がついている。そして彼は俊敏で、円滑で、忍耐強く、極度に微妙な戦略家だ。彼は陸軍への改宗者かもしれぬ。それとも帝国主義に対するブレーキかもしれぬ。いずれにせよ『はかりしれない公爵』である」

と記述しているのである（矢部貞治氏著『近衛文麿伝』より）。

この記事は、第二次近衛内閣発足に際しての近衛公の苦悩をよく理解していると共に、当時日本人でさえ、近衛公の心境を了解し得なかったものの多い時に、外人として実に深刻な観察をしているものと言われよう。第二次近衛内閣の性格、役割そして近衛総理の本当の狙いは以上のようなところにあった。

そもそも内閣というものは組閣早々はなかなかハツラツとして元気のよいものであるが、時を経過するにしたがって、しかも加速度をもって、気力が衰《おとろ》えていき、次第々々に終息に近づいてゆくものである。そこで、新内閣はこんなことも考えて、米内内閣以来行き悩んでいた問題を、片《かた》っ端《ぱし》から早急に片づけるという態勢を採ったのである。政府は連日閣議を開き、七月二十六日「基本国策要綱」を決定し、二十七日は大本営政府連絡会議を宮中で開き、米内内閣以来の大本営提案「世界情勢の推移に伴う時局処理要綱」が決定せられることとなったのである。

この「基本国策要綱」と「世界情勢の推移に伴う時局処理要綱」については、次号〔次項〕に詳述することとする。

5　不言実行の政策を――口先の宣伝はいっさい止めて

近衛公は第二次近衛内閣成立直後、新聞記者会見の際に「政策政綱はできもしないことをたくさん並べることは止めにしたい」と洩《も》らしているが、これは私がくどいほど会見前、近衛総理に言ったことであった。

私のこれまでの官界生活の経験において、また官吏としてではあったが、二十数年間、日本の政界を岡目八目《おかめはちもく》で見ていた私としては、できもしないことを言うということは、政治家にしても、役人にしても、いつかは「できなかった」という事実によって、国民大衆から大きく信頼を失うことになるものである。期待が多大であればあるほど、その逆もまた、いっそう厳しくなるものであると、こういうことを身にしみて、すでに感得していたのであった。

そこで、総理にもこのことを確信をもって進言したのである。小さいことでも軽微《けいび》なことでもよい、実行が第一である。口先だけの宣伝は止めにしたい。この近衛内閣は、しゃべる時は、実行し得る時ないしは実行し得た時というくらいにしたいと考えたのである。近衛公も、それには賛成の意を表《ひょう》された。

それから今一つ、政界でも官界でも、すなわち上は総理大臣から下は一《いち》下級官吏に至るまで、組閣当初とか、就任早々とかは非常に力のあるものであり、力のこもるものである。これは、当事者の張り切るということにもよるであろうが、わが国民性から言って珍しもの食《ぐ》いで、はじめの間こそヤイノヤイノで歓迎されるが、時がたつにつれて飽《あ》きがきて、長い歳月が経過すれば、別に落度もないのに難くせまでつけるという風習がある。

しかし、この風習の善《よ》し悪《あ》しは別として、政治家としては、この空気は、常にこれを計算に入れていなければならないと思う。これを組閣当初において考えるならば、何でも実施したいと思うことは、組閣早々の間にバタバタと決行してしまうことである。私は、このことも自分の経験と信念にもとづいて進言した。近衛総理はこの方針にも賛成してくれた。

そこで、上述の第二次近衛内閣の使命である支那事変の早期解決、そのための国際関係の調整ないし確立、またそれがための国内態勢の整備。この三点の早急実践に手をつけることになったのである。

閣議は組閣（七月二十二日）後、連日午前十時開催される。次官会議も、この閣議前、毎日朝八時から総理官邸で開く。朝食は総理官邸でパンと牛乳で皆がやりながら会議するというやり方である。その他に、私は朝七時から総理官邸横の書記官長官舎で別の朝飯会《あさめしかい》をやって、各方面の人に会って意見を聞いたり、情報を取ったり、こちらの意見の伝達、宣伝を頼んだり、今から思い出しても心地よい活動ぶりであった。

そして、官舎を競売にしてしまうとか、マージャンはやめさすとか、宴会は禁ずるとか宣伝めいたり、できもしないようなつまらないことはいっさい抜きにして、ただただ実践第一でいこうと努めたことであった。何にも宣伝せずに一つ一つ実行していくことの楽しさを、この時くらい、味わったことはなかったと今でも思っている。そのうちには、次官の中でも、真の共鳴者が出てくるし、閣僚でもわかってくれる人が出る。軍部でも伝え聞いて、非常に良いことだと褒《ほ》めてくれる局長もあった。

近衛内閣の性格は、当時の国内情勢からして、ハッキリしない、割り切れないものではあったが、その範囲内でも、とにかく、以上のような意気込みと実践によって、行き悩んでいた種々の重要問題が、組閣後二ヵ月くらいの間に堰《せき》を切ったごとく、次々にその方向を決められていった。政府は連日閣議を開いて、早くも七月二十六日「基本国策要綱」を決定し、翌二十七日には、政府大本営連絡会議〔大本営政府連絡会議〕で、米内内閣の末期から協議されていた大本営提案の「世界情勢の推移に伴う時局処理要綱」が決まったのである。

基本国策要綱は「世界は今や歴史的一大転機に際会《さいかい》し、数箇の国家群の生成発展を基調とする新《あら》たなる政治経済文化の創成を見んとし、皇国亦《また》有史以来の大試練に直面す。この秋《とき》に当《あた》り、真に肇国《ちょうこく》の大精神に基《もと》づく皇国の国是《こくぜ》を完遂せんとせば、右《みぎ》世界史的発展の必然的動向を把握して、庶政百般に亘《わた》り速《すみや》かに根本的刷新を加え、万難を排して、国防国家体制の完成に邁進することを以《もつ》て、刻下喫緊《こつかきつきん》の要務とす」という前文で、根本方針としては「皇国の国是は、八紘《はつこう》を一宇《いちう》とする肇国の大精神に基づき、世界平和の確立を招来することを以て根本とし、先《ま》ず皇国を核心とし、日満支の強固なる結合を根幹とする大東亜の新秩序を建設するに在《あ》り。これがため皇国自《みずか》ら速かに、新事態に即応する不抜の国家態勢を確立し、国家の総力を挙げて右国是の具現に邁進す」というので、国防国家体制の上に軍備を充実し、外交は大東亜の新秩序建設を根幹として、支那事変の完遂に重心を置き、かつ国際的大変局を達観して、建設的で弾力性に富《と》む施策をもって、国運の進展を期するというのである。

また、この国防国家体制確立のため、国内体制の刷新として、教学の刷新、新政治体制、日満支三国の自主経済による国防経済、人口増加と体力の向上、特に農業の発展、国民犠牲の不均衡の是正と質実剛健なる国民生活水準の確保など五項目を示し、教学の刷新については「国体の本義に透徹する教学の刷新と相俟《あいま》ち、自我功利の思想を排し、国家奉仕の観念を第一義とする国民道徳を確立す。なお科学的精神の振興を期す」と言い、また新政治体制の確立と国政の総合的統一については「(イ)官民協力一致、各々その職域に応じ、国家に奉公することを基調とする新国民組織の確立、(ロ)新政治体制に即応し得べき議会制度の改革、(ハ)行政の運用に根本的刷新を加え、その統一と敏活とを目標とする官場新体制の確立」を謳《うた》っていたのである。

この国策要綱は主として、内閣直属の企画院から立案提出されたものであったが、「国防国家」とか「皇国」とか「大東亜新秩序」とかいう字句は、当時のいわゆる革新陣営や少壮軍人の間には、すでに使用されていたものであったが、政府の文書になって現われたのは、まさに最初であったかと思う。そして、この要綱にもとづき、国策各項目の起案責任官庁も定められ、月末までにそれぞれ、案を閣議に提出することに決定せられたのである。

次いで七月二十七日、政府と統帥部の連絡会議が宮中で開かれ、陛下の御前において、「世界情勢の推移に伴う時局処理要綱」が決定された。

当時、これはもちろん極秘の機密文書であったが「帝国は世界情勢の変局に対処し、内外の情勢を改善し、速かに支那事変の解決を促進すると共に好機を捕捉し、対南方問題を解決す、支那事変の処理未だ終《おわ》らざる場合において、対南方施策を重点とする態勢転換に関しては、内外諸般の情勢を考慮しこれを定む」との方針の下に、第一条（重慶政権屈伏のための方策）、第四条（国防国家体制確立の方策）の他に、重要なるは、第二条ならびに第三条であった。

第二条　対外施策に関しては、支那事変処理を推進すると共に、対南方問題の解決を目途《もくと》とし概《おおむ》ね左記に依《よ》る。

一、先《ま》ず対独伊ソ施策を重点とし、特に速かに独伊との政治的結束を強化し、対ソ国交の飛躍的調整を図る。

二、米国に対しては、公正なる主張と厳然たる態度を持《じ》し、帝国の必要とする施策遂行に伴う已《や》むを得ざる自然的悪化は、敢《あえ》てこれを辞《じ》せざるも、常にその動向に留意し、我より求めて摩擦を多からしむるは、これを避《さ》くる如《ごと》く施策す。

三、仏印及び香港《ホンコン》等に対しては左記に依る。

(イ)仏印（広州湾《こうしゅうわん》を含む）に対しては、援蔣《えんしょう》行為遮断の徹底を期すると共に、速かに我軍の補給担任、軍隊通過及び飛行場使用等を容認せしめ、且《かつ》帝国の必要なる資源の獲得に努む。情況により武力を行使することあり。

(ロ)香港に対しては、ビルマに於《お》ける援蔣ルートの徹底的遮断と相俟ち、先ず速かに敵性を芟除《さんじょ》する如く強力に諸工作を推進す。
(ハ)租界《そかい》に対しては、先ず敵性の芟除及び交戦国軍隊の撤退を図ると共に、逐次《ちくじ》支那側をしてこれを回収せしむる如く誘導す。
(ニ)前二項の施策に当り武力を行使するは、第三条に依る。
四、蘭印に対しては、暫《しば》らく外交的措置に依り、その重要資源確保に努む。
五、太平洋上における旧独領及び仏領島嶼《とうしょ》は、国防上の重大性に鑑み、為《な》し得れば外交的措置に依り、我領有に帰する如く処理す。
六、南方における其他《そのた》の諸邦に対しては、努めて友好的措置に依り、我が工作に同調せしむる如く施策す。
第三条　対南方武力行使に関しては、左記に準拠す。
一、支那事変処理概ね終了せる場合に於《おい》ては、対南方問題解決のため、内外諸般の情勢これを許す限り、好機を捕捉し武力を行使す。
二、支那事変の処理未だ終《おわ》らざる場合に於ては、第三国と開戦に至らざる限度に於て施策するも、内外諸般の情勢特に有利に進展するに至らば、対南方問題解決のため武力を行使することあり。

三、前二項武力行使の時期、範囲、方法等に関しては、情勢に応じ、これを決定す。

四、武力行使に当りては、戦争相手を極力英国のみに局限するに努む。但《ただ》しこの場合に於ても、対米開戦はこれを避け得ざることあるべきを以《も》って、これが準備に遺憾なきを期す。

というのである。

この時局処理要綱の文面のみからして、当時これによって武力行使をともなう南方方策が、決定せられたものだと推断する人もあるが、これは事実に反している。

当時は、破竹の勢いのドイツの進撃ということがあり、英国本土上陸の可能性が、世界的に議論せられていた時のことである。そこで独伊との友好関係を保つこととなれば、ドイツ征《せい》覇《は》の暁《あかつき》、その分《わ》け前《まえ》に与《あずか》り得るチャンスもあろうが、また一面ドイツが征覇を完遂した後になって、わが国が利益だけを要求しても、それは可能性が薄《うす》かろうという想定もできるので、ドイツ戦勝の見通しがつくようになったら早きに臨《のぞ》み、むしろ進んで独伊との提携や南方進出も考えようという程度を出なかったことが、だいたいの真相である。

東条英機大将は軍事裁判の供述書において、

「独伊との関係は、日本を国際的孤立から救うため、米英の態度に鑑みて、従来の経緯にこだわらず独伊と提携し、ソ連とも飛躍的に国交を調整しようということで、三国同盟までは考えていなかった。独伊との提携が、日米関係におよぼす影響は、一同が、心配していたし、特に陛下の平素《へいそ》からのお考えを熟知していた近衛首相が、特別に懸念《けねん》していたことだが、ただ米英の根強い非友誼的《ゆうぎてき》態度に対し、日本としては毅然《きぜん》たる態度を取るほかないということを、松岡外相が力説した。後に松岡氏も、『日米戦争は世界の破滅であるから、極力避けねばならぬ』と言い、日米の国交を改善するためにこそ、わがほうは毅然たる態度が必要だと説いた」

と言っているが、これは事実であった。

また「中国に対する政策は、中国が日本を過小評価していることと、第三国の援蔣とが、事変の解決を妨《さまた》げているという見地から、考えられたのであるし、南方問題は日本が重要物資の大部を米英に依存していた実情に鑑み、一朝《いっちょう》この輸入が杜絶《とぜつ》した場合のことを考えれば、どうしても南方諸地域からの輸入によって、自給自足をはからねばならぬと考えられたのである。ただし支那事変の進行中のことでもあり、日本はこれがため第三国との摩擦は、極力これを避けたいというのである。要するに対米英戦争ということは、この決定当時においては、すこしも考えられておらない。ただし日本のこれを欲すると否《いな》とにかかわらず、場合により米英より武力的妨害のあるべきことは、懸念せられていた」とも、極東裁判において供述しているのである。

木戸（幸一内大臣）日記によると、当時陛下はこの時局処理要綱決定に際し、直後に次のような御感想を洩《も》らされたと記している。

「政府、陸軍、海軍の三者はいずれも、あの案の実行につき考えを異《こと》にするようだ。すなわち近衛は、支那事変はなかなか片づかぬと見ているもののごとく、むしろこの際、支那占領地域を縮少し、南方に向かわんとするもののようだ。言い換えれば、支那事変の不成功による国民の不満を南方に振り向けようと考えているらしい。陸軍は好機あらば、支那事変そのままの態勢で、南方に進出しようとの考えらしい。海軍は、支那事変の解決をまずなすのでなければ、南方に武力を用いないという考えのように思われる」

この決定は前述するがごとく、当時破竹の勢いで占領地域を拡大しつつあったドイツの軍事的優勢に誰もが、日本の軍人や政治家だけでない、おそらく世界の人がいずれも眩惑《げんわく》されていた時のことである。今になっては、誰もが無責任に批判し得るかもしれないが、神様でない限り、後年のドイツのあの大敗北を誰が、的確に見通し得たであろうか。

この点において近衛首相は、ドイツの最後までの完勝について、当時むしろ疑問を持っていた唯一の政治家ではなかったかとさえ、私は思っている。それは、私に対し「今は調子よくいっているが、結局ドイツは最後に、また第一次大戦の二《に》の舞《まい》をやるのじゃないかね」と何度も言っていたからである。いわんや、南方進出の考えなど毛頭《もうとう》持っていなかったことは事実であって、何とか早期に支那事変を解決させたいということだけが、唯一の念願だった。文字は重宝《ちょうほう》なものである。しかし、いっぽうにおいては人の意思を表現してくれると同時に、またこれくらい、読む人によって、書く人によって、意味の異なってくるものもあるまい。かくして、片っ端から実行々々の近衛内閣にも、組閣早々重大なる意見の相違が、表面上は各方面の同意賛成のもとに、積み上げられていくのであった。

6 軍は一国一党を策し――既成政党は近衛新党、国民は新たな組織を期待

前にもたびたび述べたごとく、第二次近衛内閣の第一の使命であった支那事変早期解決のために、まず実行しなければならなかったことは、政治新体制の確立ということであった。政治新体制の狙いは、当時極度に対立、混乱の様相を呈《てい》していた国内諸勢力を一本にまとめることによって、支那事変の解決を早めていこうというのである。

その対立の第一は国務と統帥との対立であり、いや、むしろ統帥（軍部）の国務（政府）に対する干渉専横ということであった。総理大臣（政府）の知らぬ間に、欲《ほっ》せざるままに、陸軍

はどんどん支那事変を拡大しているのが当時の実情だった。近衛公は、第一次近衛内閣の苦《にが》い経験にもとづいて、このことを一番強く意識していたのである。

ところが、こういう軍部を抑える態勢を整えるためには、政府に対する国民の強い支持がなければならぬのであるが、国民を代表すべき既成政党は、すでにまったく国民から浮き上がって不信の底《そこ》にあった。そこで、近衛公としては全国各階層の国民の組織ということを考えた。このことは容易なことではなかったが、当時の世論は、これを強く要望しており、また近衛公に対してのみと言ってよいくらいに全国民は、かかる期待を近衛公に寄せていたのである。

ところで、一口に新体制と言っても、当時三つの異なれる潮流があった。一つは前述したように各政党が、その凋落不振の状態から何とかして立ち直るために、近衛公を総裁として合同せんとする流れであって、近衛公が新党結成を提唱すれば、すでに自分自身を持てあましていた大部分の政党が、解体してこれに合流しようという情勢にあった。これは、既成政党人による近衛新党への動きであった(この動きは既述したように、つとに第一次近衛内閣の末期、昭和十三年夏頃から胎動し始めていたのである)。

第二に、別に親軍的一国一党の動きが強く存在していた。すなわち支那事変がますます長引き、完全に泥沼に引きずり込まれた形となり、国民の隠然たる不信を被《こうむ》っていた陸軍が、何とか局面を転換して国民を軍に引きつけるため、国民運動の必要を痛感していたのである。そこに、民間の右翼陣営が、軍と結託し、近衛の新政治運動を利用して、親軍的な一国一党へ導こうと策謀したのである。しかも既成政党人の間で、いわゆる親軍派議員とよばれる者数十名が、この派に属していたことは、特記する必要があると思う。

さらに前述した通り、この右翼と言っても、大別して二種の右翼があった。「革新右翼」、「観念右翼」がそれである。革新右翼は、だいたいにおいて陸軍の「統制派」に結ばれ、きわめて露骨《ろこつ》に親独伊主義で、三国軍事同盟の熱心な支持者であり、国内ではナチスまたはファッショ流の一国一党を唱えていた「東亜建設連盟」は、当時この革新右翼の主流であった（会長は末次信正海軍大将）。

これに対し、観念右翼は、純正日本主義なるものを唱え、国体明徴を力説し、特に共産主義をもっとも嫌ったが、しかし同時に、ナチスやファッショも国体と相容れぬとするもので、著《いちじる》しく精神主義の性格を持ち、対内対外の具体的政策はほとんどなく、大衆の組織運動も積極的に考えなかった。そして、これら二種の右翼勢力は、あたかも軍部内の派閥抗争に対応して激しく対立し、革新右翼のファッショ的傾向に対抗した意味では、観念右翼は、むしろ現実には現状維持的自由主義的役割をすら果たしていたのである。

而《しこう》して近衛公が、新体制運動を始めた頃は、欧州戦局におけるドイツの優勢を反映して、この革新右翼が圧倒的に強く、外交の転換と国内新体制を強調し、実は三国同盟の締結と一国一党組織の結成を要求していたのである。そして、陸軍の米内内閣打倒運動にも積極的に協力し、近衛公の運動を親軍的一国一党の方向へ利用せんとしていたのは、主として、この革新右翼と当時の陸軍当局であった。観念右翼は、これに対して近衛公の運動を「幕府的」勢力の結成を企図する疑いありとして、これに反対したのである。

以上の二潮流の他、第三に、国民一般の新体制に対する切実な要望のあったことを見逃してはならない。国民大衆は大声に言わずとも、親軍的一国一党の動きに対しては、隠然たる不信と反感を抱いていたが、同時に職業政治家の離合集散による新党運動にも反感を抱いていた。国民は当時既成政党を、ほとんど信用していなかったのである。国民はむしろ、軍部やその便乗者を圧倒し得るような産業人・文化人も、教員も、宗教家も、婦人も学生も、青年も参加するところの一大国民運動を期待し、もって支那事変を終結に導くことを切望していたのである。

かかる背景の中で当初は、近衛公にも明確な政治新体制の構想がまとまっていなかったのは当然であった。

しかし、近衛公が洩《も》らした断片的な考え方を総合してみると、要するに近衛公は支那事変の解決につき深く責任を感じていること、この支那事変解決のためには、政治意思の強固な一元化が不可欠であるが、それは軍の政治干与と陸軍と海軍の対立と、陸軍部内の派閥抗争と中央と現地との乖離《かいり》などで、不可能になっていること、それでこれに対処するには、第一次内閣の体験からして、どうしても陸軍を圧倒できるような政治力を持たねばならぬこと、それには国民的基礎に立って、国民の世論を背景にする政治勢力を結成しなければならぬこと、このような国民的政治力は、すでに無力化し、かつ国民から不信をもって見られていた既成政党の離合集散ではできないこと、そこでもっと革新的な勢力を包括した強力な勢力の統合をはかるとともに、産業人や文化人をも包括するごとくものでなければならぬこと、しかしナチス的一国一党によって幕府的存在となることはもっとも排斥されねばならぬこと、そして近衛公自身は、政党の総裁となるごとき意思は絶対にないこと、というようなものであった。

政党の合同による近衛新党の方式も、軍部や革新右翼の企図した一国一党の方式も、駄目だということになれば、残された途《みち》は、前述の第三の、国民組織に基礎を置く国民運動の方式の他にないこととなる。しかし、これにも難点がある。当時の治安警察法によれば、官吏、教員、学生、宗教家、僧侶、婦人などは、政事結社に参加することを禁ぜられており、されば言って、公事結社では、当時すでに完全に見捨てられていた無力な「国民精神総動員運動」と何ら選ぶところはない。それでは、軍部に対抗し得るような政治力の集中は不可能である。

要するに、近衛公の思想と希望を具体的に実現する方式は率直に言えば、あり得なかったと言えるかもしれないのであるが、かかる難しい新政治体制構想のまとまらぬままに、七月二十二日第二次近衛内閣組織となったのであって、さりとて国民の期待も裏切るわけにいかない、最善を尽くして新政治体制を作り上げようということになったのであった（矢部貞治氏著『近衛文麿伝』）。

ところで、第二次近衛内閣が成立して当面の国政に没頭しつつ、上述の難しい政治新体制の具体化に頭を悩ましていた間に、親の心子知らずというか、各政党は自発的にことごとく解党してしまうことになったのである。六月十九日には中野正剛氏の東方会が解消したが、当時の唯一の無産政党たる社会大衆党も、これに続いていち早く七月六日、次のような宣言を出して解党した。

「内外の時局に鑑み、政治の新体制を待望するは、国内一致の輿論《よろん》なり。日本民族の興亡またこれが成否にかかる。……内《うち》に強力なる政治の体制をととのえ、外に新鋭なる力を発動せば、民族の興隆は期して待つべく、東亜の諸国は永くその恩恵に浴《よく》すべし、もしまた徒《いたず》らに狐疑《こぎ》して機宜《きぎ》を誤《あやま》り、退《しりぞ》いて荷安《こうあん》〔一時の安楽〕を貪《むさぼ》らば、民族萎縮の天譴《てんけん》〔天罰〕たちどころに加わらんとす。われらは憂国の念禁ずる能《あた》わず、党を解《と》いてこの世紀の役割に参画せんとす。……同志再び社会大衆党を言うなかれ」というのであった。

当時の社会大衆党の党員達は、現在の社会党幹部達である。今昔《こんじやく》の感に堪《た》えざる者ひとり私だけではあるまい。もっとも昭和十五年七月当時においても、社会大衆党のかかる声明、解散は世間を驚かせ、新党運動者を面喰《めんく》らわせたことであった。

七月十六日、政友会久原〔房之助〕派解散。民政党は慎重であったが、党主流の態度にあきたらずとして、七月二十五日には、永井柳太郎一派三十七名が民政党を脱党。二十六日安達謙蔵《あだちけんぞう》氏の国民同盟が解党。三十日には、政友〔会〕中島〔知久平〕派が解体した。そこで逡巡《しゅんじゅん》していた民政党も、ついに八月十四日に解党してしまい、政界は空前の無党時代を現出することになったのである。

後になって、既成政党人の間では、近衛が大政翼賛会を作るため、政党の解散を要求したのだと言っているが、近衛公自身は「余としてはかつて政党の解消を要求し、または示唆し、さらに倒閣を策したことはなかったのであるが、政党の解消はこの運動に乗り遅れまいと急速に進展していった」と述べている。

また、民政党は最初慎重だったので、実は一つくらい対立政党があってもよかろうと近衛公も考えていたところが、その民政党も解党してしまったので、空前の無党時代ということになり、ことに一国一党の形になることを嫌っていた近衛公としては、かえって実は困った事態であると思っていたのである。

ある人が、近衛公に民政党も解党してしまったことを報告したら、「矢が飛ぼうが、槍《やり》が降《ふ》ろうが、死ぬまで解党するものかとがんばるほどの政党が、一つくらいあってもよいではないか。これだから政党が意気地《いくじ》なしと言われ、軍部からも馬鹿にされるのだ。情《なさけ》ないし淋《さび》しいではないか」と、近衛公はため息をついたそうである。

新体制準備会が開かれたのは八月二十八日であり、大政翼賛会が発足したのは十月十二日のことで、そのずっと前に諸政党は自ら進んで解体していたのである。そして後には種々不平を言い出したけれども、とにかく各党は一度は、その翼賛会になだれ込んだことも事実であった。

風見章氏は、「当時国民の間における近衛氏の人気は、すばらしいものがあった。すでに時局の重圧に苦しんでいた国民は、時局を収容してくれるものと言えば、近衛氏のほかに人なしとして、同氏にだけ望みを繫《つな》いでいるというありさまであった。実際、その頃は東西古今を通じて、近衛氏ほど人気を集めた者は見当たるまいと思われるほどのものすごい人気であった。……この近衛のバスに乗り遅れまいものとして飛び出したというのに、そのバスはどこにも見当たらなかったのである。いずれは乗り込むべきバスが通りかかるだろ〔う〕と期待するにせよ、はたして乗せてくれるかどうかわからないという心配がある。しかもいっぽうでは、それまで乗っていた元のバスは、早手回《はやてまわ》しにも自ら叩《たた》き壊してしまったというのだから、混迷、混乱は無理もなかった」と述べているが、これは当時の実情であった。

政治新体制は、急速に発足しなければならない。近衛総理のもとに送られたもの、私（内閣書記官長）のところへ出されたもの、新体制案はその数五十にも上ったかと記憶している。これらはいずれも、当時東京帝国大学法学部教授であり、以前から近衛公がその新政治体制具現には、協力を求めていた矢部貞治氏に送られ、そこで綿密に検討され、時々私（富田）、村瀬〔直養〕法制局長官、後藤隆之助氏等と会合して具体案の作成を急いだのであった。そして矢部氏のもとで、新体制に関する声明文案がいちおう出来上がったのであるが、これが各方面の了解を得るまで、なかなか容易なことではなかった。

一つは法律的な問題であって、新体制運動が治安警察法の適用を受けるかどうかということである。矢部氏としては政事結社の規定は適用されないという考えであったが、村瀬法制局長官は法政局部内や警保局長の意見も訊《ただ》した上、賛否両論があるが、政事結社の規定の適用から除くこともできるということであった。この論議は、昭和十六年一月の通常議会でも問題となり、当時の平沼〔騏一郎〕内務大臣は、政事結社にあらず、公事結社なりと断定し、したがって爾後《じご》政治運動はできないことになってしまったこと、衆知《しゅうち》のごとくである。

今一つの問題は、本質的にきわめて重要なものであった。すなわち前にもたびたび述べた通り、陸軍は一国一党を主張して、稍《やや》もすれば「精神総動員運動」に陥《おちい》る恐れのある新政治体制構想に反対するのである。

八月二十二日、私（富田）の麴町三番町の私宅で矢部貞治氏、村瀬法制局長官と三者会合の節、私が皆の前に差し出した武藤《むとう》（章《あきら》）陸軍軍務局長の新体制声明文案に対する陸軍の訂正個所を検討すると、それは原案で一国一党を強く排撃した部分を、全部赤線で抹消し、強力な「党」を主張し、「精動」では不可だと強調したものであった。しかし、近衛公としては親軍的一国一党の運動を打破することこそ、近衛新体制の狙いでもあったので、私はあらゆる機会に、これを強調したのであった。

新体制準備委員多数の席上でも、武藤局長と私が激論したことは一再《いっさい》でなかった。そして、武藤局長は「近衛公も駄目だ、もうスッカリ期待はずれだ」と言い、「富田君も近衛の御機嫌取りばかりやっていてどうなるのか」というような罵《ののし》りまで、勢いの赴くところ言い出す始末となった。私も、実は負けていなかった。そこで組閣一ヵ月にもならずして、武藤局長ら陸軍の中堅の人達は「近衛内閣に革新

武藤章

1892〜1948年。陸軍士官学校、陸軍大学校卒業。軍務局長等を経て陸軍中将。東京裁判でA級戦犯となり刑死。写真は北支那方面軍参謀副長の頃

性なし」と外部に放送し出すし、「富田は駄目だから更迭《こうてつ》しなければならぬ」と言い出すし、そうなると、強い者には迎合する徒輩《とはい》の多い日本政界のこととて、「富田は陸軍のこんな悪口を言っていた、あんな反軍策動をやっている」と御注進に行く者まで出てきて、武藤局長から電話で私に抗議してくるような事態にまで発展していった。

かくて、当時「近衛内閣崩壊」「富田書記官長更迭必至」と一部に伝えられたのも、デマだけでもなかったのである。しかし、この問題は当時まだ温和《おとな》しくしていた東条陸軍大臣に対して、総理大臣が強い意思表示を行ない、もし陸軍が一国一党を固執《こしつ》するなれば即時総辞職すると言って、逆に陸軍をおどかして陸相に武藤局長等を抑えさせ、やっと近衛公の意見が通ることになったのである。

ちなみに、私と武藤局長との関係であるが、この激論がかえっておたがいに理解し合う契機となり、爾後《じご》富田の「誠意だけは認める。意見は別」という武藤氏の態度で、常に気持ちよく交渉のできたことを私は喜んでいる。そして、常に武藤氏は「陸軍に迎合してくる奴らの面《つら》を見るとツバを吐《は》きかけたくなる。君は少なくともそれがないだけよろしい。だからツバはひっかけないが、酒でもかけることにしよう」などと戯《ざ》れ言《ごと》を言っていた。後に武藤局長のことについては色々述べる機会もあると思うが、武藤氏は私にとって思い出の深い人である。

さらに近衛構想に対する反対は、議会人自身からも唱えられていた。当時多数の代議士で結成していた「新体制促進同志会」というものがあったが、それが、「東亜建設連盟」などと呼《こ》応《おう》して八月十七日に「新体制運動の中核体は同志的結合たる党でなければならぬ」という案を発表した。それは新体制の本質として、

一、新体制は、政治、経済、文化の各般に亘《わた》る旧来の個人主義的体制を完全に清算し、一切《いっさい》を挙げて天皇に帰一《きいつ》し奉《たてまつ》る万民輔翼《ほよく》の国体観念を基調とする体制たるべきこと。

二、新体制は民主主義原理——議会中心主義、多数決主義、国民平等主義——を排し指導者原理を基調とする体制たるべきこと。

というような指導理念を掲げているのであって、著しくナチス的指導原理と、全体主義に立脚していると考えざるを得ないものであった。

7　大政翼賛会ようやく生まる

政治新体制に対する近衛公の構想と、軍の企図する一国一党主義と、さらに既成政党の欲する新党結成。この三つの異なった要望と、これにともなう策動の錯綜《さくそう》混乱するうちに、私は内閣書記官長として、近衛公の考える「新体制」組織の準備委員の人選に着手し、八月二十三日には、二十六名の委員と八名の常任幹事を発表することとなった。

この委員には、自由主義者も、社会主義者も、革新右翼も、観念右翼も、東大総長も愛国団体の代表も含まれ、貴衆両院、言論界経済界の代表も入った呉越同舟《ごえつどうしゅう》、勢力均衡の人選で、およそ同志的などと言われるものではなかったと批評する人もあるが（矢部貞治氏著『近衛文麿伝』）、近衛公が構想し、国民一般も要望した国民各階層を網羅《もうら》した挙国的全国組織という点から見れば、この人選は当然のことだったとも言えようかと、私は今なお信じている。常任幹事は内閣書記官長（私）、法制局長官、陸海軍軍務局長、企画院次長、内務次官、それに民間から後藤隆之助、松本重治《まつもとしげはる》両氏であった。

かくして、八月二十六日には常任幹事会で新体制に関する声明文案が決定を見、これは翌二十七日の閣議で承認せられ、ここに昭和十五年八月二十八日、新体制準備会は首相官邸で第一回の会合を持つことに立ち至った。

この声明文は、色々難問題も残していたとはいえ、とにかく近衛公の構想していた新体制の概要を示すものとして、歴史的な意義ありと思われるので、煩《はん》をいとわず、次に全文を掲げることとする。ちなみに、この声明文は矢部貞治氏の起草にかかり、政府軍部の間に色々議論を上下して出来上がった産物で、印刷する前、さらに、私は、当時辞句の使用について口喧《くちやかま》しい国体明徴派の蓑田胸喜《みのだむねき》氏を書記官長室に招致《しょうち》し、その校閲を受けるほどまで念を入れたものだったが、蓑田氏は熟読の後二、三字句の訂正だけで、何ら差し支えなしということであった。舞台裏ではこんな挿話もあるのである。

新体制声明文

今や我が国は世界的大動乱の渦中において、東亜新秩序の建設という未曾有《みぞう》の大事業に邁進しつつある。この秋《とき》に当《あた》り、世界情勢に即応しつつ能《よ》く支那事変の処理を完遂すると共に、進んで世界新秩序の建設に指導的役割を果《はた》すためには、国家国民の総力を最高度に発揮してこの大事業に集中し、如何《いか》なる事態が発生するとも独自の立場において、迅速果《じんそくか》敢《かん》かつ有効適切にこれに対処し得るよう、高度国防国家の体制を整えねばならぬ。而《しこう》して高度国防国家の基礎は強固なる国内体制にあるのであって、ここに政治、経済、教育、文化等あらゆる国家国民生活の領域における新体制確立の要請があるのである。

この要請は一《いち》内閣、一党派、一個人の要請を遥《はる》かに越えたる国家的要請であり、また何《なん》等《ら》か特定の政策のためにのみ必要とされる一時的なる要請でもなく、必要に応じて如何なる政策をも強力に遂行し得るための恒久的なる要請である。今我が国が、かくの如《ごと》き強力なる国内新体制を確立し得るや否《いな》やは、正《まさ》に国運興隆《こうりゅう》の成否を決定するものといわねばならぬ。

かかる新体制に含まれるものとしては、先《ま》ず、統帥と国務との調和、政府部内の統合および能率の強化、議会翼賛体制の確立等が挙げられねばならぬ。これらの事項については、政府の立場においても鋭意《えいい》その実現を期しつつある。併《しか》しながら、更《さら》に重要なるはこれらの基底をなす万民翼賛のいわゆる国民組織の確立であって、ここに準備会を招請し協議協力を求めんとするのも、正にこの問題についてである。

この国民組織と目標は、国家国民の総力を集結し、一億同胞をして生きた一体として等《ひと》しく大政翼賛の臣道《しんどう》を完《まっと》うせしむるにある。

かかる目標を達成するには、全国民がその日常生活の職場々々において翼賛の実《じつ》を挙げ得るようにせねばならぬのである。思うに従来の如く国民の大多数が、三年か四年に一度の投票により選挙に参加するのみを以《も》って、政治と関係する唯一の機会とするが如き状態にあっては、国民全部が国家の運命に熱烈なる関心を持ち得なかったのも寧《むし》ろ当然というべきであろう。

国民組織は、国民が日常生活において国家に奉公する組織なるが故《ゆえ》に、それは経済及び文化の各領域に亘《わた》って樹立されねばならぬ。即《すなわ》ち経済においても文化においても、あらゆる部門がそれぞれ縦に組織化され、更に各種の組織を横に結んで統合するところの全国的なる組織が作られねばならぬ。今日経済文化両方面において、政策を樹立する当局者が国民の実際活動について真の理解を有《ゆう》せず、又《また》国民の側《がわ》においても国家の政策決定に無関心であり、かくて取り締《しま》るものと取り締られるものとが、対立的関係に置かるる如き傾向にあるは、正しく万民翼賛の実を挙ぐべき組織なき処《ところ》より生まるる欠陥である。かく考える時、いう所《ところ》の国民組織の眼目《がんもく》が奈辺《なへん》にあるかは自ら明白である。即ちそれは国民をして国家の経済及《およ》び文化政策の樹立に内面より参与せしむるものであり、同時にその樹立されたる政策を、あらゆる国民生活の末梢《まつしよう》に至るまで行渡《ゆきわた》らせるものなのである。かかる組織の下において始めて、下意上達、上意下達、国民の総力が政治の上に集結されるのである。

以上の如き国民組織が完成される為《ため》には一つの国民運動が必要である。元来かくの如き国民運動は、国民の間から自発的に盛り上《あが》って来るべきであって、政府がこの種の運動を企画指導し、又はこれを行政機構化することは、国民の自発的総力の発揮を妨《さまた》ぐるの虞《おそれ》があるのである。併《しか》しながら現下の情勢は、かかる運動の自然発生的展開にのみ期待するを許さず、且《か》つ又《また》下からの運動は動《やや》もすれば、分派的抗争に陥り真実の国民運動となり得ぬ虞がある。ここにおいて政府も又この運動に対して当然積極的にこれを育成指導する必要があるのである。

かく観《かん》じ来《きた》れば国民組織の運動は、実に官民協同の国家的事業であり、全国的なる国民翼賛運動に外《ほか》ならぬのである。而してそれは単に狭き意味における精神運動ではなく、実に政治理想と政治意識の高揚《こうよう》を目的とするものである。これが為《ため》には広く朝野《ちようや》有名無名の人材を登用して、運動の中核体を組織し、そこに強力なる政治力を結集せしむることが、この運動に不可欠の要件となるのである。

かくの如くこの運動は、高度の政治性を有するものではあるが、それは断《だん》じて、いわゆる政党運動ではない。政党は抑々《そもそも》個別的分化的なる部分の利益、立場を代表することをその本質の中に蔵《ぞう》している。勿論《もちろん》部分なき全体はないのであるから、政党がその中に部分的要素を持つということのみを以《もつ》て、これを非難するは必ずしも当《あた》らぬ。殊《こと》に経済活動の基礎が、自由主義の原理にあった時代においては、かかる政党の存立もその意味があったのであって、我国においても政党が、藩閥《はんばつ》官僚勢力に対し民意を伸張したことはこれを認めねばならぬ、併《しか》しながら同時に、政党の過去における行動が動《やや》もすれば、我が議会協賛の本然《ほんぜん》の姿から逸脱《いつだつ》する憾《うら》みの少なくなかったことも、またこれを否定すべくもない。

国民組織の運動はかかる自由主義を前提とする分立的政党政治を超克《ちようこく》せんとする運動であって、その本質はあくまで挙国的、全体的公的なるものである。それは国民総力の集結一元化を促進することを目的とするものであり、従《したが》ってその活動分野は、国民の全生活領域に及ぶものである。国民組織運動はその故《ゆえ》に、仮《か》りに国民運動として始められた場合においても、既《すで》に本質上は、従来の概念における政党運動ではない。むしろ政党も政派も、経済団体も文化団体も、凡《すべ》てを包括して公益優先の精神に帰一《きいつ》せしめんとする超政党の国民運動たるべきものである。況《いわん》やこの運動が政府の立場において為《な》さるる場合には、それは如何なる意味においても、政党運動ではあり得ない。苟《いやしく》も廟堂《びようどう》〔政治を行なうところ〕に立って輔弼《ほひつ》の重責に任ずる者は、あくまで全体の立場に立つものであって、自ら部分的対立的抗争性をその本質中に含む政党運動に従事することは、許されぬものと考うるのである。

国民組織、特に政府によって為《な》さるる国民組織の運動が、政党運動の形を取るべきものでないこと上述の如くであるが、さればといっていわゆる一国一党の形をとることも亦到《またとう》底《てい》許されぬ。何となれば一国一党は一つの「部分」を以《もっ》て直《ただ》ちに「全体」となし、国家と党を同一視し、「党」に反対するものを以て国家に対する叛逆《はんぎゃく》と断じ、「党」の権力的地位を恒久化し、党首を以て恒久的なる権力の把持者《はじしゃ》となすことを意味するからである。かかる形態が他国において如何に優秀なる実績を示したりとはいえ、その形態を直ちに日本において認めることは、一君万民《いっくんばんみん》の我が国体の本義を紊《みだ》るものというべきである。我国においては万民斉《ひと》しく翼賛の責に任ずるのであって、一人若《も》しくは一党が権力によって翼賛を独占することは絶体に許されぬ。万一《まんいち》翼賛の意志において異《こと》なるものありとすれば、それこそ聖断に仰《あお》ぐべきであり、一度《ひとた》び聖断の下されたるときはすべての臣僚《しんりょう》が「承詔必謹《しょうしょうひっきん》」の大義に帰一することが日本政治の真の姿でなければならぬ。

要之《つまり》新《あらた》なる国民組織は、国民があらゆる部門において大政翼賛の誠《せい》を致さんとする国家的且《かつ》恒常的なる組織である。素《もと》よりこれが完成は至難の事に属するとはいえ、しかも政府はこれをもって、時艱《じかん》を克服《こくふく》するに最善の途《みち》なりと信ずる。

本年二月十一日には畏《かしこ》くも、大詔《たいしょう》を渙発《かんぱつ》せられ非常の世局《せいきょく》に際し、我々臣民の処《しょ》すべき道を明《あきら》かにし給《たも》ふたのであるが、政府はここに聖旨《せいし》を奉戴《ほうたい》し、挺身《ていしん》してかかる国民翼賛運動の先頭に起《た》ち、現下《げんか》我国の直面する大試練を突破して、以《もっ》て皇運扶翼《ふよく》の重責を完《まっと》うせんとするものである。新体制準備会は軍、官、民各方面の権威者に参集を請《こ》い、かくの如き国民組織の一般的構成、国民運動の中核体の組織、それと現存諸団体との調整、国家機構との連繫等につき協議協力を乞《こ》わんとするものである。(以上)

その後、この声明の趣旨を具体化するため、新体制準備会はたびたび開催せられることとなったが、九月九日頃が、論議の最高潮であった。この日の準備会は、午後一時半から夜の十一時まで十時間近く熱論が展開された。問題は、新体制運動の中核体に「会」という名をつけるかどうかということで十時間揉《も》んだのである。

このことは一見些細《ささい》なことのようであるが、実はなかなか難しい問題である。すなわち陸軍や革新右翼の一国一党論も、既成政党人の新党論も、その意図は違うけれども、しかし、いずれも中核体は同志的な結社であるべきだと考えていたので「党」ということが不可なら、せめて「会」と名づけることが絶対に必要だと主張した。

しかし近衛声明の理念から言うなら、これは万民翼賛の挙国的な国民運動で、会員とか非会員とかがあり得るわけはなく、中核体は政党でないのはもちろん、結社ですらないと考えるべく、むしろ「運動本部」とでも言うべきであった。もし強《し》いて「会」と言うなら、それはせいぜい「発起人会」とか「世話人会」とかいう意味の会にすぎない。これは、矢部貞治氏の意見であった。そして準備会の論議においては、締めくくりのない筋金《すじがね》のないものなら無用だという意見が多く、観念右翼の「皇運扶翼運動」などでは意味なしと強調し、陸軍などは近衛が「会」をさえ認めないというなら、倒閣も辞さないぞという態度であった。結局、色々と含みを持ち、問題も残しつつ、「大政翼賛会《たいせいよくさんかい》」という名称が決定したのである。

この新体制準備会は九月十七日をもって終了した。そして「大政翼賛会」として結成。近衛総裁の下に事務総長兼総務局長有馬頼寧、企画局長小畑忠良《おばたただよし》、組織局長後藤隆之助、議会局長前田米蔵《まえだよねぞう》、政策局長太田正孝、国民協力会議議長末次信正という人事も決められ、十月十二日、あたかも近衛公の誕生日に発足することとなったのである。

政治新体制理念の相違からして、問題はいつまでも続いて出てきたのであるが、十月十一日すなわち大政翼賛会創立総会の前晩、荻窪の近衛邸では、遅くまで近衛公と有馬事務総長とが談じ合ったが、話が決まらず、午前二時になってしまった。翌十二日午前九時頃、有馬事務総長は総理官邸の書記官長室に青い顔をして、入ってこられ、私に向かって「昨晩はとうとう宣言の綱領も何一つ決定しなかった。さて今朝は、開会式に皆を招いている。もう一時間しかない。どうしたものだろう。近衛総理から、何か話はないか」と沈痛な面持《おももち》ちで話された。

私は前晩は近衛邸に行かなかったし、総理からも今朝まだ何も聞いていない。しかしそれは困ったことになったと思っていたら、開会定刻午前十時になって、やっと近衛総理は官邸に到着した。そこで、私（書記官長）一人で総理大臣室に行って昨夜のことを聞くと、「どうも、ゆうべはまとまらぬままで遅くなってしまった。今日の総会は延《の》ばすわけにはいかないかしら。僕の挨拶はどういうことにしようか。とにかくあなたすぐ挨拶を書いてください。僕は待っていますから。それまで一時間くらい開会を延ばしましょう」と言う始末である。

そこで、私は各方面の意向を一番よく知っているので、とにかく問題の起こらないような挨拶を、総理の机の上にあったメモに五枚ばかり一気に書き上げたのである。近衛公は私の書き上げる一枚一枚を読んで「これでけっこうです。では開会してもらいましょう」ということになり、午前十時半、三十分くらいの遅れで開会をしたことである。そして悠然と、あの長身を壇上に運んで、そしらぬ顔で、やおら胸のポケットから、私の書いたメモを取り出し、スラスラよどみなく演述する近衛公であった。実はこんなことになると、憎《にく》らしいほど、ずうずうしい近衛公である。

すなわち「大政翼賛会の綱領は大政翼賛、臣道実践という語に尽きる。これ以外には、実は綱領も宣言も不要と申すべきであり、国民は誰も日夜それぞれの立場において奉公の誠を致すのみであると思う」といった簡単な挨拶であった。どんな長い宣言綱領かと思っていた会衆は、確かに唖然《あぜん》としたようであった。観念右翼の人からは賞《ほ》められ、一般の人からは不思議がられたが、あの挨拶は、上述のような経過でまったくせっぱつまって書いた数分間の私のスリル原稿だったのである。

大政翼賛会は成立当初から、難問をそのままにして、また呉越同舟まったく同志結集にあらざる集まりとして発足したし、後に色々組織は整備されていったが、逆に内容はますます空疎なものとなってしまったこと、残念ながらその後の事実の示す通りである。ことに、議会において平沼内務大臣より大政翼賛会が公事結社であると確信せられるにおよんで、翼賛会は単なる政府の補助機関であり、精神運動の機関で政治運動は許されぬということであれば、政治運動を志《こころざ》していた人々は、長くここにとどまることができないのは当然であった。

そこで、十五年十二月二十日には議会人が「議員クラブ〔議員倶楽部。以下同じ〕」を結成したし、これが十六年九月二日翼賛会とは別に「翼賛議員同盟」に発展し、さらに東条内閣の下で十七年五月二十日には「翼賛政治会」と発展するに至り、いわゆる翼賛議員選挙なるものを行なって、国民の反感を買ったことは著明《ちよめい》の事実であるが、いっぽう本体の大政翼賛会自身は、何らの政治力の無い行政の補助機関ないし精神運動の機関として、終戦時まで存在することとなったのであった。

ここに、もし試《こころ》みに大政翼賛会の功罪を論ずれば、近衛公の意図した国民的政治力を組織して軍部を圧倒し、もって支那事変を解決に導くということが正しかったと見る限り、大政翼賛会がこの意図に完全に失敗したということが、その最大の罪でなければならぬ。

しかし他面において、きわめて重大な功績も果たしたのではなかろうか。すなわち、当時陸軍や革新右翼の企図したナチス流の一国一党の主張に抗《こう》して断じて譲《ゆず》らず、ついに彼らの全体主義的独裁の企図を挫折《ざせつ》せしめたことである。当時の情勢から考えると、もし大政翼賛会のごときものすら結成せず、旧態のまま無為《むい》に過ごしていたなら、おそらくは一国一党独裁の強い要請に対抗することはできなかったであろう。

前にも述べた通り、後年、近衛公は「西園寺公は偉い人だった。終始一貫自由主義者であり、議会主義、政党主義で徹《てつ》していかれた。大政翼賛会は拙《まず》かった。やはり政党がよかった。しかし自分が強く陸軍に対抗して、一国一党の独裁政党を作らせなかったことは賞めてもらってもよいと思う」と言われたが、陸軍のあの当時の勢力と主張を知り抜いている私として、近衛公のこの述懐もいたく共感せられるものがある。

それにつけても思う。議会主義は民主政治の真髄《しんずい》である。しからば、議会政治を実践する政党はきわめて重要なものである。政党人こそ、したがって民主主義を護《まも》る騎士でなければならぬ。政党人たるもの自守自負《じしゅじふ》しなければならぬ。顧《かえり》みて現在の政党を見、政党人の行動を見せつけられる時、昭和十五年新政治体制発足直前のごとき議会軽視、政治家不信の空気は断じて起こり得ないと、はたして言い切れるであろうか、どうか。

8　日独伊三国同盟成立の舞台裏

第二次近衛内閣（昭和十五年七月成立）の使命は、一つに支那事変の早期解決ということであったが、これが達成のためには、国内的には、さきに述べた通り、政治体制としての大政翼賛会の成立があり、対外的には、いかなる外交方針をもって進んでいくかということが、早急に解決しなければならぬ喫緊の要務だったのである。以下、第二次近衛内閣の対外政策につき述べたいと思う。

昭和十五年春以来、ヨーロッパではドイツ軍が、驚異的な勝利を続けていたので、一般日本国民の間にも、独伊側に引きつけられる何ものかを感ぜさせていたことは、自然のなりゆきであったし、かかる情勢の下においては独ソ協定成立以来、一時鳴りをひそめていたわが国内の枢軸派（親独伊派）が、再び頭をもたげてきたこともまた当然だったのである。

その上、当時の国際関係を見ると、独伊との対立の立場にあった米英と日本との関係が、ますます悪くなっていく状態であった。日本に対する米英陣営の「経済封鎖」と「ＡＢＣＤ

（米、英、加《か》〔＝カナダ。支《し》＝中国か？・〕、蘭）の包囲」が、次第に露骨になってきたのである。すなわち、さきに米国からの通商条約破棄によって日米間は、通商上の無条約状態となっていたのであるが、十六年六月に、米国は新たに工作機械の対日輸出を制限し、以後戦略的な対日経済封鎖を逐次《ちくじ》強化することになり、第二次近衛内閣成立直後、七月二十五日には石油と屑鉄《くずてつ》の輸出統制を行なう措置をとるに至った。

また、この頃米国は太平洋岸、真珠湾《しんじゆわん》などの軍事基地を強化し、八月十八日、米、カナダ両国は常設の共同防衛委員会設置を決定し、米国は八月航空用ガソリンの対日輸出制限を強化し、また米、英、加、豪《ごう》の共同防衛とシンガポールの共同使用を協議し、九月二十三日、日本軍が仏印《ふついん》に進駐すると即日、ハル〔国務長官〕は不承認を声明し、二十五日〔に〕報復の意味で中国に借款《しやっかん》を与え、二十六日には屑鉄および鉄鋼の輸出禁止措置をとるに至ったのである。

このような米英の態度に鑑みて、わが国民の間には、国際的孤立感からも自らにして、独伊への接近が必然的に要望されるようになってきたのである。また、米英の対日経済封鎖によって苦しめられている日本にとっては、当時ヨーロッパにおいてドイツに占領されていたフランス、オランダなどの資源豊かな南方植民地は、非常な魅力となったことも当然であろう。かかる情勢よりして、反米英熱と日独伊三国同盟締結の要望は、ようやく熾烈《しれつ》となってきた。もちろん、その中心は常にわが陸軍であった。こういう時機に、わが第二次近衛内閣は成立したのであるから、どうしてもこの問題の処理に対決しなければならなかったのである。組閣前の荻窪会談以来、第二次近衛内閣として、独伊との関係を強化していくこと自体は決定していたのである。が、進んで日独伊三国間の同盟というところまでは、当時未だ行っていなかった。ところが、八月二十三日にドイツから、突然スターマー特使を派遣すると申し入れてきた。

これはドイツとして、さきに独ソ不可侵協定を妥結《だけつ》し、また破竹の勢いで緒戦に勝利を占《し》めていた間は、日本に対し冷淡な態度でもいられたのであるが、対英上陸作戦の段階では行き詰まる。米国の対英援助は真剣になってくる。ソ連の態度も、不信なものがあるとなってくれば、どうしても日本を考え出さざるを得なくなってきたのである。

九月四日の四相（首・外・陸・海）会議で松岡外相が突然何の打ち合わせもなくして、この独伊枢軸強化の件を持ち出してきた。そして九月七日、早くもスターマーは東京に現われ、松岡外相だけと交渉を始めるという始末である。

当時の駐独大使は来栖三郎氏であったが、彼はこの同盟に反対であったし、ロンドンの重光《しげみつ》〔葵《まもる》〕大使、モスクワの東郷《とうごう》〔茂徳《しげのり》〕大使も三国同盟には反対であった。松岡、スターマー会談は九月九、十の両日、松岡の私邸で極秘裡《ごくひり》に行なわれた。スターマーが東京裁判の口述書で述べているところによると、彼は着京以来慎重に行動し、松岡以外の日本人と話すことを避けたのである。

一、ドイツは今次《こんじ》戦争が世界戦争に発展するを欲せず、一日も速《すみや》かにこれを終結せしむることを望む。而《しこう》して特に米国が参戦せざることを希望す。

一、ドイツはこの際、日本の軍事的援助を求めず。

一、ドイツが日本に求むる所は、日本があらゆる方法において米国を牽制《けんせい》し、その参戦を防止する役割を演ずることにあり。

一、日独伊三国側の決意せる毅然たる態度を、米国はじめ世界に知悉《ちしつ》せしむることによりてのみ、強力且《かつ》有効に米国を抑制し得る。

一、まず日独伊三国間の約定《やくじょう》を成立せしめ、然《しか》る後直《のちただ》ちにソ連に接近するに如《し》かず。日ソ

ハインリヒ・ゲオルク・スターマー

1892〜1978年。ヨアヒム・フォン・リッベントロップ独外相の側近として、日独伊三国同盟締結に尽力。のちに駐日大使

親善につきドイツは「正直なる仲介人」たる用意あり。英国側の宣伝に反し、独ソ関係は良好にして、ソ連はドイツとの約束を満足に履行《りこう》しつつあり。

一、ドイツは日米間の衝突回避にあらゆる努力を吝《おし》まざるのみならず、進んで両国国交の改善にすらも尽力すべし。

松岡・ス会談は順調に進んだが、松岡外相は会談終了後、四相会議で経過を報告し、スターマーの提案をそのまま呑《の》むべしとの意見を開陳《かいちん》した。近衛首相は九月十二日、陛下にこれらの経過を奏上した。十四日、政府大本営の連絡会議打合会の席上、松岡外相は懸河《けんが》の弁を振るって、次のように述べたのである。

「今や日本は独伊と結ぶか、独伊を蹴《け》って米英の側に立つか、判然たる態度を決めねばならぬ時期に来ている。平沼内閣のように曖昧《あいまい》にしてドイツの提案を蹴った場合、ドイツは英国を通じ最悪の場合、欧州連邦を作り、米国と妥協し、欧州連邦の植民地には、日本に一指《いっし》も染《そ》めさせぬであろう。しかし、日独伊同盟を締結すれば、対米関係は悪化し、物資の面では、戦争遂行にも国民生活にも非常な困難が来る。そこで独伊とも米英とも結ぶということも一つの手で、全然不可能とは思わないが、そのためには、支那事変は米国の言う通りに処理し、東亜新秩序などという望みを捨て、少なくとも半世紀は米英に頭を下げる心算《しんさん》でなければならぬ。それで、しかし国民は承知するか。十万の英霊《えいれい》は満足できるか。のみならず米英につくと、前大戦後にもあんな目にあったのだから、今度はどんな目にあうかわからぬ。蔣〔介石〕のほうは抗日ではなく、侮日排日《ぶにちはいにち》をいっそう強化する。宙ぶらりんではいかない。結局、独伊と結ぶほかない」

いっぽう、元来反対であった海軍としても、情勢ここに至ればやむなしと、ついに三国同盟問題につき、陸海軍の意見もはじめて一致するに至ったのである。

木戸日記によると陛下は、三国同盟によって対米関係の悪化することを軫念《しんねん》せられ、生糸《きいと》貿易のことまで御心配になり、「近衛はすこし面倒になると、また逃げ出すようでは困る。こうなったら、近衛は真に自分と苦楽を共にしてくれなくてはならぬ」と仰せられ、木戸内大臣は、そのことは直接近衛にお話しいただきたいと申し上げたと記されている。

九月十六日、緊急閣議が開かれ、午前八時から午後四時半まで続いた。松岡外相は、日本の国交は、もはや礼譲《れいじょう》や親善の希望だけでは駄目で、むしろ毅然たる態度で対抗することが、かえって国交転換の機会となるのだと説いた。河田烈蔵相や星野直樹企画院総裁は、非常に困難なことになるが、このままでいっても、結局ジリ貧になるだけで改善の余地はない。あるいは、これによって支那事変も解決せぬとも限らぬ。いずれにしても途《みち》は一つしかないと所見を述べた。色々の議論もあったが、結局、決定的な反対もなかったのである。

近衛首相は当日午後四時五十分、蔵相および企画院総裁と共に参内《さんだい》、首相から閣議決定を奏上し、他の二人から財政と物動計画につき申し上げた。原田日記によると陛下は、

「今回の日独軍事同盟は、なるほど色々考えてみると、今日の場合やむを得まいと思う。米国に対し、もう打つ手がないというなら、いたしかたあるまい。しかし万一にも、米国と事《こと》を構《かま》えるようなことになった場合、海軍はどうだろうか。よく自分は海軍大学の図上作戦では、いつでも対米戦争は負けるということを聞いたが、大丈夫だろうか」と言われ、また、

「まことに自分はこの時局が心配であるが、万一日本が敗戦になった場合、いったいどうだろうか。そのような場合、近衛も自分と労苦を共にしてくれるだろうか」と仰せられた。

翌朝も、閣議はこの同盟問題について開かれたが、定刻十時を三十分過ぎても、カンジンの松岡外相が出て来ない。いつも時間の約束の守れない近衛公が、かえって定刻前から総理大臣室で待機しているという奇現象であった。

そこで、私はいつもの通り、ボツボツ閣議を開いていたら、そのうち松岡外相も馳《か》けつけてくるだろうと思って、総理に「閣議をそろそろ開いてはいかがでしょうか」と言うと、いつになく近衛公はむっつりとして、「今日は重要な閣議だから全閣僚そろってから、開くことにしますし」と素っ気《そけ》ない言葉で、態度もまた、ふだんと異なっており、総理大臣室の正面の大机の椅子に端正な姿勢で眼《め》を半眼に閉じたまま、きちんと胸を張って座《すわ》っておられる。いつもソフ

ァーに横に寝そべっている近衛公とは、およそ別人の感じである。

このことは、すぐ後で了解できた。近衛公としては、珍しい緊張の数刻だったのである。松岡外相も、やがてあたふた入ってきた。外相が遅れたのは、三国同盟に関する詔勅原案につき、色々研究していて、閣議に出すべきタイプの印刷の遅れたためであった。

「外相来《きた》る」と私が報告するや、近衛総理はスックと立ち上がって、スタスタ隣室の閣議室に入っていく。そして、私（内閣書記官長）が閣議の開催を述べると、すぐに近衛公は椅子《いす》を離れて立ち上がった。（立って話をすることは閣議ではほとんど前例のないことである）。そして厳粛に、おもむろに述べたのである。

「本日は三国同盟に関する重要な閣議でありますが、この際、私より閣僚各位にご報告致します。昨日、本条約に関し奏上致しましたるところ、陛下におかせられましては、日本の将来につき、深く御軫念《しんねん》遊ばされておりまして、特に今後何百年にわたる日本の運命を決すべき重大事であり、朕《ちん》と苦楽を共にしてくれよとの御言葉でございました。私は誠《まこと》に恐懼《きょうく》に堪えませぬ。ここに閣僚各位にこの御言葉をお伝えいたしまして、共に聖旨《せいし》に副《そ》うよう最善の努力を尽くしたいと存じます。私も決意を新たにして施政に当たりたいと存じます。今後各位のいっそうのご支援をお願い致します」

と簡単ではあったが、厳然とした報告であった。

閣僚は皆、感動してシーンとなった。感激家の松岡外相は、声を上げて泣き出した。私も、これまで近衛公のこんな厳粛な態度に触《ふ》れたことはなかった。

後年、終戦の年昭和二十年七月、近衛公は全焼の皇居に御召《おめ》しによって参内。陛下から「御苦労だが、戦争終結の仲介をソ連にたのむため、その交渉にソ連に使してくれ」との御言葉があった際、近衛公としては信頼の置けないソ連に終戦の仲介をたのむということは、元来反対であったが、かの三国同盟締結に際し、陛下から「苦楽を共にしてくれよ」との御言葉のあったことを深く銘記していたので、何の文句も言わずにお受けして引き下がってきたのだと、当時近衛公は述懐されたことであるが、さすがの近衛公も、陛下のこの「苦楽を共にしてくれよ」との御言葉に対しては、いたく肝《きも》に銘《めい》じておられたようである。

九月中旬の新体制準備会においても、近衛公は「近くわが国百年の運命を決する政治情勢も生まれてこようかと思われます。陛下にも、時局に関し軫念《しんねん》ことのほか深くあらせられるのであります。われわれ国民たるもの、この世界時局に処《しょ》して、一致協力御奉公の誠を致さねばならぬと感ずるものであります。各位のいっそうのご支援を願います」と述べ、準備会員諸氏の間で、すすり泣く声さえ聞かれたのであるが、近衛公として三国同盟の締結、これに関する陛下の御諚《ごじょう》は生涯忘れることのできない感銘であったようである。

九月十九日の御前会議で、この外交転換は決定された。この会議においても、三国同盟がはたして米国の参戦を防止する効果ありや否《いな》やにつき、議論が分かれた。

すなわち「米国は将来日本が独伊側に走るのを阻止するため、日本に対する圧迫を手控《てびか》えていたが、日本がいよいよ独伊側に立つことになれば、自負心の強い彼《か》の国民のことだから、反省するどころか、かえって大いに硬化し、日米国交の調整はいっそう困難になり、ついには日米戦争の不可避の形勢となろう」という説も出たが、松岡外相は前述した通り「日本〔日米か？〕の国交は、もはや礼譲や親善希求などの態度では改善の余地なく、かえって彼の侮蔑《ぶべつ》を招き、悪化するだけである。この際はただ毅然たる態度をとることのみが残されている。しかし、本大臣はかかる措置の反響ないし効果を注視しつつ、なお米との国交を転換する機会は、これを逃《のが》さないつもりである」と論じた。

九月二十六日、本条約は枢密院に御諮詢《しじゅん》になった。記録によると、多くの顧問官からいっせいに対米関係の悪化を恐れ、ドイツの不信を指摘する質問が出された。特に、石井菊次郎《いしいきくじろう》顧問官は「プロシヤと同盟を結んで利益を受けた国はない。ヒットラーは危険人物だ。現に防共協定と矛盾する独ソ協定を結んでいる。ドイツを日本の忠誠なる友と考えることはできないし、イタリアなどは全然頼りにならぬ」と痛烈に反対した。これに対し、松岡外相、東条陸相、及川海相がだいたい楽観的な答弁をなし、とにかく枢密院も通過したのである。

かくて日独伊三国同盟は九月二十七日、ベルリンで調印せられ、日本においては詔勅が渙発《かんぱつ》せられることになった。

本条約においては、相互に欧州と大東亜における新秩序建設に関し、指導的地位を認め、かつこれを尊重することが述べられ、その方針にもとづく努力につき、相互に協力することを約し、「いずれかの一国が、現に欧州戦争または日支紛争に参入しおらざる一国によって攻撃せられた時は、三国はあらゆる政治的、経済的および軍事的方法により、相互に援助すべきことを約した」もので、ソ連との間に現存する政治的状態に対しては、何ら影響なきことを確認したものであった。

九月二十八日の夕、近衛総理は「重大時局に直面して」という放送を行ない、「日支の紛争は、世界旧体制の重圧の下に起これる東亜の変態的内乱であって、これが解決は、世界的秩序の根底に横たわる矛盾に一大斧鉞《ふしん》を加《くわ》うることによってのみ、達成せられるのである……世界諸民族が数個の共存圏を形成することは、世界史の現段階における必然の勢《せい》であり、このような旧秩序を打開して新秩序建設のために、共通の努力をしている日独伊三国が、たがいに協力して軍事同盟を結ぶに至ることもこれまた必然である。……日本国家は非常時に際し、一人の暖衣飽食《だんいほうしょく》を許さず、また一人といえども飢《うえ》に悩む者あらしめず、億兆その志《こころざし》を一《ひとつ》にし、その力を協《あわ》せて、海外万里の波濤《はとう》を開拓せねばならぬ。……国内の万民翼賛の挙国新体制の意義もここにある……」

と述べ、国民の奮起《ふんき》を促《うなが》したのである。

この条約調印前後、私は書記官長の立場上、ほとんど不眠不休の忙しさであったが、九月二十七日夕方、日比谷《ひびや》の山水楼《さんすいろう》で、私の同窓・京都帝国大学出身者二百余名の方々が、私を激励する会合を開いてもらったことは、あたかも三国同盟調印発表の時であり、窓外に聞こえる新聞号外の鈴の音と共に、私にとって終生忘れ得ざる思い出であった。

9　三国同盟締結と近衛公の真意

三国同盟は前述のごとき経緯で締結せられたのであるが、締結前から、かなり強い反対があったのである。木戸内大臣は、軍事裁判の供述書において、「この日独伊同盟の問題はいたく宸襟《しんきん》〔天子のお心〕を悩ました。陛下はさらにこの同盟の締結は、最後には日米戦争となる懸念を当然起こさせるという御見解を述べられ……結果から見れば天皇の御観察が正しかったのである」と述べ、自分も同盟には強く反対であったと語っている。西園寺公も湯浅《ゆあさ》〔倉平《くらへい》〕前内大臣も反対、岡田啓介海軍大将も池田成彬氏も、日本敗戦後に出された著書の中で、強い反対論者であったことを述べている。その他にも多数、反対論者のあったことは事実である。

今日、結果論から言えば、三国同盟締結後において日米開戦のあったことは時間的に言って確かに事実であるが、はたして三国同盟ができたために、当然の帰結として日米開戦になったと、その因果関係をハッキリ言い切れるかどうかとなれば、問題は然《しか》く簡単でないと考える。が、その当否はしばらくこれを措《お》いて、当時近衛公ならびに松岡外相はいかなる理由によってこの三国同盟を締結しようとしたのか、以下その心境を記してみたいと思う。

㈠米国の参戦防止

九月上旬、ドイツの特使スターマーが、東京に来て、松岡外相と日独同盟につき交渉をした際、第一に強調したことは「ドイツは今次戦争が世界戦争に発展することを欲せず、特に米国が参戦せざることを望む。ドイツが日本に求むるところは、日本があらゆる方法において米国を牽制し、その参戦を防止する役割を演ずることにあり。ドイツは今のところ、米国は参戦せずと思惟《しい》するも、しかも万々《ばんばん》これなきを期せんとするものなり」というのであって、このことは少なくとも、その当時万々ウソではなかった。

ただ「三国同盟がかえって米国民の自負心を傷つけ、日米国交の調整はいっそう困難となり、ついには日米戦争不可避ともなるであろう」という考え方も起こってくるのであるが、松岡外相の主張は、「日米の国交は今日までの経験によれば、もはや礼譲または親善希求等の態度をもってしては、改善の余地なく、かえって彼の侮蔑《ぶべつ》を招きて悪化さすだけである。もしこれを改善し、この上の悪化を防ぐ手段ありとすれば、ただ毅然たる態度をとるということしか残っていない」というのであって、この両論いずれが正しかりしかは、近衛公も言う通り、永久の謎である。

何となれば昭和十六年十二月、米国の参戦防止を目標とした日本自身が進んで米国に宣戦してしまったからである。ただ、近衛公の平和意図とは別に、三国同盟即《そく》米英打倒の考えを持っていた陸軍ならびに、いわゆる革新派が、わが国内では非常な力をもって活躍していた事実と、それらの願望が結果として実現したことは、これを認めざるを得ないのである。

(二)対ソ親善関係の確立

昭和十五年九月、スターマーが、日本に来た当時は、独ソ間には不可侵協定も結ばれており、親密の関係であった。そして、ドイツはこの親善関係にもとづき、日ソ親善につき、正直なる仲介人たる用意ありと言い、まず日独伊三国間の約定《やくじょう》を成立せしめ、しかる後ただちにソ連に接近するに如《し》かずと説いたのであるが、当時の日本と米英等との関係はますます悪化の一路を辿《たど》っていたのであるからして、この米英と対立の立場にある独伊に加えて、ソ連とも親善関係に入るということは、米国を抑える上において有効であることは考えられることであった。

ことに、ドイツに追いつめられていた英国の援助にヤッキとなっていた米国が、太平洋の平静を希求すべきことは明らかであって、ここに、日ソの友好関係を作ることの意義があると言える。

近衛内閣としては、かかる見地から、三国同盟をもって四ヵ国（日独伊ソ）同盟への前提としていたのである。後に昭和十六年四月、日ソ中立条約を締結したのも、この思想が基礎となっているのである。しかるに当初、日ソ親善の橋渡しをやると言っていたドイツが、この年の十一月頃から、すでにソ連と気まずくなってきて、翌十六年の春頃には、収拾すべからざる険悪状態に陥り、駐独大島《おおしま》〔浩《ひろし》〕大使からの電報は、四月頃からことごとく、独ソ開戦の不可避を報告してくるものばかりというような始末であった。そして、ついに六月二十二日には独ソ開戦となってしまったのである。

そこで、独ソ親善関係を基盤とし、日独伊ソ四ヵ国同盟を目標として結ばれた三国同盟のことであるなれば、独ソ開戦によって、ここに三国同盟もいちおう御破算にすることが理《り》の当然ということになるのであって、独ソ開戦直後、近衛総理は、この理由をもって、陸海軍大臣に対し「独ソ開戦により、三国同盟を御破算にすべきものにあらずや」と呼びかけたのであったが、もちろん軍部の了承は得られず、また当時ドイツ軍は、ソ連国内に向かって破竹の勢いで侵入し、ソ連国境の橋梁《きょうりょう》等はいずれも破壊する暇《いとま》もなしに退却せざるを得ないという状況で、一日に八十キロないし百キロくらいも進軍しているといわれ、当時宮中で行なわれた連絡会議席上、参謀本部の岡本《おかもと》〔清福《きよとみ》〕第二情報部長の報告によれば、遅くとも八月下旬までにはドイツ軍はソ連領土の要衝を抑え、戦争は終結するであろうというようなことであった。

そんなわけで、とにかく、しばらく戦争の進行を眺《なが》めようということになり、三国同盟御破算説も消えてしまったのである。神様でない限り、当時としては、これがまず常識であったように思われる。

一部の人は敗戦後の今日になって、あの時、三国同盟を口実にしてソ連を背後から日本がたたいていたなら、ソ連を打ち破り得たのに、日ソ中立条約を馬鹿正直に守ったために、後には終戦時、逆にソ連から日ソ中立条約を破って日本自体が侵略されることになったのだと言う。

あるいは、そういうこと（ソ連降伏）になっていたかもしれない。しかしながら、近衛公の三国同盟締結の主旨は、米国の参戦防止であったのであるからして、独ソ戦が起これば こそ、いっそう米国との国交調整を、この機会にやっていく希望が強くなってくるのである。いわんや当時米国は、英国救援に急にして、太平洋において日本と事《こと》を構えることを極力回避せんとしていたのである。

この点については、後に昭和十六年四月、米国から日米交渉試案なるものが、わが方に向かって送られてきたことによって、近衛外交がことごとく見当はずれではなかったことを証明するものかと思われる。これと共に、三国同盟をもって、英米撃滅の手段と考えていた人々にとっては、日米交渉などということは、三国同盟締結者として、矛盾もはなはだしいものと言うのであるが、三国同盟をもって米国の参戦防止、支那事変解決の手段と考える近衛政府にとっては、かかる世局になればなるほど、日米国交調整の悲願が熾烈になってきた次第である。

(三)海軍の三国同盟に対する態度

元来、海軍は三国同盟に反対の態度であった。近衛手記によると、吉田善吾大将に代わって及川古志郎大将が海軍大臣になってから、この海軍が三国同盟に賛成ということに豹変《ひょうへん》したので、近衛公が不審を抱いて、豊田《とよだ》（貞次郎《ていじろう》）海軍次官に質《ただ》したところ、「海軍としては、実は三国条約に反対である。しかしながら、これ以上反対することは、もはや国内政治情勢が許さぬ。ゆえにやむを得ず賛成する。海軍が賛成するのは政治上の理由からであって、軍事上の立場からみれば、まだ米国を向こうに回して戦うだけの確信はない」と言うので、近衛公が「これはまことに意外のことを承《うけたまわ》る。国内政治のことは、われわれ政治家の考えるべきことで、海軍が心配にならんでもよいことである。海軍としては、純軍事上の立場からのみ検討せられて、もし確信なしというならば飽《あ》くまで反対せらるるのが国家に忠《ちゅう》なる所以ではないか」と言うと、豊田次官は、「今日となっては、海軍の立場も御了承願いたい。ただこの上は、できるだけ三国条約における軍事上の援助義務が発生しないよう、外交上の手段によって、これを防止する他はない」と言った。

その後、もっとも頑強《がんきょう》な同盟反対論者であった連合艦隊司令長官山本五十六《やまもといそろく》大将に会って、近衛公が右の経緯を話すと、山本大将は、今の海軍省はあまり政治的に考えすぎると言って、いたく不満の様子であったが、近衛公が万一、日米戦争の場合の見込みを尋ねたら、大将は「それはぜひやれと言われれば、はじめ半年か一年の間はずいぶん暴れてご覧に入れる。しかしながら、二年三年となればまった

山本五十六

1884～1943年。海軍兵学校、海軍大学校卒業。海軍次官時代に米内光政《よないみつまさ》海相、井上成美《いのうえしげよし》軍務局長と共に日独伊三国同盟に反対。写真は連合艦隊司令長官時、のちブーゲンビル島上空で戦死

く確信は持てぬ。三国条約ができてしまったのはいたしかたないが、こうなった上は、日米戦争を回避するよう、極力ご努力願いたい」と答えた由《よし》である。

三国同盟に対しては、かねてから陸軍のドイツに対する過信が有力な支柱となっていたが、海軍その他も、次第にこれに追随してくるようになったことも事実だった。近衛公が三国同盟締結に踏み切った心境に対しては、この海軍の賛成ということも確かに影響を与えている。

さきにも述べた通り、近衛公としては、三国同盟につき、陛下に対し、また国民一般に対し、深くその責任を感じていたのであるが、その締結の主旨はまた前述の通りであって、米英撃滅論者の意見とは全然異なるものだったのである。

後年ドイツ崩壊直後、近衛公は自ら筆を執《と》って「三国同盟に就《つい》て」なる一文を草《そう》した。その草稿起草当時、私も時々読んで聞かされて、意見も徴《ちよう》されたし、草稿もたしか三通りぐらいあったと記憶している。

まさに、公が心血を注《そそ》いだ文章である。もとより当事者として弁解と思われる節《ふし》、必ずしもなしとしないが、歴史的文献として、はたまた近衛公の三国同盟締結の真意をうかがうに足るものとして、以上に記したところと重複する個所も多いが、以下「三国同盟に就て」全文を掲げることとする。

近衛公手記の全文

独伊との間に軍事同盟を締結すべしとの議《ぎ》は、昭和十三年夏、第一次近衛内閣当時大島駐独武官を通じ、ドイツ側より提案せられたのである。この時の同盟の対象はソ連であって、当時すでに存在せる日独伊防共協定の延長として計画せられたものである。この同盟締結の議は昭和十四年一月、近衛内閣より平沼〔騏一郎〕内閣に引き継がれ、同内閣においては、五相会議を開くこと七十何回におよびたるも議まとまらず。同年八月に至り、ドイツは日本に何ら相談なく、突如この同盟の対象たるソ連と不可侵条約を結んだ。これがため、平沼内閣は複雑怪奇なる国際情勢云々の語を残して退陣し、かくてソ連を対象とする三国同盟の議は立ち消えとなったのである。

しかるに昭和十五年春に至り、ドイツは破竹の勢いをもって西ヨーロッパを席巻《せっけん》し、英国の運命もまた、すこぶる危機に瀕《ひん》するや、再び三国軍事同盟の議が猛烈な勢いで国内に台頭《たいとう》し来《きた》った。ただ、前年の同盟はソ連を対象としたるに対し、今度は英米を対象とする点において根本的に性質が異なるのである。余が昭和十五年七月、第二次近衛内閣組織の大命を拝したる時は、反米熱と日独伊三国同盟締結の要望が、陸軍を中心として一部国民の間には、まさに沸騰点に達したる時であったのである。

三国同盟は昭和十五年九月二十七日に締結せられたのであるが、その前にドイツ外相リッペントロップの特使としてスターマー公使来《きた》り、同公使は、松岡外相と九月九日・十日両日会見懇談した。その時の会談記録は、同盟の具体目標および成立事情を知る上においてきわめて重要であるから、その一部を左に抜粋する。

一、ドイツでは今次戦争が世界戦争に発展するを欲せず。一日も速《すみや》かにこれを終結せしむることを望む、而《しこう》して特に米国が参加せざる事を希望す。

二、ドイツは此《こ》の際《さい》対英本国戦争に関し日本の軍事的援助を求めず。

三、ドイツが日本に求むる所は、日本があらゆる方法によりて米国を牽制し、その参戦を防止する役割を演ずることにあり、ドイツは今の処《ところ》米国は参戦せずと思惟《しい》するも、しかも万《ばん》これなきを期せんとするものなり。

五、ドイツは日独間に了解或《あるい》は協定を成立せしめ、何時にても危機の襲来に対して完全にかつ効果的に備うること両国にとり有利なりと信ず、かくしてのみ米国が現在の戦争に参加すること、又《また》将来日本と事《こと》を構《かま》うることを防止し得べし。

六、日独伊三国側の決意せる毅然たる態度明快にして誤認せられざる底の態度の堅持と、その事実を米国を始め世界に知悉《ちしつ》せしむることによりてのみ、強力且《かつ》有効に米国を抑制し得《え》、反之《これにはんし》軟弱にして微温的なる態度をとり若《もし》くは声明をなす如《ごと》きは却《かえ》って侮蔑と危険とを招くに止《とど》まるべし。

七、ドイツは日本が能《よ》く現下の情勢を把握し、以って西半球より来る事あるべき危険の重大性を自覚し、以って米国始め他の列国をして揣摩臆測《しまおくそく》の余地なからしむる如き日独伊三国間の協定を締結することに依《よ》りて、これを予防する為《ため》迅速且《かつ》決定的に行動せんことを望む。

十、先《ま》ず日独伊三国間の約定を成立せしめ、然《しか》る後直《のちただち》にソ連に接近するに如《し》かず、日ソ親善に付《つ》き、ドイツは「正直なる仲介人」たる用意あり而して両国接近の途上に越《こ》ゆ可《べ》からざる障害ありとは覚えず、従《したが》ってさしたる困難なく解決し得べきかと思料す、英国側の宣伝に反し独ソ関係は良好にして、ソ連はドイツとの約束を満足に履行《りこう》しつつあり。

十一、枢軸国（日本を含む）は最悪の危険に備うる為《ため》、徹底的用意あるべきは勿論《もちろん》なるも、併《しか》し一面ドイツは、日米間の衝突回避にあらゆる努力を吝《おし》まざるのみならず、もし人力の能《よ》くなし得る所《ところ》ならば、進んで両国々交の改善にすらも尽力すべし。

十四、スターマーの言は直にリッペントロップ外相の言葉として受取《うけと》られ差支《さしつかえ》なし。

この会談記録によりても知らるるごとく、三国同盟条約締結には具体目標が二つあるのである。第一はアメリカの参戦を防止し、戦禍の拡大を防ぐことであり、第二は対ソ親善関係である。

第一、米国の参戦防止

三国同盟締結の際賜《たま》われる詔書に「禍乱《からん》の鎮定平和の克服の一日もすみやかならんことに軫念《しんねん》きわめて切《せつ》なり」と仰せられたるは、すなわち米国の参戦を防止し、世界戦乱の拡大を防がんとする御主旨なのである。しかしながら三国同盟の締結がはたして、米国の参戦を防止する効果ありや否《いな》やにつきては大いに議論があった、締結直前の御前会議においても「米国は従来の日本に対する圧迫を手控《てびか》えていたが、日本がいよいよ独伊側に立つという事になれば自負心強き彼《かの》国民の事ゆえ、これにより反省するどころかかえって大いに硬化すべく日米国交の調整はいっそう困難となり、ついには日米戦争不可避の形勢となるべし」との説も出た。しかしながら松岡外相は「日米の国交は今日までの経験によれば、もはや礼譲または親善希求等の態度をもってしては改善の余地なく、かえって彼の侮蔑を招きて悪化さすだけである。もしこれを改善し、この上の悪化を防ぐ手段がありとすれば、スターマーの言《げん》のごとくただ毅然たる態度をとるという事しか残っていない。その毅然たる態度を強めるために一国でも多くの国と提携し、かつ、その事実を一日もすみやかに中外に宣明することによりて、米国に対抗することが外交上喫緊事《きつきんじ》である。しかし、本大臣はかかる措置の反響ないし効果を注視しつつ、なお米との国交を転換する機会は、これを見逃さないつもりである。ただ、それにしてもいちおうは非常に堅《かた》い決心をもって毅然対抗の態度を明確に示さねばならぬ」と論じたのである。

この両説のいずれが正しかりしか、すなわち三国同盟の締結がはたして米国の参戦を防止するだけの効果ありや否やは永久の謎である。

何となれば昭和十六年十二月、米国未だ参戦せざるに、米国の参戦防止を目標としたる日本自身が、進んで米国に宣戦してしまったからである。ただ少なくとも同盟締結後約一年有余《ゆうよ》、米国が参戦しなかったという事実は、三国同盟の効果であったと言われぬ事もない。現に、米国は十六年四月より開始されたる日米交渉において終始三国同盟が米国に取りやっかいの代物《しろもの》であり、この同盟の存《そん》する限り、米国は容易に参戦するを得ない事情にあったことを雄弁に物語っていると思う。

第二、対ソ親善関係の確立

三国同盟の第二の具体目標は、独ソ不可侵条約成立後の独ソ親善関係をさらに日ソ関係に拡大して日ソの国交調整をはかり、出来得れば進んで日独ソの連携に持っていき、これによりて、英米に対する日本の地歩《ちほ》を強固ならしめて、もって、支那事変の処理に資《し》せんとすること是《ぜ》である。

元来、余《よ》は熱心なる日米関係調整論〔者〕であった。昭和九年自ら米国に赴き、朝野の士《し》に親しく懇談したのも、何とかして日米間の問題に解決点を見出《みいだ》し、もって太平洋の平和に貢献せんとする微《び》意《い》にほかならなかった。

しかしながら事《こと》、志《こころざし》と違い、その後、日米の国交はただただ悪化の一路を辿《たど》り、ことに支那事変以来は両国の国交は極度の行き詰まりを呈《てい》するに至った。かかる形勢となりし以上は、松岡外相の言えるごとくもはや礼譲とか親善希求とかいう態度のみでは国交改善の余地はない。もちろん、日本政府としては、かかる親善希求にのみ終止したわけではない。歴代の外相ことに有田《ありた》〔八郎《はちろう》〕、野村《のむら》〔吉三郎《きちさぶろう》〕両外相は外交の主力を米国政府との直接交渉に向け、日米間最大の問題たる支那問題に関する了解に到達するため、惨憺《さんたん》たる努力を重ねたのである。しかしながら、これらの努力も何らの効《こう》なく、もはや米国相手の話し合いの途《みち》をもってしては、目的を達することが絶望視されるに至ったのである。しかも、日本が世界に孤立する危険は刻々に迫っていた。

ここにおいて唯一の打開策は、むしろ米国の反対陣営たる独伊と結び、さらにソ連と結ぶことによりて米国を反省せしむるほかはない。独伊だけでは足りない。これにソ連が加わる事によりてはじめて、米英に対する勢力の均衡が成り立ち、この勢力均衡の上にはじめて日米の了解も可能となるであろう。すなわち日独ソの連携も、最後の狙いは対米国交調整であり、その調整の結果としての支那事変処理であったのである。日米国交調整論者なりし余は、一面において対ソ警戒論者であった。

対ソ接近を好まざる余が、何ゆえに日独ソの提携に賛成したかと言えば、上述のごとく当時の形勢においては一方においてむしろ、かくすることが米国との了解に到達し得べき唯一の途と考えられたのみならず、他方警戒すべきソ連の危険は日本とドイツとが東西よりソ連を牽制《けんせい》することによりて、十分緩和《かんわ》し得ると信じたからである。

ドイツは松岡・スターマー会談記録にもあるごとく、日ソ国交調整に努力すべく約束し、スターマー特使は帰国後大いに努力すべしと言うて去った。

かくて、ドイツは少なくともソ連外相モロトフが十五年十一月伯林《ベルリン》を訪問した頃までは、日独ソ連携の方向に向かって進んでいたのである。その証拠には、当時ドイツよりリッペントロップ〔外相〕腹案なるものが送られてきたのである。すなわち左のごとし。

日独伊を一方としソ連を他方とする取り決めを作成し、

一、ソ連は戦争防止、平和の迅速《じんそく》回復の意味において三国条約の趣旨に同調することを表明し、

二、ソ連は欧亜の新秩序につき、それぞれ独伊及び日の指導的地位を承認し、三国側は

ソ連の領土尊重を約し、

三、三国及びソ連は各他方を敵とする国家を援助し、又《また》はかくの如《ごと》き国家群に加わらざることを約す。

右の外《ほか》、日独伊何《いず》れも将来の勢力範囲として、日本には南洋、ソ連にはイラン、印度《インド》方面、ドイツには中央アフリカ、伊太利《イタリア》には北部アフリカを容認する旨《むね》の秘密了解を遂《と》ぐ。

このリ外相腹案に対しては政府として同意の旨を答え、リ外相は同年十一月、モロトフソ連外相にこれを提示したのである。

以上のごとく、三国同盟は将来ソ連を同盟側に引き入れるということを前提として締結されたのである。しかるに翌十六年三月、松岡外相が伯林を訪問するや、ヒ総統もリ外相も口をきわめてソ連の不信暴状を語り、前述のリッペントロップ腹案についても、モロトフは原則としてこれに賛成しながら、ドイツとしてとうてい承認できぬ三十何個条の交換条件を提出したと言い、「ソ連に対しては一度打撃を加えざれば欧州の禍根《かこん》はとうてい除《のぞ》かれぬ」となし、前年の三国同盟締結当時の約束とは打って変わった話である。そこで、松岡氏はリ外相に対し、もし独ソ間に事起こらば、日本としては非常な影響を被《こうむ》るゆえ、この戦争には、にわかに同意しがたき旨を述べ、また「帰路にはモスクワに立ち寄り、日ソ国交調整の話を進める考えである」と言ったのに対し、リ外相は「ソ連は不信の国ゆえ、その話はむずかしいだろう」とのことであったから、松岡氏は「しかしながら、もし話ができたらどうだ」と尋ねたところ、リ外相は「できたらそれは結構であるが、しかし、とうてい纏《まとま》らないだろう」と言ったというのである（以上は松岡外相帰朝後の報告談話）。

松岡外相は帰路モスクワに立ち寄り、ソ連当局と交渉の結果、日ソ中立条約はドイツの予想に反して成立した。大島大使の電報によれば、ヒ総統はすこぶるこれを意外としたらしく、またリ外相は同大使に「自分は松岡外相に対しあれほどはっきりと独ソ戦の不可避なることをお話しいたしておいたのに、その相手のソ連と中立条約を締結されたことは、その真意了解に苦しむ」と嫌味《いやみ》を述べている。

リ外相の言うところと松岡外相の言うところとは、かく食《く》い違っている。これ双方の誤解か故意の曲解《きよつかい》か、それはしばらく措《お》くとしてともかくも、独ソ関係はその後ますます悪化の度を加え来《きた》り、四月以降の大島大使の電報はことごとく開戦の迫れることを暗示するものであった。ここにおいて、わが政府としても黙視し得ず、五月二十八日松岡外相の名をもってリ外相に「現下のわが国を回《めぐ》る国際情勢に鑑《かんが》み、本大臣としてはドイツ政府がこの際能《あた》う限りソ連との武力衝突を避けらるるよう希望す」というメッセージを送った。これに対しリ外相の返事は「今日となりては、もはや独ソ戦は不可避なり。しかしながら、戦争とならば、二、三ヵ月にして作戦は終結し得べきことを確信す。

この点、戦争の結果は必ず日本のためにも有利なるべし」ということであった。また、ドイツ最高軍事当局者は大島大使に対し、「今次作戦はおそらく四週間にて終わるべし、戦争と名のつくものでなく一つの警察措置と見るべきものなり」と声明した。六月二十二日に至り、ついに独ソ戦の火蓋《ひぶた》は切られた。米英はただちにソ連援助を声明した。ソ連は明らかに米英の陣営に入った。日ソの関係には当分変化なしとはいえ、三国同盟の前提たる日独ソの連携はもはや絶望である。日本とドイツとの交通は遮断せられ、三国同盟は現実にその効用の大半を失ったのである。先に平沼内閣当時、ソ連を対象とする三国同盟の議を進めながら、突如その相手のソ連と不可侵条約を結びたることがドイツのわが国に対する第一回の裏切り行為とすれば、ソ連を味方にすべく約束し、この約束を前提として三国同盟を結んでおきながら、わが国の勧告を無視してソ連と開戦せるは第二回の裏切り行為と言うべきである。したがって、このとき日本としては、当然三国同盟を再検討をすべき権利と正当性を有《ゆう》する次第である。余は当時、三国同盟締結の理由ないし経過に鑑み、本条約を御破算にすることが当然なのではなかろうかと、軍部大臣とも懇談したことであった。しかしながら、ドイツ軍部を信頼すること厚きわが陸軍は、とうていかかる説に耳を傾《かたむ》けようとしなかった。ことに緒戦におけるドイツの大戦果は、いっそうわが陸軍をして、その確信を強からしめたようである。ここにおいて、余は次の結論に達した。すなわち、三国同盟の再検討はとうていわが国内事情が許さざるのみならず、昨年締結したばかりの同盟を今すぐに廃棄すべきがごときは、いかに相手方の裏切り行為によるとはいえ、それは裏面の話であって、表面はわが国の国際信義の問題となる。ゆえに今、三国同盟そのものを問題とするは適当でない。しかしながら、すでに独ソ開戦となった以上は、同盟の主《しゅ》たる目標の一つであるところの日独ソ提携の希望は、完全に潰《つい》え去ったのであり、かかる条件の下において、将来三国同盟より生ずることあるべき危険、すなわち対米戦争の危険に陥るごときことあらば、わが国としては由々《ゆゆ》しき一大事である。第一それでは同盟を結んだ意義がまったく失われる次第である。ゆえに、この危険に対しては充分備えるところがなければならぬ。

それは、日米接近のほかはない。しかも、日米接近の可能性は同盟締結前においては絶望視されたが、当時においてはむしろ大いに有望視されたのである。何となれば、欧州において英国の窮境《きゅうきょう》を救わんとする米国は、太平洋において日本と事を構えることを極力回避せんとしていたのである。現に、日米交渉はその年四月より始められている。余が三国同盟に多少、冷却的影響を与えることありとも、日米交渉はぜひ成立せしめねばならぬと決心したのはこのためであったのである。三国同盟成立事情およびその具体的目標は右申し述べたごとくである。しかるに、最近わが戦局すこぶる不利に加えてドイツ崩壊という重大事実に直面して、一部には三国同盟締結に対する責任を云々するものありやに聞く。さてここに、余の所見を述べておきたいと思う。

余は今もって、三国同盟の締結は当時の国際情勢の下においてはやむを得ない妥当の政策であったと考えている。すなわち、ドイツとソ連とは親善関係にあり、欧州のほとんど全部はドイツの掌握に帰《き》し、英国は窮地にあり、米国はまだ参戦せず。かかる情勢の下においてドイツと結び、さらにドイツを介してソ連と結び、日独ソの連携を実現して米英に対するわが国の地歩を強固ならしむることは、支那事変処理に有効なるのみならず、これによりて対米英戦をも回避し、太平洋の平和に貢献し得るのである。したがって、昭和十五年秋の情勢の下においてドイツと結びしことは、親英米論者の言うごとく必ずしもわが国にとりて危険なる政策なりとは考えられぬ。これを強《し》いて危険なりと言うのは、感情論である。感情論にあらざれば、ドイツの敗退を見て後からつけた理屈である。

とかく、わが国の外交論には感情論が多い。同盟締結当時の反対論も主として、親英米的感情より発したるもの多く、米英の勝利、ドイツの敗退を科学的根拠より予想せる先見の明にもとづくものではなかったようである。ゆえに、親米とか親独とかいう感情を離れて、冷静に日本の利害を中心として考える立場より見れば、これらの反対論は充分首肯《しゅこう》できなかった。

しかしながら、昭和十五年秋において妥当なりし政策も、十六年夏には危険なる政策となったのである。何となれば、独ソ戦争の勃発によりて日独ソ連携の望みは絶《た》たれ、ソ連は否応《いやおう》なしに英米の陣営に追い込《こ》まれてしまったからである。事《こと》ここに至れば、ドイツとの同盟になお拘泥《こうでい》することはわが国にとりて危険なる政策である。すでに危険と感じたる以上は、すみやかに方向転換をはからねばならぬ。ここにおいて、日米接近の必要が生じたのである。しかるに陸軍は、この期《ご》におよんでなおドイツとの同盟に執着し、余の心血を注ぎたる日米交渉に対し種々の横槍的注文を発し、ついに太平洋の破局をもたらしたのである。これまた日本の利害を冷静に検討したる結果にあらずして、主として親独的感情より発したるものと思う。感情論が外交を左右することのいかに恐るべきかを知るべきである。同盟反対論者は米国の対日態度は三国同盟を契機として俄然《がぜん》強硬となり、ついに日米開戦となった。ゆえに、日米開戦の原因は三国同盟の締結にありという。しかしながら、これは法理に反し、また事実に反する。法理上から言えば、日本は米国がドイツに宣戦したる場合において、はじめて米国に宣戦する義務を生ずる。しかるに、昭和十六年十二月、日本は米国が未だドイツに宣戦せざるその前に、進んで米国に対して宣戦したのである。ゆえに、宣戦の詔書にも三国同盟という文字は全然見出されないのである。すなわち法理上から言えば、日米開戦と三国同盟との間には何ら因果関係はない。

次は、事実上においてもその間に因果関係はない。なるほど三国同盟の締結が英米の世論をいっそう激化したことは事実である。しかしながら、例の通商条約廃棄のごときは、同盟締結前すなわち十五年四月にすでに行なわれており、また、かの資産凍結令のごときは同盟締結後約十ヵ月を経《へ》たる仏印進駐を契機として行なわれたのであって、同盟締結の直接の反響としては具体的に何も表われなかったのである。ことに日米国交調整を目的とする日米交渉が、同盟締結後約半年を経たる昭和十六年四月米国の提議によりて開始せられたという事実は、三国同盟と日米開戦との間に、事実上因果関係のなかりしことを物語るものである。

10　紀元二千六百年祝典

紀元二千六百年祝典は、昭和十五年十一月十日ならびに十一日の二日間、宮城《きゆうじよう》前広場の祝典場において、厳粛《げんしゆく》に、そして明朗に執《と》り行なわれた。天気も稀《まれ》な快晴続きで、まさに明治以来、日本に蓄積された実力と幸福の極致《きよくち》の象徴であった。今にして思えば、この絶頂から、日本が急角度で下降を始める起点であったかもしれない。しかし、今から想い出しても気持ちの良い天気であり、また雰囲気でもあった。

当時の日本駐在アメリカ大使グルー氏は、その著『滞日十年』の中で詳しく、その祝典の模様を表現しているので、これをここに転載いたそう。

「日本二六〇〇回の誕生日を祝う一九四〇年十一月十日

今日は二日にわたる日本帝国建国の二千六百年祝賀会の第一日であった。幸福にも天候は二日間日本に微笑《ほほえ》み日当たりのいい、身がひきしまるような寒い日が続いた。第一日は儀式的挨拶の日、第二日は祝賀の日だった。ここ数ヵ月、男子や女学生の団体が、宮城前の広場を地ならししたり、装飾柱を立てたり、無数の花を置いたりしていたが、最後に大きな臨時の建物を造《つく》り、その前に五万人が座れる座席を何列か置いた。この五万人だけが特に招かれ、儀式を目撃することができたので、丸《まる》ノ内《うち》の大きなビルの屋上や窓を見物席にすれば、まだ何万人かが見ることができたのだが、天皇を見下《みくだ》してはいけないので、これは許されなかった。私はこれらの屋上や窓が完全に無人だったのに気がついた。

両日とも天皇、皇后、ほとんど全部の皇族と妃殿下（秩父宮《ちちぶのみや》〔雍仁親王《やすひと》〕は肺炎で重態である）、国内の高級官吏が出席した。近衛は祭典委員長として天皇への賀状を読み、万歳《ばんざい》の音頭《おんど》を取った。

一九四〇年十一月十一日

昨日私たちは一時間あまり立ったままでいなくてはならなかったが（たいして苦労でもなかった）、今日はテーブルに向かって腰をかけた。日本料理と酒と、その他色々のものが出たが、その場でこれを御馳走になるのではなく、特にそのために出された絹《きぬ》の風呂敷にこれを包んで持って帰ることになっていた。もちろん、私たちはこれを日本人の召使《めしつか》いに渡した。彼らにとっては、「宮中の御馳走」を食べるのは大変な特権なのである。また儀式的な舞踊（註・雅楽《ががく》のこと）や愛国歌（註・紀元二千六百年の歌：見よ東海の空《そら》明けて……）の合唱や楽隊の音楽がウンとあった。高松宮《たかまつのみや》（宣仁親王《のぶひと》）は天皇に対する歓迎の辞《じ》を読み、私は外交団を代表して演説しなくてはならなかった。

帳台《ちょうだい》に集まった賓客《ひんきゃく》の前と、下のほうに静まりかえっている五万人の前を静々《しずしず》と歩き、天皇に向き合い、お辞儀をし、眼鏡と原稿を取り出し、読み、お辞儀をし、後を向きさて厳《おごそ》かに席に帰ることはまったくもって、大試練だったが、私は一語一語はっきり発言して、ゆっくり読むことにしたので、この後聞いたことだが、大群の誰も彼も拡声機を通じて私の言葉を聞くことができ、試練はうまい具合にいったわけである。儀式を通じて、ほとんど硬直とも言うべき表情を浮かべていた天皇は、私の演説の要所要所にうなずき、最後に日本が人類の一般文化と福祉に貢献されんことを希望すると述べた時には、非常に力強くうなずいた。フランス大使アルセヌ・アンリは、翌日わざわざ私を訪ねて、彼は天皇の表情に注意していたが、あの同意を表わす表情は、政府と帝国の最高官吏達に、彼自身の平和への願望を見せるため、天皇がやったに違いないという確信を抱いたと話した。アルセヌ・アンリは、このことに非常な印象を受け、重要な政治的徴証だとしてフランス政府に打電したそうである……」

滞日十年におよんだ知日、親日のグルー大使の祝典風景記述は、まさに急所をとらえている。また、外交官としての観察に流石《さすが》と思われる節も多い。二千六百年の祝典は、当時の日本の歓喜と憧憬《どうけい》の的《まと》であったといってよかった。

祭典三日位前に、私の懇意な横浜在住のさる著名実業人が突然、私を訪ねて来られた。そして、いわく「今日は特別なお願いに来ました。私は位階勲等《いかいくんとう》は無いので、宮城前の祝典には参列する資格がありません。ただ、私の年老いた母に、せめて当日の盛儀《せいぎ》を偲《しの》ばせたく、当日参列者に配られる折詰《おりづめ》の一部と御祝酒の一杯でも、私にわけてもらえないでしょうか。それで、私は母への生涯の孝養としたいのですが」とのことであった。

その実業人は立派な人格者で、日頃私の尊敬している人でもあったし、私はもちろん、この希望をそのまま受け取り、自分のいただいたものでも届けたらよかろうと思って、簡単に「おやすい御用です、承知しました」と引き受けたのである。

ところが、祝典前後の多忙さは、ついに、私をしてこの実行を忘れさせてしまったのである。そして、それから何ヵ月かの月日が経過してしまったある日、偶然その知人に会って色々の話が出たとき、祝典のこの話が出て「あなただけはきっと約束を守ってくださると思って、母親にも話して喜ばせていたのにとうとう届かず、あの時は恨《うら》みましたよ」と言われて、はじめて自分の忘却を思い出した。その時の私の慚愧《ざんき》、残念、瞬間に私は真《ま》っ青《さお》になったように思う。私はもちろん、その時いちおう私としてのお詫《わ》びの言葉を述べたが、すでにどうしても取り返しのつかない私の不始末であった。

私はこの時以来、他人様《ひとさま》から頼まれたことは何事によらずメモに記入することにした。そして片づいた事柄はこれを消していき、片づかない間は、いつまでも残しておくやり方を始めたのである。これは私にとって二千六百年祝典の記念品である。

祭典については色々の思い出がある。祝典事務局長の歌田千勝《うただちかつ》君が、祝典当日から数日前に私を訪ねてきた、それは、高松宮が述べられる当日の祝詞《しゆくし》に「臣宣仁《しん》……」と書くべきか、または御兄弟のことであり、臣とは書くべからざるものなのかということである。そして、従来の例は両方共に行なわれているとのことであった。私にも即時、これに解決を与える自信はなかった。

そこで、二人して近衛公の意見を求めようということになって総理を訪ねた。近衛公はこの話を聞いて即座に答えたのである。

「それは決まっているじゃありませんか、日本では上御一人《かみごいちにん》であり、他の者は皆、臣下《しんか》ですよ、もちろん高松さんも臣であるべきです」

なるほど、その通りである。日本の伝統、皇室観について、もっとも明快な観念を、身につけていたのは、やはり近衛公ではなかったかと思う。

この点は、当時流行の付《つ》け焼《や》き刃《ば》の国体論者とはおよそ異なった存在だったと言える。何か皇室に関することが問題になると、「それなら高松さんにでも自分の邸に来ていただいて食事をしながら、お話ししてみよう」と簡単に言う近衛公である。竹田宮《たけだのみや》様〔北白川宮永久《きたしらかわのみやながひさ》王か？〕が飛行機事故で、北支《ほくし》で逝《な》くなられ、その御遺骸《ごいがい》が立川《たちかわ》飛行場へ着いた時にも御出迎えに行かず、同時刻に行なわれた無産党の麻生久《あそうひさし》氏の告別式に出向いて、一部の人達から非難を受けた近衛公であって、何か皇室に対し、当時の風潮とはかけ離れて、時には不遜《ふそん》とさえ思われるような近衛公であったが、事苟《いやし》くも陛下のことともなれば、まったく別格であり、峻厳《しゅんげん》そのものであった。私はこうした、形式主義でない、つきつめた、近衛公の皇室観をうれしく、たのもしく傍観する機会が、たびたびあったのである。

儀式典礼に馴《な》れたグルー大使さえ、その祝詞の朗読は一大試錬だったと記述しているのであるが、祝典当日、近衛公は総理大臣として、また祝典委員長として、五万人の群臣整列する中を特設された式場へ両陛下を御案内いたすのである。

全皇族、全外交使臣、閣僚、枢密顧問等数十人のみが、この特設式台に同席を許されるのである。私は祝典事務委員長として、両陛下の真うしろに侍立《じりつ》していた。

そして式典の進行にともない、近衛公はまず起《た》って陛下の前に進み拝礼、それから木の香りも新しい新設式場を、皇族、外交使臣の列座の中、しわぶき一つない緊張のうちを、静々と歩いて十数段の階段を一歩一歩降《お》り、それから玉砂利《たまじやり》のしきつめられた宮城前五万人整列の前を数十歩歩んで、また陛下の前の階段を一歩一歩左足から昇っていくのである。そして陛下の御前、二間《けん》〔約三・六メートル〕くらい前のところに至って最敬礼、それから静かに祝詞を読み上げるのである。

私は万一《まんいち》の手違いでもと思って、この間、息を殺して陛下の直後から、真正面に見える近衛公の態度を見守っていたのである。ところが近衛公は、以上の諸動作をいとも簡単に、日常茶《さ》飯事《はんじ》のごとくやってのける。陛下の御前に着いたとき、もしや息切れでもと思って、恐る恐る近衛公を見ると、公はまったくふだんのままの態度である。手に持てる祝詞の紙をスルスルと展《ひろ》げるや、淀《よど》みなく、しかも語句をしっかりと読み上げていくのである。そして難しい、日常あまり用いない漢語混じりの長い祝詞を読み終わるや、クルクルと、これを巻きおさめて、また元の通り、後退の後、階段降下、砂利道横進、階段上昇、陛下の御前にて拝礼、自分の席に帰るのである。鮮《あざや》かというか、洗練されたというか、まったく自然そのままであり、何の取り繕《つくろ》いのない、平常そのままの姿である。

紀元二千六百年式典

神武《じんむ》天皇即位から2600年目とされた1940年11月10日、皇居前において、昭和天皇と香淳《こうじゅん》皇后に祝詞を奏上する近衛(うしろ姿)

私は自分の体験した武道修行の経験に鑑み、近衛公の心境の澄《す》み切った徹底さに感嘆したことである。近衛公は青年時代二度も喀血《かっけつ》をされて、その都度生死の境《さかい》におられたそうである。御本人からこれはたびたび聞いたことである。ある日、私が近衛公に会った時「明日からまた一週間ほど三島《みしま》へ接心《せっしん》（禅修行）に行ってまいります」と言ったら、近衛公はつくづく私の顔を眺めながら「禅もよろしいけれど、あなたなど健康で病気の苦痛を知らない人には、ひと月ほど病気で寝てみると、一番修行になるのですがね」としみじみと言われたことがある。

ある人は、近衛公の悠揚《ゆうよう》迫らざるあの態度は、近衛家の歴史から出ているのであって、普通人には真似のできないものだと言った人もあるが、病魔と死闘された公爵その人の体験、修業も大変尊《とうと》かったのではないかと思われる。

祝典当日、皇太后（貞明《ていめい》皇后）は行啓《ぎょうけい》せられなかった。宮内省でもこれは色々議論があったとのことで、天皇様の母君《ははぎみ》にあられる皇太后の御座所《ござしょ》ということになると、なかなか式場の位置が難しいのだそうである。それも一つの理由で、御出ましにならなかった。こういうところには、確かにいわゆる「封建的」なぎこちなさがあるのではなかったろうか。

翌日、祝典が終わってから、皇太后様は御微行《びこう》で式場を御覧のためお出ましになった。私も案内を務めたが、前日の盛儀《せいぎ》を色々お聞きになって「それはさぞかし御立派なことでしたろう。陛下もお喜びになったことでしょう。皆さまもさぞかしお疲れになったことでしょう」といたわりの御言葉があった。私は皇太后様が盛儀に列席なされておれば、もっとお喜びになったろうにとも思い、また御親子の情も普通の人とすこしも変わらない様子など、今もなお眼前に彷彿《ほうふつ》する思いである。

東京都内はもちろん、全国津々浦々二千六百年の祝典は寿《ことほ》がれた。この間、第二次近衛内閣は一意《いちい》、支那事変解決の難問題の解決に向かって進むべく、あらゆる政治態勢を採ったことである。政治新体制としての大政翼賛会、日独伊三国同盟の締結、わが国を取り巻く波はようやく大きく、うねろうとしている。大波乱を呼ぶ嵐の前、旭日《きよくじつ》高く輝ける日本の静かにも楽しき一時《ひととき》こそ、紀元二千六百年祭典の二日間だったのである。

11　両先覚の死と不安な政情——西園寺公爵と湯浅倉平氏

昭和十五年も終わり近くなって、十一月二十四日は、元老西園寺公望公爵が亡くなり、次いで十二月二十四日には前内大臣湯浅倉平氏が逝《い》かれたのである。共に、立憲的自由主義の権化《ごんげ》と言うべき人であり、この主義をもって終始一貫したことによって、軍部やファッショ派からは常に狙われることになったのであるが、毫《ごう》もその信念を変えることなく、時流におもねることとの全然なかった人達であった。

西園寺公のことについて、私がはじめて、近衛公から、話を聞いたのは、ずいぶん古いことで、この「近衛公の思い出」の当初においても、すこし触れたことであるが、私が石川県警察部長時代（昭和九年秋）山中《やまなか》温泉で近衛公に初対面の会談をした時のことであった。

私から色々地方事情を聴き、また政治に対する私の書生論を、聴き上手な近衛公が長時間にわたって聞いてくれた時のことである。私が既成政党の無気力と腐敗、その時局に対する無理解、したがって、この既成政党に対する国民一般の不信、また、これに呼応する青年将校の不満といったようなものを種々の事例について述べたところ、これを静かに聞いていた近衛公が突然、

「今の政党はなっていませんよ。議会はどうにもなりませんよ。これは衆議院だけじゃない、貴族院だって同じことだ。不勉強と無感覚だと言って、若い軍人が怒るのも無理はないと思う。私はそこで、今の日本を救うには、この議会主義では駄目じゃないかとさえ思う。そうなると、この議会主義をたたきつけなければならない。が、この議会政治の守り本尊は元老西園寺公です。これが牙城《がじょう》ですよ」

とハッキリ言われたので、さすがの私も、愕然《がくぜん》としたことを今でも記憶している。

近衛公の思想は必ずしも悪い意味でなしに、いつも推移していたように思われる。青年学生時代には社会主義に魅力を感じ、社会主義者の河上肇《かわかみはじめ》博士を慕《した》って京都大学に学んだことも

ある。その後、青年公爵として、貴族院議員のホープたるや、貴族院改革の主唱者の一人となった人でもある。貴族院議長として、当時の貴衆両院の実情に対する憤懣《ふんまん》からして、議会政治の改革とその中心たる元老西園寺公打倒を口にする近衛公である。

時流に投じて権勢《けんせい》地位を獲《え》ようとする近衛公でないことは申すまでもない。とすれば、近衛公の心の底に流れる正義の情熱が、当時の議会政治のあり方に対して、爆発したものと見て、たいした誤りはないと思う。当時私は、はじめて会った自分に、かくも大胆率直に語る近衛公の態度と、その燃ゆるがごとき正義感に、深き共鳴を覚えたことであった。この近衛公なればこそ、支那事変早期解決のためには、軍部を抑える力の皆無であった既成政党に代わる国民大衆の組織、大政翼賛会を創り上げることを考え出したことも、おおかたの理解が得られると思う。

西園寺公望

1849〜1940年。徳大寺《とくだいじ》家に生まれ、西園寺家を継ぎ、のち公爵。戊辰《ぼしん》戦争に従軍、フランス留学。文相等を経て2次にわたり内閣を組織、首相を務める。最後の元老として、後継首相の奏薦にもあたった

しかし、前述した通り、大政翼賛会の性格については、成立

のはじめから近衛公も、苦心惨憺《くしんさんたん》された。ドイツのナチス張りの一国一党にあらず、しかも今までの無感覚、無気力、不信の既成政党が、ただ障子と襖をはずしたにすぎないようなものでない組織、そして真《しん》に国民全部を代表し得る組織、これはきわめて難しい要求であった。しょせん大政翼賛会もかかる意味においては、成立当初から疑問があり、日を追うて、その不完全を暴露してきたのであった。そして独裁的政党とさせないために、後には、近衛公自らの手をもって、大政翼賛会を単なる精神総動員運動的機関としてしまったことは、さきに詳述した通りである。

後年、大東亜戦争酣《たけなわ》なりし頃、一日軽井沢の近衛邸で望まれるまま、筆者（富田）が近衛公と一緒に横になって、よもやま話をした際「やはり西園寺公は偉《えら》かったと思いますね、終始一貫、自由主義者であり、政党論者であった。僕は大政翼賛会なんて、わけのわからぬものを作ったけれど、やはり政党がよかったんだ。欠点はあるにしてもこれを存置《そんち》して是正《ぜせい》するより他なかったのですね」とポッツリ言われたことを思い出すのである。

さて、私が内閣書記官長となった第二次近衛内閣（昭和十五年七月二十二日成立）当時においては、この西園寺元老も、すでに元老として政治上の諮問《しもん》に奉答《ほうとう》されることを辞退され、悠々《ゆうゆう》自適《じてき》の日常を静岡県興津《おきつ》の坐漁荘《ざぎょそう》に送っておられたので、自然私は園公に親しくお会いする機会もなく、また政治的報告を、園公やその秘書格の原田熊雄男爵から求められることもほとんど皆無であった。

しかし近衛公から、また原田男爵から、時々園公の時局に対する片言隻句《へんげんせつく》を聞いてはいた。そして、その批評はことごとく、支那事変早期解決の熱望と、そのために日米英親善の必要と、それから日本が独伊に親近することの危険、軍部の横暴とその独伊一辺倒方針の危惧、日米戦争回避の絶対的要望――こうした一連のことを基盤にしていたように記憶している。不幸にして、園公の杞憂《きゆう》は現実となって、日本は敗戦したのである。元老今存命なれば、はたしていかなる感懐《かんかい》を持たれることであろうか。

この元老は、九十を過ぎてなお矍鑠《かくしやく》なりと言われたが、この十一月初旬から床《とこ》に就《つ》かれ、ついに二十四日に去られたのである。近衛公は病篤《やまいあつ》しと聞き、早速《さつそく》坐漁荘に行かれたが、すでに臨終には間に合わなかった。その葬儀は国葬ということになり、近衛総理自らその葬儀委員長になった。この時も「自分に委員長をやらせてください」とて委員長が決まったのである。

「もう園公もお年で、政治上の情報もあまり聞かれないし、したがって政治について意見も吐かれない。政治的にすでに無縁の人である」と言っていた近衛公も、さすがに園公の薨去《こうきよ》に対しては淋《さび》しそうであった。園公は、近衛公を若い時から特に目をかけておられ、近衛公の欠点も長所もよく知りつくした上で、日本のためになる近衛公というものを常に念頭に置いておられたようである。近衛公も、もとよりこの知遇には深く感銘しておられた。

興津を出発された霊柩《れいきゅう》は、総理官邸横にあった元の外相官邸に安置せられ、そこで国葬の礼により、通夜が各界の名士参列のもとに行なわれたのである。

十二月五日、国葬は日比谷《ひびや》公園に祭壇を特設して、厳粛に行なわれた。西園寺公にふさわしく、スッキリした簡素にして清潔な感じのする国葬であった。このことは近衛総理が、特に私達に要望されたことが実行されたのである。大阪の住友《すみとも》家は、昔から西園寺家とは特別の関係があり、したがって国葬ではあったが、住友家一門の最高幹部総出《そうで》にて、この葬儀に格別の心くばりをせられたことは、気持ちのよい深い印象として、今も私の記憶に強く残っている。

また私はこの葬儀中、勝沼《かつぬま》〔精蔵《せいぞう》〕医学博士（西園寺公の主治医）と隣に席することが多かったので、色々の話をかわす機会があったのであるが、特に私の印象に残っていることは、私が勝沼博士に「どうして西園寺公はあんなに長命《ちょうめい》されたのですか、その秘訣はどこにありますか」と尋ねたのに対し、博士が即座にこう答えられたことである。

「公爵は自分の思うままに、好き気ままに行動された。これが長寿の一因です。しかし、これはあの地位と財《ざい》とによってこそ可能だったことで、人間誰でもできることではない。今一つ公爵は風邪とさえ言えないようなときにでも、病気だからすぐ私に診察にきてくれと名古屋《なごや》まで電話をかけてこられる。私はその都度、また、たいしたことじゃないだろうと思って出かける。はたして、いつもたいしたことではない。いつか、こんなことを公爵に話したところ、公爵はこう言われた『私は、昔からどんな些細《ささい》なことに対しても全力を尽くさねばならないという人生観を持っている。獅子《しし》は鼠《ねずみ》一匹を捕まえるにも全力を傾《かたむ》けると言われるが、私もそうだ。健康のことについても同じだ。そこで、すこしでもからだに異常を覚えると、すぐあなたに御迷惑をかけることになるのです。はなはだすまないことです』と言われた。私は医者として、かえって大変教えられた。公爵の長寿の原因にはこういうこともあると思います」

爾来《じらい》、私もこのお話は忘れたことなく、自分の健康保持の基本として銘記《めいき》し、実践に努めているのであるが、最近石橋湛山《いしばしたんざん》氏の総理大臣辞任の経緯に顧《かえり》み、改めて感慨《かんがい》まことに無量なるものがあるのである。

かくて夕陽《ゆうひ》落つる初冬、四時すぎ、遺骨は西園寺家累代《るいだい》の墓地に埋葬せられ「西園寺公望の墓」なる白木《しらき》の墓標は、近衛公によって墨痕《ぼっこん》も鮮《あざ》やかに認《したた》められ、夕闇《ゆうやみ》迫るうちに、清素な毅然たる西園寺老公の終焉を象徴するかのごとく、真新《まあたら》しく土の上に樹《た》てられたことであった。

園公の薨去に遅れること一ヵ月、十二月二十四日には湯浅倉平氏が亡くなられたのである。湯浅氏は知事、内務次官を務められた内務省の大先輩である。難波大助《なんばだいすけ》によるかの有名な大逆《ぎゃく》事件の時の警視総監でもあった。が、湯浅氏が特に私達後輩の畏敬《いけい》の的《まと》となっておられる所以は、その忠誠――皇室に対し、国民に対し――その温顔の中に厳然たる自戒自律《じかいじりつ》の生涯、その徹底した立憲的自由主義ということであった。

おそらく、いかなる人といえども、批判はともかくとして、この三点だけは、これを認めざるを得ないであろう。貴族院議員としては、田中義一《たなかぎいち》内閣当時、政府の疑獄汚職を猛然として急追し、鬼気《きき》迫る思いをさせたのも、同氏の清廉潔白《せいれんけつぱく》、どこから突かれても、一点非《ひ》の打《う》ち所《どころ》なかったからこそ、出てきた力によるものであったろうと思われる。

この湯浅氏が陛下の側近にあって、日夜心配されていたのは、軍部の横暴であり、政党の無気力、腐敗であり、日米親善に反する時の流れであったのである。私は、同氏の貴族院議員当時(昭和三年私の内務事務官当時)、はじめてお目にかかって、穏《おだや》かに話される中にも、その内容の秋霜烈日《しゅうそうれつじつ》なることに、身の引き締まるような思いをしたことを記憶している。

後、時々お訪ねして意見を聞いていたが、たしか昭和四年の夏頃、夜の七時にお約束してお宅へうかがったところ、小さいお嬢さんらしい人の泣き声がしきりにする。時間を守る湯浅さんにしては、だいぶ待たされると思っていたら、七時二十分頃になって、室に入ってこられ

「大変お待たせしました。実は、私の孫娘が急に腹痛で泣きたて、ちょうど両親がおらず、私達老夫婦だけで看病していますが、なかなか泣きやみません。そんなわけで、今夜は何か特別お急ぎの用でなければ、他日にしていただけませんか」というようなことであった。それで私も、すぐ帰宅したことであったが、翌日には、すぐお詫《わ》びの手紙が届けられ、次回の訪問日を

二、三日ほど挙げられて、そのうち何日でも御都合のよろしき日を決めてくださいと言ってきてくださる。実に丁重《ていちょう》な礼儀正しい大先輩であった。

ところが、奇《く》しくも、この私のもっとも畏敬する大先輩に、私は一時《いちじ》誤解せられたことがあったようである。それは昭和十二年十二月の末、同氏が内大臣当時のことで、私が警保局長に任命されようとした時、普通なれば内閣からその手続きを取れば、その日のうちに宮中でも認められるが、勅任官《ちょくにんかん》発令の常例である。それが一日遅れることになり、末次内務大臣が参内して、陛下の御下問に奉答して、やっと御裁可《さいか》になったという事件である。

「当時陛下が、富田はファッショだということだがと御下問になったということで、これは内大臣が中傷したのだと思われたので、近衛も心配して木戸（幸一 当時文部大臣）を通じ、内大臣に了解を得てもらった」と、矢部貞治氏著『近衛文麿伝』に記載されている。

事《こと》の真偽《しんぎ》は未だに私も明らかにしていないが、当時末次内相も発令後、私に向かって「だいぶ君に対する風当たりは強かったようじゃよ。まあ気をつけるがよい」と笑って言われたし、その直後の議会で数人の代議士から、私をいじめてやろうとするらしい質問が出されたこともあった。それは議会政治否認論者だ、ファッショだという誤解にもとづくものであったらしい。そこで私は、就任の挨拶かたがた湯浅内大臣を宮中にお訪ねした際、私の考え方を率直に聞いていただきたいと申し出たのである。

「私は官吏として、また特に不法を取り締まるべき警察の長として、絶対に憲法、法規を遵守《じゅんしゅ》すべきものと存じております。したがって議会政治否認などは毛頭《もうとう》考えておりません。ただ今日の世局を見まするに、財界に政界に各方面に、不正不義と思われることが多く、そのため、これらに対する不平不満が、国民の間に多いこともまた事実であります。そこで、不平不満の結果、凶激なる手段、不法手段に出る者あれば、これを取り締まることはもちろんでありますけれども、取り締まるだけでは抜本的とは申せない。どうしても、その不平不満の源《みなもと》である不正不義を訂正していただかなければならぬと思います。それは政界財界その他各方面の指導者の方々の御努力にまつべきものと思います。そこで、今日の政策としましては、いっぽうにおいては不法を取り締まると共に、その不平不満の情報を集めて、これをお知らせするのは、ただ取り締まるためだけの情報でなく、不平不満を無くするために、その根源たる不正不義をまず払拭《ふっしょく》していただきたいからであります。私はファッショには絶対賛成いたしません。ただ、この不正不義の実情を述べる時あたかも私自身がこれを強調し、したがってこれに対する不法言動を是認しているかのごとく誤解されているのではないかと存じます。どうか全国の治安に任ずる私を御信用願いたいと思います。もし御信頼いただけないとすれば私は即刻辞めさせていただきます」と述べたことである。

湯浅内大臣は、静かにニコニコして、私の長い言葉を聞いておられた。そして「よくわかりました。そのお考えでしっかり警保局長の重責を果たしてください」と言われ、その後、色々雑談をして、お別れしたことであった。同氏との関係は、たとえ一時誤解があったとしても、これですっかり解消したものと私は信じている。もし私の言葉に納得されなかったなら、そのまま黙って、よくわかりましたと言われるような湯浅氏ではないと、私は今でも確信を持って言えるからである。

しかし、西園寺公と湯浅倉平氏の逝去《せいきょ》、この頃から日本は急速に軍部による独裁政治の態勢に突進しつつあったのである。言《げん》を換えていえば、この両先覚者の死は一時的とはいえ、わが国の自由主義の弔鐘《ちょうしょう》であったと言わねばならなかったように思う。

12 重慶工作と政治新体制論争

第二次近衛内閣成立（昭和十五年七月二十二日）以来、早くも五ヵ月を経過したこの間、歳末通常議会の召集を前にして、政治的にも色々の動きが活発に具体化していったのである。かかる政治情勢の中で、特記すべきものは、支那事変の推移と大政翼賛会論議と近衛内閣の改造問題の二つであったかと思う。

日華《にっか》基本条約の締結と蔣介石（重慶）工作

日華基本条約は言うまでもなく、日本政府と汪精衛《せいえい》〔兆銘〕政権との間の条約のことであって、この条約について双方の了解の成立したのは、第二次近衛内閣成立直後の八月頃だったのであるが、実際条約が調印せられたのは、それから三ヵ月もたった十一月三十日のことであった。

このように、調印の延《の》びた理由は、実は裏面において、支那事変の解決は、汪精衛との妥結だけでは、根本的な解決とはなり得ないのであって、どうしても重慶すなわち蔣介石との妥結が、要望せられたので、それがため、執拗《しつよう》にこの重慶工作が行なわれたからである。

この重慶工作は、政府、政治家もやっている。軍部もやっている。しかも、それが幾筋もルートがある。民間人でもこの工作をやっている者がいくつかあるといったような始末で、その頃筆者は参謀本部の某課長から聞いたのであるが、重慶工作のルートが当時およそ二十ほどあると言っていたのである。なかには、もちろんいかがわしいものもあった。ただ金とり主義のものもあったし、いわゆる支那通と言われる人達の、実際はきわめて甘い情報にもとづく○○工作というものもあったのである。

汪兆銘と蔣介石

左から国民政府行政院長・汪兆銘、同主席・蔣介石、汪の妻で同高官・陳壁君《ちんへきくん》

これらの中で、宗子良《そうしりょう》による重慶工作については、軍部も力を入れるし、近衛総理の親書まで使者に渡すというところまでいったのである。木戸日記（八月二十三日）や原田日記（八月二十四日）によると、蔣介石が宗子良を介して、近衛声明の修正を求めたのを、香港《ホンコン》特務機関の鈴木《すずき》〔卓爾《たくじ》〕が強く拒否したら、宗子良は二日間の猶予《ゆうよ》を求めて重慶と打ち合わせ、この要求は撤回したが、代案として近衛の親書を希望してきたというので、参謀本部の土橋《つちはし》〔勇逸《ゆういつ》〕、臼井《うすい》〔茂樹《しげき》〕、鈴木が近衛にそれを頼んだ。

そこで協議の上、万一発表されてもよい文面なら、これに応ずるのも一策だということで、近衛は親書を書いた。文面は「一月以来交渉の結果、近く板垣《いたがき》〔征四郎《せいしろう》〕参謀長と会見される由《よし》だが、これは日支国交に貢献するところ少なくないであろう」という趣旨のものであった。鈴木は、近衛親書だけでなく、先方に疑われては困るから、一緒に写真を撮ってくれと言うので、近衛公はそのことも承諾した。

鈴木は、この写真を持って板垣のところへ行ったのであるが、この親書を書く際、傍《かたわ》らにいた私（富田）に対し、近衛総理は「また騙《だま》されるのかもしれないが、とにかく自分としては支那事変の解決は、蔣介石と手を握るのでなければ駄目だと思うから、軍の言うことでも、これだけは聞くんだ」と言った。しかし、これも九月五日には「やっぱり騙された」と、原田男〔爵〕に言うようになったのである。

近衛公は『平和への努力』の中で、次のように、この件について述べている。

「その後、重慶に連絡がついたのかつかないのか、ついても返事をよこさないのか、いっさいわからなくなり、宗子良は真《ほん》ものでは無いという疑問さえ出てきた。こちらでも用心して、香港で彼が軍の要人と会見した時、ドアの鍵穴から写真を撮り、それを南京に持って行って汪精衛に見てもらった。汪は似ていると言ったそうだが、何しろそれなり消息が絶えてしまったので、今では一つの笑い話みたいなものになってしまった。とにかくそんなふうに、色々手を変え、やってみたが、蔣政権側から何の反応もなく、この裏面工作も失敗に終わった。そこで最後に、どうしてもアメリカが中に入らなければ、重慶と話ができぬという結論に達した。これが私の日米交渉をやる大きな動機となった」と言っているのである。

かくて、重慶工作はほとんど絶望となった。そこで十五年十一月十三日の御前会議で日満華《にちまんか》共同宣言案、日華基本条約案が決定された。また、汪は十一月二十九日、国民政府主席に就任し、翌三十日南京で基本条約が調印され、日本は汪政府を正式に承認したのである。

いずれにしても、事実、日本政府も汪政府も、汪と重慶との合流和平を熱望し、努力もしたのであるが、ついにこの希望は達せられず、ここに支那事変解決の唯一の残された途《みち》は、日米交渉以外にないという近衛公の結論となったのである。また、このことによって後に近衛公が日米交渉に畢生の努力をされることになったわけである。

大政翼賛会論議

大政翼賛会の理念、機構ならびにその成立経過については、すでに詳細に述べた通りであるが、昭和十五年夏から秋にかけて全国を風靡《ふうび》した「新体制運動」の結晶たる大政翼賛会も、実は成立当初から惨憺《さんたん》たる状態だったのである。

『近衛文麿伝』の著者矢部貞治氏は、

「翼賛会は一つの思想と信念によって結ばれた強固な同志が、対立勢力と果敢に闘争して権力を獲得したナチスやファッショとは根本的に異なり、ただ近衛首相が網《あみ》を拡《ひろ》げて、対立抗争する諸勢力を包括し、それによって何らかの統一をもたらそうと試みたのである。このような方式は、近衛の無性格を示すとも言えようし、あるいは自らは何らの実力も持たず、諸勢力を媒《ばい》介《かい》し、操縦することによって勢威《せいい》を保ってきた公卿《くぎよう》政治の伝統とも言えたかもしれぬが、同時にこのような方式で、対立抗争の諸勢力を、ともかく同一の傘下《さんか》に収め得たのは、近衛の無性格のおかげであり、他に比類のない彼独得の個人的魅力によるものであった。

そこで、問題はこのような呉越同舟《ごえつどうしゆう》の諸勢力の中で、いずれが、主導力を握るかということであった。ところで、すでに見たような情勢で、はじめ翼賛会内に優勢を占《し》めたのは陸軍統制派を背景とする親独伊主義の革新右翼であった。彼らは翼賛会をナチス的方向に導《みちび》こうとする意図を蔵《ぞう》していた。このような翼賛会に対し、やがて各方面から反撃が起こってきた云々」

と述べている。

まず第一に、観念右翼からはナチス的な行き方は国体に反すると論議されたし、第二に、財界は新体制の潮流が経済におよんで、彼らの自由主義経済の脅《おびや》かされることを恐れ「新体制は赤《アカ》だ」という宣伝をさかんにやる人達も出てくる始末である。

第三には、既成政党人の反対も強くなってきた。彼らは長い間、党の凋落《ちようらく》をかこち、バスに乗り遅れまいと勝手に解散し、羊群《ようぐん》のごとく新体制になだれ込んでみたが、それは彼らの望んだ近衛新党ではなく、翼賛会の一翼の議会局に押し込められてしまったので、すこぶる不満であった。そこで各方面の反対機運が出てくると、これに同調して、翼賛会に対する国庫補助にも難色を示し、また翼賛会は憲法違反であると論ずる者さえ出てきたのである。

翼賛会は十月十二日に発足してから、事務局や支部の組織を整え、十二月十五日地方支部代表会議、十六日から三日間中央協力会議を開くこととなったが、昭和十五年秋、紀元二千六百年祝典の行なわれた当時、政界の裏面においては「新体制は赤であり憲法違反である」として、倒閣運動まで行なわれていたのである。

そこで十一月二十九日、陸海軍大臣は共同して、政府にして大政翼賛会の健全な発達、生産力の増強と共に「不純な政治的策動と浮説流言《ふせつるげん》の一掃」を要望する申し入れをしたのである。そして軍部が、政府支持、翼賛会支持の態度に出ると、各方面とも意気地《いくじ》なく、しゅんとしてしまうのが、また当時の政治情勢でもあったのである。

そして、こういう翼賛会に対する非難を緩和する意図もあって、十二月六日には平沼騏一郎氏が無任所国務大臣として入閣し、二十一日には安井〔英二〕内務大臣に代わって平沼内務大臣が出来、また風見章氏に代わって柳川〔平助〕司法大臣も出現することになったのである。この平沼内相は昭和十六年一月二十八日議会の答弁において「翼賛会は公事結社だから、政治運動は許されぬ」とはっきり言明するに至ったのである。

議会においては、近衛声明は翼賛会に政治力を集中し、高度の政治性を持つと述べたのに対し、平沼内相は公事結社で政治運動はやらぬというのは食《く》い違《ちが》いではないかと矛盾を衝《つ》かれた。その他、大政翼賛は帝国議会の職務で国民の職務でないとか、議員が翼賛会総裁に統制せらるべきでないとか、法令の根拠のない翼賛会は、国庫から補助金を与える理由はないとか、色々の議論が行なわれた。

そこで十六年二月八日、衆議院予算総会で翼賛会論議につき、ついに近衛首相が総括的答弁に立たざるを得なくなったのである。その時、近衛公は「大政翼賛運動の育成発展に力を致す所存である」とは言ったが、翼賛会の「公事結社」たることを認め、かつこれは政府に「協力する機関」で「政府と別個に独自の政策を掲げて、これが貫徹《かんてつ》をはからんとするものではない」と言明した。要するに政府の補助機関で、その補助金で存立するところの、一つの精神運動にすぎないことが明らかにされたのである。

翼賛会が単なる政府の補助機関で、政治運動は許されないということなら、政治運動を志していた人々が、かかるものに長くとどまるはずがない。東亜建設連盟の人々をはじめとして、続々翼賛会から脱退し、絶縁を表明するに至った。かくて十五年十二月二十日、議会人は「議員クラブ」を結成した。これが十六年九月二日には「翼賛議員同盟」に発展し、後に東条内閣の下で十七年五月二十日「翼賛政治会」、さらに後「大日本政治会」というものに発展するに至ったのである。

かくて翼賛会自身は何の政治力もない行政の補助機関として、惰性的《だせいてき》な無力な存在を続けるにすぎないものになってしまったのである。

今、かかる経緯を顧みるとき、終戦後、アメリカ占領軍当局が、大政翼賛会をもってナチスなりと断じたのは誤《あやま》っているのみならず、当時大政翼賛会は政治力を持たねばならぬと強く主張していた、いわゆる親軍派の政治家諸君が、これを忘れたかのように、近衛公こそナチスを作ろうとしていたものだと、終戦後攻撃至らざるなかったことは、当時の真相を知らなかった国民大衆なればともかく、いつの世にも権勢におもねることによって、地位を得ようとする心情態度こそ、その無恥厚顔《むちこうがん》、実に嘔吐《おうと》を催《もよお》さしめるものありと言いたいのである。

13　第二次近衛内閣改造の内幕

第二次近衛内閣の改造は、組閣後五ヵ月にして早くも十二月二十一日に行なわれるに至った。これは、前述した大政翼賛会に対する攻撃、風当たりを避けるためと、今一つは通常議会の開催を前にして、内閣を強化せよという一部の強い声を聴かざるを得なくなって、そのため弱点と言われた閣僚の更迭を行なったというようなわけである。その頃、大政翼賛会が赤《アカ》だというデマは、観念右翼の人達を中心として、しきりに放送されていたが、そのいっぽうの中心が、国体明徴派の平沼騏一郎氏であったことも事実である。

そこでまず十二月初旬、平沼氏を無任所大臣として入閣せしめ、この方面の風当たりを弱めたいというのが、近衛公の考えであり、木戸内大臣の助言でもあった。しかし、なかなかこれだけでは、鎮火に至らず結局、安井内相、風見法相に代えて平沼内相、柳川法相と改造が行なわれるところまでいってしまった。

また、これは議会終了後のことであるが、経済閣僚が弱体だというので、四月二日小倉正恒《おぐらまさつね》氏を無任所大臣に、四月四日小林一三氏に代えて豊田貞次郎海軍大将の商工大臣、企画院総裁も星野直樹氏から鈴木貞一《すずきていいち》陸軍中将にと改造が行なわれたのであった。このうち、安井内相の更迭ならびに小林商相の辞任等につきすこし述べてみたい。

安井（英二）内務大臣は、第一次近衛内閣（昭和十二年六月成立）の時に、大阪府知事から文部大臣に親任された仁《じん》であるが、就任一ヵ月後、同年七月支那事変が勃発したのであった。そこで安井文相は、この支那事変解決は容易ならざる大業であると考え、この事変の根本的解決に対し、最適の内閣改造を行なうべきであるとの意見であり、したがって支那問題につき、見《けん》識《しき》の無い閣僚は、退却すべきで、自分自身も、この意味において進んで勇退しなければならないという信念で、総理大臣に辞表を出された人である。そしてこの意見が容《い》れられ、安井文相の後任に木戸幸一氏が就任されたこと、周知の通りである。

この安井氏が、再び第二次近衛内閣に乞《こ》われて、内務大臣となられたのであった。ところが、組閣後四〔五?〕ヵ月もたたない、確か十二月初旬の朝、私の室（内閣書記官長室）に電話が安井内相から、かかってきた。至急面談したいということである。私は前にも述べた通り、大学を出てはじめて内務省入りをして以来、安井氏のあるいは直接部下として、また部下を離れてからも、いつもその指導を受けていたもので、心から尊敬していた先輩の一人であった。内閣書記官長に用事のある大臣は、たいていは、自ら出向いてくることになっているので、官長が各省を訪ねるなどということはほとんど無いのであるが、私は以上のような関係で、大先輩の安井氏を、内務大臣官邸にただちに訪れたのである。

ところが安井氏の言葉は、私にとって思いもかけないことであった。それは「自分の存在は、この内閣にプラスと思われぬから辞めたい。ついては、このことを近衛総理に伝達してもらいたい」ということなのである。

私は驚くと共に「第一次近衛内閣の文相辞任の時とは、全然事情が異なっている。第二次内閣は、はじめから支那事変解決を目的としてできたもので、内相も最初からそのお覚悟で入閣されたものと思う。また何人《なにびと》に比べても、安井内相が不適任と私は思えないから、そういう理由での辞任のお取り次ぎは私にはできません」と断《ことわ》ったのである。

その後安井氏は、直接近衛公にこの辞意を洩《も》らされたようである。というのは、それから二、三日経過して、近衛公から「内相が辞めたいと言っているが、困ったことだ。あなたから慰留《いりゅう》してほしい」と言われたので、私も至極《しごく》同意見であると、安井氏から、さきに伝達方の依頼のあった経緯をはじめて告げたのである。それから、また一両日して近衛公は、「木戸（内大臣）に会って、安井君の辞意のことを話したら、木戸はとても憤慨していた。安井はいつもすぐ辞める辞めるという。そんな勝手な弱虫は、すぐ辞めさせてしまえと言っていたよ」との話であった。

私は、安井内相を辞めさせてはいけない、現在、大政翼賛会が赤だとか何とか言っている者の中には倒閣の陰謀もあり、内閣改造を狙っての政治的策謀もある際、これに乗ぜられるようなことをしてはいけないと進言したのであった。この時は、近衛公は私の意見に至極同感であった。そこで私は、内相辞意問題はこれでいちおう片づいたと思っていたのである。ところが、それから二十日近くもたってからある日、近衛総理が、総理官邸の日本間（ここと書記官長室とはおよそ半町〔約五五メートル〕くらい離れている）から、私に電話がかかって「午後から、ちょっと二人でゴルフに行かないか」ということである。

ちょうど、私は午後来訪者の約束があるので、それを断ったが、重ねて「日本間で一緒に食事をしないか。ちょっと用談がある」ということであった。そこで日本間に出向いて、総理の話を聞いた。

近衛公は「内務大臣のことなんだが、この議会はなかなかうるさいらしい。したがって内閣を強化せよという声が多くなってきた。それについて、安井君の辞意に対しては木戸も怒っているし、平沼もしきりに内相を代えろと言う。風見（司法大臣）についても、同様なことが言われている。そこで今朝二人ともに辞めてもらうように話をしたが、両人とも承諾してくれた。そこで、後任の問題が起こる。それから、あなたは安井君と特別の関係だが、あなたはどんなことがあっても辞めてくれては困ります。それをじっくり話したかったんです」ということである。私は内相辞任問題は、すでにいちおう御破算になっていたと思っていたので、実はビックリした。

しかし、事態がそこまで来てしまえば、もう仕方がないと思われたし、また自分としては前に末次内務大臣当時、私の意見に反して、末次大臣が内務次官を辞めさせたので、私（警保局長）は所見を異《こと》にするという理由で次官に殉《じゅん》じて、ついに辞めてしまったことがあるので、近衛総理はそれを心配されていたらしいが、私は元来安井氏の今回の辞意はまちがっていると思っていたし、また近衛総理の「改造も今となってはやむを得ないなりゆきと思われたので、改造はやむを得ないと思います。また私は断じて辞めません。ますます張り切ってやります」と答え、近衛公も「それで安心しました。また君も辞めると言いはしないかと思ったんです」と笑っておられた。

安井氏の後任については、後藤文夫《ごとうふみお》、小林躋造《こばやしせいぞう》、勝田主計《しょうだかずえ》氏など話題に上ったが、結局、平沼氏の強い主張で田辺治通《たなべはるみち》氏に交渉するということになり、平沼氏にその連絡をしてもらうことになった。ところが、田辺氏は心臓弁膜症《べんまくしょう》とかで、階段の昇降にも困難を感ずるということで、どうしても受けないという平沼氏の報告であって、後任難《こうにんなん》となった。

しかも、更迭は早急を要する事態なので、結局、平沼氏に内務大臣をたのむ以外にないことになった。その時、近衛公は、「平沼自身内務大臣になったら、赤の心配も要《い》らぬだろう。これははじめから平沼内相を作る策謀だったかもしれないね」と皮肉に言われたことを、今なお私は記憶している（ちなみに平沼、田辺両氏は俗に言う親分子分の関係にある）。真実は神様のみの知っておられることであろう。

安井内相が辞任されたについては、後日「富田はあくまで安井内務大臣を辞めさせないようにすべきであるのに辞めさせるなんて、富田は忘恩の男だ」と非難する声も聞いた。しかし、真相は上述のごとくであった。私はこの改造問題ほど、公人《こうじん》としての悲哀《ひあい》と、いやな思いをしたことはなかった。

第二次近衛内閣の組閣途上、近衛公は商工大臣として、当時商工省の事務次官であった岸信《きしのぶ》介《すけ》氏を抜擢《ばってき》すべく、岸氏を組閣本部に招致《しょうち》した。ところがその際、岸氏は「今日の商工大臣には財界出身者が良いと思う。自分は官僚だから、適当でないと思う」と言ったので、しからば誰が良いかと尋ねたら、小林一三氏が良かろうと答えたと言う。このことは、私が後になって近衛公から聞いたことである。さらに小林氏については、池田成彬氏からの推薦もあり、ついに小林商工大臣が出現したのである。したがって当初は相当に期待もされ、小林商相は好評だった。

ところが時間のたつにつれて、小林商相は一部財界人から悪口を言われ始めた。軍部も、それを言い出した。小林氏は後に『大臣落第記』を書かれたが、一番大きな問題は、小林氏の自由主義経済論が当時の国防国家体制確立の要求からする統制経済、官僚統制強化の考え方と相《あい》容《い》れなかった点である。この信念の相違が、小林は「自由主義だ、時局を弁《わきま》えていない」から「非国民、ユダヤ人だ」というところまで発展するようになったのである。

真にそう思った人もあったかもしれないが、当時の時局便乗派の人達が、得たりかしこしと尾《お》に鰭《ひれ》つけて攻撃したことも事実であった。岸次官は、その以前、満州国総務長官としてすでに統制経済の企画者であり、経験者でもあった。また時局についてももっとも鋭敏なる感覚を持つ環境にあった人である。ことに軍部とはもっとも良く、現に軍の支持によって満州国から転じて商工次官にもなった人である。この岸次官と小林商工大臣とでは、およそ対照的な思想、経歴と言わねばならない。

その上これは私の想像であるが、小林氏は融通性皆無《ゆうづうせいかいむ》と言われるワンマンである。いっぽうは新官僚のホープである。なかなかうまくいかなかったこともあったろう。そんなことで、大臣、次官の間に意見衝突が露骨になった。そして、小林商相は突然十二月下旬、岸次官を、その私邸に訪ねて辞表提出を求めたが、岸次官は病気で面会せず、商相は追い返されたというのである。別に商相の態度が悪いということもないのであるが、寝ている次官の宅へ行って面会を断《ことわ》られるなんて、大臣の資格なしという世論も起こってくる。しかし近衛総理は「自分は商相が、部下である岸次官をぜひ辞めさせたいというのに対して反対する理由はない。いわんや、大臣をこのことに関して辞めさすという筋《すじ》もない。岸君を辞めさすべきだ」となかなか強硬で、ついに多少の経緯はあったが、十二月三十一日に岸次官の辞任が決定した。

ところが、年を新ためて一月から始まった議会では、この商工大臣は数々小突《こづ》き回されたのである。議会の答弁に馴《な》れない小林氏の態度は、見ている第三者をしてはらはらさせた。当時私は、何かと小林商相に助言をしたと記憶している。三十八度の発熱の中を、薬瓶《くすりびん》をさげて登院して答弁する小林さんの姿は、まことに痛々しかった。

特につるし上げられたことは、小林大臣が経済新体制に関する閣議提出文書が「機密」とされているのにこれを石山賢吉《いしやまけんきち》、渡辺鉄蔵《わたなべてつぞう》その他の財界人、財政経済評論家達にタイプして配布、意見を求めたのは、大臣自ら機密漏洩《ろうえい》をしたもので、その責任をどう考えるかというのである。大臣としては自分の主張もあるが、とにかく経済新体制について、自分の信頼する専門家の意見を求めようとすることは当然なのであるが、結局攻撃の真意は、自由主義の小林を辞めさせようということに狙いがあり、そして岸商工行政が復活しなければならないというのである。この攻撃の背後に、陸軍ならびに親軍派政治家があったことは言うまでもなかった。

そんなことで議会は終了したが、四月四日、小林氏は辞任することになり、後任には、海軍次官豊田貞次郎氏（海軍中将）が大将に昇格して現役を去り、商工大臣に就任されたのである。

近衛公としては、外国の事情にも通じ、統制経済にも批判力を持ち、かつ海軍軍人として陸軍にもにらみがきき、しかもなかなか如才《じょさい》のない豊田氏を後任としたのであった。鋭角的な小林氏に比べて、その後豊田商相は内外ともなかなか評判はよかった。

小林氏と共に、星野直樹企画院総裁も更迭した。星野氏も当初は陸軍の推薦で企画院に就任したのであるが、陸軍の要望したような手腕を発揮しないという軍部側一部の不満で、東条〔英機〕氏から退任を求められて辞め、これに代わって鈴木貞一陸軍中将（当時興亜院《こうあいん》次長）が、予備役に入って就任した。しかし、これについては、陸軍当局において体《てい》よく鈴木氏を現役から離れさすための策謀だったとも聞いたことであるが、真相ははたしてどうであったか。

人事は実に大切であると同時に、実にうるさいものである。適任と思われた者必ずしも就任して適任者にあらず、また人の批判は容易である。ある人に対し、すこしでも非難が出ると、ほとんど世を挙げて反対となる傾向も多い日本である。こんなことから、立派な人が、走馬灯《そうまとう》のように次々と政界に出没し、後に残る者がかえって悪貨であったというような事情は、実に日本政界の悲哀といわねばならないのではなかろうか。

14 嵐の中の内閣書記官長

昭和十六年一月二十一日、第七十六議会は再開せられたのであるが、議会は前古未曾有《ぜんこみぞう》の無政党議会であって、ただ翼賛会に所属する「議員クラブ」だけが存在するというありさまであった。議会の空気としては、政府に対しおおむね協力的であったが、大政翼賛会に対してはさすがに風当たりが強く、一時は翼賛会予算返上論まで出る始末で、結局、大削減に落ち着いて通過した。

政府としても、かかる議会に応じ、この休会明け前に、一月十四日から衆議院代表を皮切《かわき》りとして、連日、貴族院、言論界、財界の各代表を総理官邸に招き、内外情勢の真相を、総理と陸海軍大臣から説明し、挙国一致の支援を求めることとなり、また休会明け、劈頭《へきとう》には秘密会を要求して、議員全体に同様の報告を行なったのである。

そこで衆議院でも、施政方針演説に対する質問をいっさい取り止め、ただちに予算案の審議に入り、また戦時体制強化決議も満場一致で可決するし、貴族院も時艱《じかん》克服決議を満場一致で可決することとなったのである。いっぽう、政府側においてもこの議会の態度に応じ、提出法案および予算案を再検討し、問題のありそうな選挙法改正案、産業団体法案、電力管理法案等の提出を取り止め、国家総動員法改正案、国防保安法案など、緊急のものだけに限ることとし、さらに議員任期一年延長法案を出して、議会に対する善意を表明したのである。

このような空気で、議事は大いに進捗《しんちょく》し、二月二日には衆議院、二月十五日には貴族院が早くも予算案を可決。八十七件の政府提出案も全部可決せられて、三月一日には両院とも議事を終了し、会期はなお一ヵ月を残して自然休会に入ることとなったのである。最近の国会において、特に予算審議が難航し、三月三十一日まで深更《しんこう》におよぶことはもちろん、時によっては払暁《ふつぎょう》四月に入ることもあって、自然、四月以降の暫定《ざんてい》予算を組まなければならぬ事態に陥ることもあるのと対照して、まことに今昔《こんじやく》の感に堪《た》えないものがある。

しかし前述した通り、ひとり大政翼賛会の問題については、なかなか議論が多く、憲法違反論も出るし、予算拒否論も出てくる始末であったが、憲法違反論に対しては、翼賛会を単なる公事結社と規定することによって収め、予算も当初案より大斧鉞《だいふえつ》〔大きな修正〕を加えて妥協することとなり、その間、近衛総理の総括的答弁や、陸海軍軍務局長の議員クラブへの申し入れなど、なだめすかしてようやく議会を通過した次第である。

この無党議会の開会に際し、政府の議会工作として、いったいどういう人達に交渉を持ったらよいのか、はじめての事態だけになかなか難しい問題であった。政府における議会工作の中心は、何といっても内閣書記官長である。そこで私としては、色々この通常議会開会前から、これに備えるところもあったのであるが、一日近衛公とそんなことについて話し合ったところ、結局衆議院関係は前田米蔵氏（元商工大臣）に、貴族院関係は大久保立《おおくぼたつ》子爵の各一人に焦点をしぼり、この二人に緊密連絡することと決定。議会の会期中、私としては忠実にこれを実行したし、また前田、大久保両氏の手腕、力量、徳望は、たしかに、この翼賛議会の協力態勢を作るについて大いに寄与されるものがあった。

それから今一つ、この協力議会を作り上げた背景に、陸海軍の政府への協力ということも大いにあったと思う。当時の軍部の力は、絶対的とも言うべきものがあった。また、軍部こそ一番、時局の真相と重大性を把握しているところである。また、第二次近衛内閣発足早々から毎週水曜日を定めて、陸海軍軍務局長と内閣書記官長（私）とは、必ず昼食を共にしながらおよそ二時間くらい、時局を話し合うことにしていたので、政府と軍部との意思疎通《そつう》は、従来例のないくらいに、よくとれていたと思う（このことは当時の武藤〔章〕陸軍軍務局長がたびたび言っていた）。そんなことで、私としてはずいぶん、陸海軍をこの協力議会態勢達成のために、利用したように思う。時々「また翰長《かんちょう》にうまく利用された。ひどい奴だよ貴様《きさま》は、一夕奢《おご》れ奢れ」と言われたこともあるという始末である。

いっぽう、国家総動員法改正案の通過によって、同法も全面的に発動せられることになり、国民生活のあらゆる面が強い統制の枠の中に置かれることとなり、戦時体制は一歩一歩前進していくこととなったのである。

以上は、いずれも表面上に現われた事実であったが、私は内閣書記官長として、毎日朝早くから夜も遅くまで、議会内の書記官長室にがんばって、いっさいの采配《さいはい》を振っていた。そして煩《わずら》わしいこと、癪《しゃく》にさわること、そして多忙なことの連続だったことを、今も深刻に記憶している。

およそ政界には、政治家には、常に

富田健治

第２次近衛内閣の内閣書記官長の頃

政敵というものがある。このことだけは、協力議会であると否《いな》とに関係はないようである。元来私がきわめて年少（四十二歳）で内閣書記官長の地位を汚《けが》すなどということは、僭越至極《せんえつしごく》であろう。が、同時に、これを何となしに妬《ねた》む人もなかなかに多かったようである。その上、近衛総理が、私を信頼しているように見えれば見えるほど、これに水をさそうとする人も出てくる筋合《すじあい》であった。そこで「富田は松岡内閣を工作して、その内務大臣を狙っている。そのために秋田清《あきたきよし》（当時拓務大臣で松岡外務大臣の側近者）と組んでいる」などと、まことしやかに流言されるのは、いくら政界の常とはいえ、不愉快千万《せんばん》なことであった。

この頃、たしか二月九日の夜だったと思う。知人の伊藤佐又氏（元陸軍少佐、現役時代、さきに神戸で英国領事館の襲撃を企《くわだ》て予備役に編入せられた人）が、前から一度ゆっくり懇談したいということだったので、会食をしながら、その意見を聞くことになった。

ところが同氏は、最近の政府のやり口のだらしなさ、ことに近衛公ならびに私に期待していただけに、同志達の失望は大きく、この状態ではとうてい今後支援することはできないという話で、大変な語調であった。同氏の好意は、私として充分了承はできたが、対米英関係、国内施策等、同氏の意見には必ずしも全面的に賛成できなかったので、その通り自分の意見を述べたのである。

二時間あまり話をして、結局両者の間、妥協点が見出せず、ついに伊藤氏は「残念ながら、近衛公ならびにあなたとわれわれは袂《たもと》を分《わ》かたざるを得ない。ここに別れの盃《さかずき》を交《か》わしましょう」ということになり、私も「万やむを得ません。あなたの御好意は終生忘れませぬ。また近衛公にも必ずお伝えします。またいつの日か、私達の真意を了解してもらえる時のあることを確信します」と述べて盃を取り交わした。この時、伊藤氏の目には、たしかに涙が浮かんでいたように思われた。男子の悲しい、しかし気持ちのよい別杯だったと今でも思っている。

この話を、翌日議会で近衛公に会って報告した。伊藤氏を、近衛公もよく知っている。私はその時近衛公がすこし何事にも消極的に近頃なっていると思ったので、そんなことではいけないと思って、伊藤氏の意見を多少誇張して話したように思う。

ところが二月二十一日になって、東京憲兵隊所属の私の知り合いの某少尉から電話があり、「伊藤氏が大変失礼なことを申したそうで、本人も恐縮していますが、悪《あ》しからず、本人は何ら他意はないのですから、これは私も保証いたします」と言うのである。何のことか意味がわからない。伊藤氏は当夜多少酔《よ》っていたので、礼儀正しい伊藤氏はそんなことを気にして、取り次がせたのかもしれないくらいに軽く聞き流し、「いや何でもありません、私もだいぶ酔っていまして、私こそ失礼したかもしれませんから、よろしくお伝えください」と答えて電話を切って、このことは、忘れるともなくそのままになっていたのである。

ところが、それから約一ヵ月ほど経《へ》て、牛込若松町《うしごめわかまつ》の合気道場に植芝盛平《うえしばもりへい》先生を私が訪ねたところ、植芝先生が「先日、伊藤佐又さんが来て、あなたのことをとてもひどい男だと言って怒っていました。何でも不意打ちに警視庁に命令して逮捕させにかかったので、本人は憲兵隊に逃げていってやっと免《まぬか》れたと言っていました」と言われるのである。そこではじめて、先日の憲兵少尉からの電話のことも、ハッと気がついた。

色々調べてみると、私の話を聞いた近衛総理は、これも議会中、毎日出て来る橋本清吉《はしもとせいきち》氏(当時内務省警保局長)に「伊藤佐又君が翰長にきついことを言ったそうで、何かまた不穏なことを企てているのではなかろうか」くらいの話があったらしい。ところが、橋本局長はただちに警視庁に「伊藤が不穏計画を企てているらしい。至急逮捕せよ」とあわてて指令したものらしい。そこで警視庁の伊藤追及となり、伊藤氏が憲兵隊へ逃げ込む。憲兵少尉が私に電話をかけてくる。伊藤氏としては「富田はひどい奴だ。気持ちよく別杯をくんでおきながら、不意打ちを警視庁に命令するなんて」ということになったのである。

しかし本人の私は、夢にもそんな命令は知らなかったのである。また、伊藤氏に当時何ら不穏計画のなかったことはもちろんであったからして、この逮捕命令が、他愛もないことであったとわかると、今度は「富田書記官長から命令が出たからやったのだ」ということに、責任転《てん》嫁《か》されてしまっていたのである。私にとって、とんでもない話である。

いっさい事情が判明したので、私はまず近衛総理にこのいきさつを話し「私はとても迷惑しています。なぜそんなことなら、私から警保局なり警視庁に話をさせてくださらなかったのですか。伊藤君の好意を裏切るような結果となり、実に私は心苦しい」と語ったら、近衛公はキョトンとした顔つきで「つかまえよとは私は言わなかった。橋本局長はすこしあわて者ですね」と、私に迷惑をかけてすまなかったなどミジンも思っていない様子であった。

近衛公という人はこういうふうに人に迷惑をかけても、いっこうに平気の平左《へいざ》な一面のある人であった。その後、伊藤氏に会って、私から色々事情を釈明したけれど、どうもなお釈然たらざるものがあるようであった。この橋本警保局長は、数年前急逝され、今は亡き人で悪口になってはいけないと思うけれども、事《こと》のついでに、今すこし橋本局長に関連して当時、私を取り巻く政界裏話を記してみたいと思う。

前述した通り、私の不徳《ふとく》もあるが、官界では、私は当時妬まれもし、憎まれもしていた。そしてそのため色々策謀が行なわれて、上述のような松岡かつぎの陰謀の流言も飛ばされていたのである。橋本局長（この人は純情なところもあり、なかなか手腕家でもあり、私のところへ来ては、自分を弟同様に思って何でも遠慮なく命令してください、とたびたび申し出た人である）も、やはりこういう片棒をかつがされたらしく、これもだいぶたってから知ったことであるが、議会中、近衛総理に毎日治安情況報告をするついでに、橋本氏はしきりに私の悪口を告げたらしい。

近衛公は、人も知る聞き上手である。何でもフンフンよく聞いている格好《かっこう》をする人である。そこでだんだん、ひどい悪口になり、終わりには私が内閣の機密費で新橋《しんばし》に待合《まちあい》を出させているとか、近衛公暗殺の計画者に金まで出している、などと発展していったらしい。

そこで、近衛公もとうとう憤慨して、このことを秘書官達に話す。そこから、これらの話が私に伝わる。私も怒るし、私の側近ならびに支持者も憤激する。ところがいっぽう、陸軍では軍務局長武藤章中将と兵務局長田中隆吉《たなかりゅうきち》少将とが対立していると言われていたが、私は仕事の関係上、武藤局長と至って昵懇《じっこん》であり、橋本氏はこれまた仕事の上で憲兵関係の田中兵務局長と仲がよい。そこで、この背景でまた騒ぎが大きくなるということで、この紛糾《ふんきゅう》は当時、政界の裏では相当有名な話になってしまった。

戦時体制を外部には強《し》いながら、政府内部でなんということかと非難されるし、まことにその通りである。私の知らぬ間に、翰長と警保局長が深刻な争いをしていると言われるように発展してしまったのである。当時は弁解してもなんにもならない。こんないやな、つまらない思いをしたことはなかった。

当時、平泉澄《ひらいずみきよし》文学博士（東京大学文学部教授）が非常に心配されて近衛公に面会、「公は富田と橋本とどちらが正しいかくらいはおわかりと思います。それならばハッキリと富田の味方をして、軍配を富田に挙げてもらいたいと存じます。そうでないとますます事態は紛糾すると思います」と進言されたところ、近衛公は「富田君からは橋本の悪口は何も聞かない。しかし、橋本君からは富田の悪口雑言を聞きます。私もそれは不快千万です。しかしまあ喧嘩《けんか》すれば、どちらも五十歩百歩ということになりましょうね」と答えられたという話で、後にこのことは平泉博士からお聞きした。

近衛公は、こんなとぼけた冷静な一面があるのである。当時それを聞いた私は一時むっとしたが、またすぐ噴《ふ》き出しそうなユーモラスと、自分の不徳に対する反省の念を起こさせられたことである。その後近衛公に会った時、「平泉さんが先日来られて、大変君に同情されていましたよ。とにかく橋本くらい下劣な男はありませんね」と近衛公は私に言われた。平泉博士に言われた「五十歩百歩論」と、私に言う「下劣論」と、こういう使いわけも近衛公なればこそ、ただのずるさではなく、その時々の実感が出ていることであり、その時には嘘《うそ》でもなんでもないところに、いい知れぬ近衛公の人徳があったように思われる。

この橋本君は今は逝《ゆ》いて亡《な》し。今は恩讐《おんしゅう》の彼方《かなた》に、厭な気持ちもなく、思い出を綴《つづ》りながら、現在もなお政界の裏には、もっともっと深刻陰険《いんけん》な策謀流言が盛行《せいこう》していることを思うとき、金剛不壊《こんごうふえ》の鉄石心《てつせきしん》と常住座臥《じょうじゅうざが》ただ一途《いっと》反省の菩薩行《ぼさつこう》のみが、政治家の唯一の途《みち》であることをいよいよ痛切に感ぜられる次第である。

15　日米交渉の発端

昭和十六年一月二十一日から再開された第七十六議会の進行過程についてはすでに述べた通りで、今も昔も同じような議員心理、策謀、流言蜚語《ひご》等々の渦巻《うずまき》であったとも言えよう。しかし非常時体制の構えで政府と議会は協力態勢を執《と》り、議事も順調に進捗《しんちょく》し予算案も政府提出法案も全部可決せられて、三月一日には両院とも議事を終了。自然休会に入ることとなった。

かかる表面上の政治的動きの他に、おそらく当時日本国内で、五、六人の人しか知っていない重要な事件が、芽生《めば》えつつあったのである。それは日米交渉の端緒《たんしょ》であった。

私の記憶にして誤りなくば、たしか二月下旬のことだったと思われる。議院内の私の室〔内閣書記官長室〕に、河田〔烈〕大蔵大臣がヒョッコリ現われた。そして「富田君、これ何か、君思い当たることがありますかね。総理大臣にお伝えしておいてください」と言って、一片の紙片を私に渡して、他に話もしないで、じきに室を立ち去っていかれた。

この紙片は井川忠雄《いかわただお》氏〔産業組合中央金庫理事、元ニューヨーク駐在大蔵財務官〕が、アメリカ駐在の日本大使館が取り次ぎを嫌がったので、元の古巣の大蔵省関係を使って、ニューヨーク駐在の西山《にしやま》〔勉《つとむ》〕財務官の助力を受け、大蔵省あての電報のかたちで、近衛総理への連絡を求めたものなのである。河田蔵相が私に手渡した紙片は、まさにその電文だった。それによると「例の件は非常に順調に運んでいる。いずれ近日喜んでいただける報告を詳細にお送りできることになると思う」という簡単なものであった。

河田蔵相がチンプンカンプン何もわからず、何の興味も持たなかったのは当然である。事《こと》ここに至るについては、事前に色々の経緯があったのである。この紙片を私から受け取った近衛公は、「井川君成功できるかね。そんなに甘いもんじゃないからね」と言って、実は当時、この紙片にあまり期待を持たない様子であった。しかしこれこそが、大東亜戦争直前のいわゆる日米交渉の発端だったのである。

これより先、昭和十五年十一月二十九日に井川忠雄氏は、当時帝国ホテルに滞在中の、米国カトリックの最高学校メリノールの事務総長で、カトリック神父監督補助ドラウト師から、日米関係の改善に関し、会見したいとの手紙を受け取った。その中には、ニューヨークのクーン・レープ商会のシュトラウスからの紹介状が同封されていた。そこで、井川氏はドラウト師と会見したのであるが、その経緯を井川氏は十二月七日、近衛公に次のごとく報告しているのである。

「拝啓いよいよ御健勝の段奉賀候《だんがしたてまつりそうろう》 却説米国人ドラウトなる者より、別紙のごとき紹介状同封の来翰《らいかん》これありそうらいしにより、会見しそうろうところ、日米国交調整、なかんずく経済提携に関し、瀬踏《せぶみ》をなさむとする底意《ていい》あるやに看取《かんしゅ》いたしそうろうにつき、武藤〔章〕軍務局長ならびに岩畔《いわくろ》〔豪雄《ひでお》〕軍事課長等とも内々《うちうち》協議の上、とにかく小生において個人の資格をもって先方の話を聴取することといたし、これに必要なる会見を大目《おおめ》に看過《かんか》するよう、憲兵隊ならびに警視庁の当該係官にも、下命《かめい》ありし次第にござそうろう間、お含みおきたまわりたくたてまつり願いそうろう、ちなみに紹介者たるシュトラウス氏はクーン・レープ商会（と申すよりも、日露戦争の際、高橋是清《たかはしこれきよ》氏を助けてわが募債に尽力しくれしシッフ一族の銀行家と申す方、おわかりよきことと存じられ）の最有力重役の一人にして、かつてフーヴァー卿の秘書官たりしことあり、大《だい》の反英主義者にこれありそうろう。小生に対しては公私多大の好意を寄せ、ことに先年来朝の際、若槻〔礼次郎〕総理より公式に晩餐《ばんさん》に招待せられ、しかのみならず、拝謁まで賜るの光栄を有したるに感激し、いつか恩返しいたしたく旨、口癖《くちぐせ》のように申しおりし間柄にござそうろう。ドラウト氏とは、今日まで、わずかに一回の会見をなしたるのみにそうろうも、同商会の密命を受け来《きた》れることだけは、疑いの余地これなくそうろう。同商会とワシントン政府との了解如何《いかん》の点に関しては『あまり尋ねくるるな』との趣旨の答弁にこれありそうろうが、よほど意味深長なりとの印象相《あい》受けそうろう。シュトラウス氏が、ユダヤ系なるため生ずべき種々の誤解を避けむがため、故意に天主教《てんしゆきよう》〔キリスト教カトリック〕の僧侶を遣《つか》わしたるあたり、用意周到なるものありと存ぜられそうろう。もとより悪く解《かい》せば、日本の経済力をスパイせんとの底意あるやもしれず申しそうろうも、そのへんは十二分に警戒して、先方の真意真使命捕捉《ほそく》に努めたく存じおりそうろう。而《しこう》して進行の途中、機を見て、これを外務省なり、その他適当なる方面の正式交渉に移したく存じそうろう。

ドラウト氏は松岡〔洋右〕外相、柏木《かしわぎ》〔秀茂《ひでしげ》〕正金《しようきん》〔銀行〕副頭取等にも面会せし趣《おもむき》にそうろうもこれは儀礼的なものにすぎず〔若槻男〔爵〕とも近く会見のはず〕肝腎《かんじん》の話はシュトラウス氏の注意により、小生との間に交《か》わしたき旨もらされそうろう。あるいは案外竜頭蛇尾《りゆうとうだび》におわるやもしれず申しそうろうも、これによりアメリカ財界を切半する一大勢力の対日動向を打診するの機を得ば、何らかの御参考にも相成《あいな》るべしと存じ、あえて一役買い出《い》でそうろう次第しばし御観望のほど願い上げそうろう云々」

次いで十二月十四日、井川氏は別にドラウト師から出された提議文書を近衛総理に届けてきた。この提議の要旨は、次の通りである。

「今や英独戦争に対する米国人の態度が、すこぶる激情的で、かつ不統一になってきているが、同時に日本の行動と政策も、誤解され曲解されているので、米国政府は、本国民の反日感情が爆発すれば、欧州に対して、統一された断固《だんこ》たる行動がとれない償《つぐな》いとして、少なくとも対日関係の面では、一致できるだろうとみている。そこでこのままでいくと、米国は『なぜに』戦争するのか、充分考えもせずに、日本との戦争にいくかもしれない。この米国では国民の感情は金銭よりもはるかに強いし、政府よりも強い力を持っている。この感情を処理するには、慎重に『法律的外交』でなく『感情的外交』をもってしなければならぬ。このように外交的な冷静な計算を超越している時には、普通のやり方で数年を有することが、劇的な転換によって短時日に成就《じようじゆ》できるし、激情的な空気は、いずれの方向にせよ「急激な解決」を可能にし、かつ不可欠にする。……このような米国の態度は日本にとって、危険だが、しかし同時に一つの機会を提供している。日本人は今米国人の心の中で新しく、高くそして独得の地位を占めているから、これは直接的の双方的な行動の機会で、仮にその主目的は達せられなくとも、少なくとも米国の世論を鎮静する効果はあろう。……もし協同的了解が得られるなら、欧州戦争を極東にまで拡大することを防ぎ、極東を欧州戦争に対して「無関係」にし、さらに日米両国が欧州戦争に対する最終の仲裁者にもなり得るし、さらに日米戦争の可能性を除去し、ソ連に対する地位を強化することになる……欧州戦争でドイツが勝った場合、イギリスが勝った場合の極東への影響を検討するに、いずれの場合にも、日米の友好的協定が、日本の地位を保障するであろう云々」

そこでドラウト師は、日米会談は、欧州戦争で決定的行動が取られる前に、なるべく早く東京かホノルルで開くがよいとし、その順序を細心《さいしん》の注意をもって示唆している。

すなわち、まず日本のほうで首相か外相かが、米国人の注意をとらえるような演説をやる。これは野村〔吉三郎〕大使が、米国に到着する前で、クリスマスの平和精神が、米国人の心を支配する十二月二十日頃がよい。この演説はあらかじめ用意して、巧妙に米国の通信報道に載《の》るようにする必要があるし、さらに宣伝機関を動員して汎《はん》アジア防衛体制の理念を鼓吹《こすい》し、現存の米国の政策では、日本は「非資本主義的」な経済体制をアジアに作って、米国の資本を閉《し》め出す恐れがあること。これに反し、日米が協同すれば、米国の資本にとっても有利なことなどを大いに宣伝する。ただ枢軸同盟のことは、米国人の反感が深刻だから触れないほうが賢明で、日米それぞれの態度を認め合うということがよいなどと示唆している。

この時はドラウト師のみならず、メリノールのウォルシュ師も一緒であったが、このウォルシュ師は、ル〔ルーズベルト〕大統領とも親交があるので、米国ではウォルシュが大統領と接触し、井川は日本で近衛と接触し両者の意見交換をやらせようという構想だったのである。

ドラウト師は、さらに陸軍の武藤軍務局長にも、十二月二十七日会見している。とにかく両師は以上のような趣旨で、その他の日本人にも会って、日米交渉の可能性を認めたらしく、十五年十二月二十八日新田丸《にったまる》でアメリカへ帰国の途についたのである。そして今後の工作の連絡のため、電報の略号まで決めていった。

両師は、十六年一月二十三日にルーズベルト大統領とハル国務長官に会見し、委細を報告し、約束通り、本国での工作を始めたのである。そして、井川氏のところへ一月二十日に「各方面順調進行中」、二十一日に「大統領考慮中」という略号電報が入り、二十五日は「大統領往訪の結果有望進捗中、展開期待せらる」という電報が入った。そこで井川と陸軍省軍事課長岩畔豪雄大佐が渡米することになったのである。

他方、野村大使も一月二十三日東京を出発し、二月十一日ワシントンに着任した。野村大使は出発前、近衛総理に会って色々進言しているが、要するに、日本は戦争を避けるのが有利だが、今のところ日米戦争のチャンスは五分五分だとし、この際漁夫《ぎょふ》の利《り》を求めつつあるソ連と、蔣政権の回復につき、注視を怠《おこた》ってはならぬとし、対支、対ソ、対南洋策を含む対米方針の大要につき、訓令を承知しておくことが、絶対必要だと述べたが、近衛公もだいたい同感の意を表したのである。

野村大使と前後して渡米した井川忠雄氏の行動に対し、外務省は元来外交のことは外務省を通すべきであると考えている他に、井川氏個人に対する反感も加わって、井川氏路線の外交交渉については終始冷淡であり、妨害的でさえもあったのである。とくに感情家の松岡外相はこの点においていっそうひどかったように思われる。

いっぽう、野村大使は、出発する前、東条陸相に会って陸軍の協力を求め、支那事変に精通している陸軍将校を補佐として派遣方を要望したので、岩畔大佐がその任に当たることになったのである。そこで岩畔氏が出発前、松岡外相に会ったところ、外相は「近く自分も渡欧して、独伊との国交をさらに強化し、ソ連との関係を改変したいと思っているが、その上で日米の国交、とくに支那事変の解決をやりたいと思っているから、君は渡米後その端緒を作っておけ」と言ったと言われている。

岩畔大佐の一行が三月六日、出航。サンフランシスコに着くと、先着の井川氏が出迎えて、下交渉の有望なことを伝え、ウォルシュ、ドラウト両師とル大統領との連絡者・郵政長官ウォーカー氏もカリフォルニアに来ておって、ロスアンゼルスで岩畔大佐に会うつもりであるとのことであった。また、当該軍管区司令官も、米国陸軍の命令で岩畔氏に丁重な敬意を表した。

岩畔氏は三月三十日ニューヨーク到着。翌日ただちに両師を訪ね、日米交渉につき会談している。爾後《じご》、交渉の項目が次々と検討せられていたことは事実である。四月一日に井川、岩畔両氏はワシントンの日本大使館を訪れ、野村大使、若杉《わかすぎ》〔要《かなめ》〕公使以下と会った。野村大使は井川、岩畔氏の交渉努力に対し、好意的であったが、若杉公使は、この交渉開始は五、六ヵ月事態を静観してからがよいと言っている。ここにも前述した通り、何か割り切れぬ外務省根性があったのではなかろうか。

井川、岩畔両氏のこの交渉における努力は非常なものであった。まだドラウト、ウォルシュ両師、ウォーカー長官の熱意も相当なものであった。またハル国務長官もいい加減でなく、できるならばこの路線による外交交渉の成立を期待していたことが、今日明らかになっている。

当時、野村大使は若杉公使らに対し、こんな話をしている。

「先日井川君が、ハル長官との会見を斡旋《あっせん》してくれた。当時ハルはカールトン・ホテルに夫人と二人きりで住んでいたが、井川君がある夜の八時にホテルの裏階段から入り、ハルの室をノックすれば会見できるように手配しておくというので、どうも狐《きつね》につままれたような気持ちがして、若杉公使以下に話したら、皆ハルともあろうものが、そんなに容易には会うまいとの意見であった。しかし、もし井川君の言うことが本当であったならば、ハルに対し違約することになるので、狐に騙されたつもりで、井川君の言う通りにしてみたところが、約束通りハル長官に会うことができた」

井川、岩畔両氏に対してはハル長官も、たしかに敬意を表し、信頼をしていたことは事実であった。

先に述べた通り、二月下旬河田蔵相から議院内で私に渡された紙片は、こういう頃に、井川氏が打電してきたものであって、普通なれば当然通さるべき日本大使館を通らず、大蔵省系統の財務官事務所の路線によった理由もだいたい想像せられることである。

16 日米諒解案の内容

昭和十六年四月十八日午前十一時頃、閣議の隣室へ、大橋《おおはし》（忠一《ちゅういち》）外務次官がやってきて、私を閣議から外へ呼び出した。そして重大な外交案件だから、至急総理に、閣議中だけれども、会わせてくれということであった。私は即座にその外交案件なるものの内容も聞かず、このことを総理に取り次いだので、総理は閣議の席をはずして出てきた。

大橋次官の報告は、昨夜から今朝にかけて、アメリカの野村大使から電報が入って、なお暗号の翻訳中であるが、今年の一月はじめ以来の日米会談がだいたいまとまることとなり、日米交渉試案のかたちで電報されてきた。次官自身はもちろん賛成であり、これが実現されるならば、世界の運命をも左右するものだとあって、あわてふためいた喜びようであったそうである。これは、近衛公がその直後に私に耳打ちされた話である。

日米交渉のこと、これに至る経過については、近衛公は、その自らの筆に成る『日米交渉について』なる文書において詳しく述べているし、またその一端はすでに前号〔項〕にも記述したことであるが、井川忠雄、岩畔豪雄両氏の今年はじめ以来のコーデル・ハル国務長官、カトリックのドラウト師、ウォルシュ師、郵務長官ウォーカー氏、国務省のハミルトン氏ならびにバレンタイン氏等との私的会談が、こういう結実《けつじつ》を見たのであって、日米双方におけるこれらの人達の努力はまことに驚嘆すべきものがあった。もし日米交渉試案が順調に成立していたならば、これらの人達は、おそらく世界的にも、平和の神様になっていたことであろう。また、野村大使もわれわれの期待に応えて、平和の大使となられたであろう。

日米諒解案と言われるこの試案の内容は、次のごときものであった。諒解案は終戦後、幾多の文書に掲載せられて周知のものになっているのであるが、今ここに私がこれを載せるゆえんは、これを改めて読まれる方々に、この案に難癖《なんくせ》をつけた松岡外相や、またこの諒解案を詳知せずして、ただ対米強硬一点張りであった日本人が、いかに常識はずれであったかを、今一度認識してもらいたいからである。

日米諒解案

日本国政府及び米国政府は、両国間の伝統的友好関係の回復を目的とする全般的協定を交渉し、かつこれを締結せんが為《ため》に、茲《ここ》に共同の責任を受諾す。

両国政府は、両国交の最近の疎隔《そかく》の原因については、特にこれを論議することなく、両国民間の友好的感情を悪化するに至りたる事件の再発を防止し、その不測の発展を制止することを衷心《ちゅうしん》より希望す。

両国協同の努力により、太平洋に道義に基《もと》づく平和を樹立し、両国間の懇切《こんせつ》なる友好的諒解を速《すみや》かに完成することにより、文化を覆滅《ふくめつ》せんとする悲しむべき混乱の脅威を一掃《いっそう》せんこと、もしその不可能なるにおいては、速かにこれを拡大せしめざらんことは、両国政府の切実に希望する所《ところ》なりとす。

前記の決定的行動の為には、長期の交渉は不適当にして又《また》優柔不断なるに鑑み、並《ならび》に全般的協定を成立せしむる為、両国政府を道義的に拘束し、その行為を規律すべき適当なる手段として、文書を作成することを提議するものなり。

右の如《ごと》き諒解は、これを緊急なる重要問題に限局し、会議の審議に譲《ゆず》り、後に適宜《てきぎ》両国政府間に於《おい》て確認し得べき付随的《ふずいてき》事項は、これを含ましめざるを適当とする。両国政府間の関係は、左記の諸点につき事態を明瞭にし、又はこれを改善し得るに於ては著《いちじる》しく調

整し得べしと認められる、
一、日米両国の抱懐《ほうかい》する国際観念並《なら》びに国家観念。
二、欧洲戦争に対する両国政府の態度。
三、支那事変に対する両国政府の関係。
四、太平洋に於《お》ける海軍兵力及《およ》び航空兵力並びに海運関係。
五、両国間の通商及び金融提携。
六、南西太平洋方面に於ける両国の経済的活動。
七、太平洋の政治的安定に関する両国政府の方針。
前述の事情により、茲《ここ》に左記の諒解に到達したり。右諒解は、米国政府の修正を経《へ》たる後、日本国政府の最後的且《か》つ公式の決定に待つべきものとす。

一、日米両国の抱懐する国際観念及び国家観念
日米両国政府は、相互にその対等の独立国にして相隣《あい》接する太平洋強国たることを承認す。両国政府は、恒久の平和を確立し、両国間に相互の尊敬に基づく信頼と協力の新時代を画《かく》さんことを希望する事実において、両国の一致することを闡明《せんめい》せんとす。

両国政府は、各国並びに各人種は、相拠《あいよ》りて八紘一宇《はつこういちう》を為《な》し、等《ひと》しく権利を享有《きょうゆう》し、

相互の利益は之《これ》を平和的方法により調節し、精神的並びに物質的の福祉を追求し之を自ら擁護《ようご》すると共に、之を破壊せざるべき責任を容認することは、両国政府の伝統的確信なることを声明する。

両国政府は、相互に両国固有の伝統に基づく国家観念及び社会的秩序並びに国家生活の基礎たる道義的原則を保持すべく、之に反する外来思想の跳梁《ちょうりょう》を許容せざるの鞏固《きょうこ》なる決意を有す。

二、欧洲戦争に対する両国政府の態度

日本国政府は、枢軸同盟の目的は防禦的《ぼうぎょてき》にして、現に欧洲戦争に参入し居《お》らざる国家に、軍事的連衡《れんこう》関係の拡大することを、防止するに在《あ》るものなることを闡明す。日本国政府は、その現在の条約上の義務を免《まぬか》れんとするが如き意思を有せず、しかも枢軸同盟に基づく軍事上の義務は、該《がい》同盟締約国ドイツが、現に欧洲戦争に参入し居らざる国により、積極的に攻撃せられたる場合においてのみ発動するものなることを声明す。米国政府はその欧洲戦争に対する態度は、現在及び将来において、一方の国を援助して他方を攻撃せんとするが如き、攻撃的同盟により支配せられざるべきことを闡明す。米国は戦争を嫌悪《けんお》することにおいて牢固《ろうこ》たるものあり、従《したが》ってその欧洲戦争に対する態度は、現在及び将来にわたり、専《もっぱ》ら自国の福祉と安全とを防禦するの考慮によりてのみ、決せらるべきものなることを声明す。

三、支那事変に対する両国政府の関係

米国大統領が左記条件を容認し且つ日本政府が之を保障したるときは、米国大統領は之に依《よ》り、蔣〔介石〕政権に対し平和の勧告を為《な》すべし。

(イ)支那の独立

(ロ)日支間に成立すべき協定に基づく日本国軍隊の支那領土撤退

(ハ)支那領土の非併合

(ニ)非賠償

(ホ)門戸《もんこ》開放方針の復活。但《ただ》し之が解釈及び適用に関しては、将来適当の時期に日米両国間に於て、協議せらるべきものとす

(ヘ)蔣政権と汪〔兆銘〕政府との合流

(ト)支那領土への日本の大量的又は集団的移民の自制

(チ)満洲国の承認

蔣政府にして、米国大統領の勧告に応じたるときは、日本国政府は、新たに統一樹立せ

らるべき支那政府又は該政府を構成すべき分子を相手として、直《ただ》ちに直接に和平交渉を開始するものとす。

日本国政府は、前記条件の範囲内において、且つ善隣友好《ぜんりんゆうこう》、防共共同防衛、及び経済提携の原則に基づき、具体的平和条件を直接支那側に提示すべし。

四、太平洋に於ける海軍兵力及び航空兵力並びに海運関係
(イ)日米両国は、太平洋の平和を維持せんことを欲するを以《も》って、相互に他方を脅威するが如き海軍兵力の配備は、これを採《と》らざるものとす。右に関する具体的の細目《さいもく》は、これを日米間の協議に譲るものとす。
(ロ)日米会談妥結に当《あた》りては両国は相互に艦隊を派遣し儀礼的に他方を訪問せしめ、以って太平洋上に平和の到来したることを寿《ことほ》ぐものとす。
(ハ)支那事変解決の緒《しょ》に着きたるときは、日本国政府は米国政府の希望に応じ、現に就役中の自国船舶にして解決し得るものを速かに米国との契約により、主として太平洋に就役せしむるよう斡旋《あっせん》することを承認す。
但しその噸《トン》数等は、日米会談においてこれを決定するものとす。

五、両国間の通商及び金融提携

今次の諒解成立し、両国政府之を承諾したるときは、日米両国は各その必要とする物資を相手国が有する場合、相手国より之が確保を保証せらるるものとす。又両国政府は、嘗《かつ》て日米通商〔航海〕条約有効期間中存在したるが如き、正当の通商関係への復帰のため、適当なる方法を講《こう》ずるものとす。

尚《なお》両国政府は、新通商条約の締結を欲するときは、日米会談に於て之を考究し、通常の慣例に従い之を締結するものとす。

両国間の経済提携促進のため、米国は日本に対し、東亜に於ける経済状態の改善を目的とする商工業の発達及び日米経済提携を、実現するに足る金《きん》クレジットを供給するものとす。

六、南西太平洋方面に於ける両国の経済的活動

日本の南西太平洋方面に於ける発展は、武力に訴《うった》うることなく、平和的手段によるものなることの保証せられたるに鑑み、日本の欲する同方面に於ける資源、例《たと》えば石油、ゴム、錫《すず》、ニッケル等の物資の生産及び獲得に関し、米国側の協力及び支持を得るものとす。

七、太平洋の政治的安定に関する両国政府の方針

(イ)日米両国政府は、欧洲諸国が将来東亜及び南西太平洋において領土の割譲《かつじょう》を受け又は現在国家の併合等を為すことを、容認せざるべし。

(ロ)日米両国政府は比島《ひとう》〔フィリピン〕の独立を共同に保障し、これが挑戦なくして第三国の攻撃を受くる場合の救援方法につき、考慮するものとす。

(ハ)米国及び南西太平洋に対する日本移民は、友好的に考慮せられ、他国民と同等無差別の待遇を与えらるべし。

日米会談

(イ)日米両国代表者間の会談は、ホノルルにおいて開催せらるべく、合衆国を代表してルーズベルト大統領、日本を代表して近衛首相により開会せらるべし。代表者数は各国五名以内とす。もっとも専門家・書記等はこれを含まず。

(ロ)本会談には、第三国オブザーバーを入れざるものとす。

(ハ)本会談は、両国間に今次諒解成立後、成《な》るべく速かに開催せらるべきものとす(本年五月)。

(二)本会談においては、今次諒解の各項を再議せず、両国政府において予《あらかじ》め取極《とりき》めたる議題に関する協議、及び今次諒解の成文化に努むるものとす。具体的議題は両国政府間に協定せらるるものとす。

附則　本諒解事項は、両国政府間の秘密覚書《おぼえがき》とす。本諒解事項発表の範囲、性質及び時期は、両国政府間において協定するものとす

別に、井川忠雄氏も四月十六日付の書簡を近衛公に送ってきたが、この諒解案成立当時の情景がうかがわれる。

「拝啓いよいよ御健勝の段邦家《だんほうか》〔わが国〕のため大賀《たいが》たてまつりそうろう。さて小生、内はわが外務属僚の小刀細工《こがたなざいく》に苦しめられつつ、外は世界の横綱を相手にして力戦しばらく、途中岩畔氏の来《きた》りて、真に百万の援兵に値《あたい》する助力を受くるあり。野村大使また全幅の信頼をわれわれ両人に置かるるに至り、大使館幹部もついに、『あまりに良すぎる』と一笑に付《ふ》しいたる私案を全面的に支持するに至り、他面、ル大統領、ハル長官、ウォーカー郵務長官等の、小生に対する絶対的信用と、近衛公爵に対する絶大の尊敬とのおかげに

て、いよいよ今明日中に、世界歴史上特筆大書《とくひつたいしょ》に値すべき大事件の礎石《そせき》が置かるる運びと相成り申しそうろう。昨夕大使と岩畔氏と三人してアナポリスまでドライブし感激の一夕を送り、陛下の稜威《いつ》、神明《しんめい》の加護《かご》を感激し、次いで近衛公の声望を称《たた》えて、三人して寄書を差し出したる次第にこれありそうろう。

却説いよいよ日米会談開催のこととなり、ルーズベルト大統領自らホノルルにまで出馬のこと確定しおり、したがって大統領の希望として、日本側はぜひ閣下の御出馬を得て、両人して開会式を歴史的出来事たらしめ、その際太平洋モンロー主義とも申すべき、近衛ルーズベルト声明を発して、太平洋今後の平和維持上、必要なる一石を打たんとの心組みなるよう察せられそうろう間、御多忙中恐縮ながら、邦家のため、また世界平和のため、御出馬の労を賜りたく願い上げたてまつりそうろう云々」

この日米諒解案に対し、近衛総理は、問題の重要性に鑑み、即日夜八時から、政府統帥部連絡会議を招集し、その急速なる検討を要望したのであった。政府からは、首相、平沼内相、東条陸相、及川海相、ほかに大橋外務次官も出席、総帥部からは、杉山《すぎやま》〔元《はじめ》〕参謀総長、永野《ながの》〔修身《おさみ》〕軍令部総長出席、富田内閣書記官長、武藤陸軍軍務局長ならびに岡《おか》〔敬純《たかずみ》〕海軍軍務局長も幹事役として参加。米国の提案を議題にして、緊張した協議を行なったのである。

そして色々細《こま》かい議論も出たことであったが、この諒解案全体に対しては、誰もがオーケーであったし、東条陸相も武藤局長も、岡局長も大変なハシャギ方の歓《よろこ》びであった。そこで、すぐにも「原則、賛成」（オーケー・プリンシプル）という返電を打ったらどうかという議が起こった。

ところが松岡外相は、当時なお独伊ソ訪問の旅に出ていて不在中であったがため、外務大臣臨時代理であった近衛総理としては、もう二、三日すれば帰着するはずの外相の意見も一度聞いてからにすべきではないかという謙虚な常識的な意見であって、一同もこれに賛成。それでは、一日も早く松岡外相に帰ってきてもらおうということになり、ソ満国境のマンチュリー駅あて、外相に総理が至急に電話で話し合いたいからと打電したのであった。

そして、ようやく外相は四月二十日大連《だいれん》に着いた。近衛公はさっそく電話で重要案件があるから、一刻も早く帰京してほしいと要望したが、外相は、「明日満鉄社員を集めて、一場の講演をすることになっているので」と例の通りの調子であった。が、とにかく早く帰ってくれということで、また東条陸相も松岡氏の帰京促進のため、陸軍大臣専用飛行機を大連まで出すという力の入れ方であった。ところが折悪《おりわる》く二十一日は天候が悪く、結局、外相最初の予定通り、四月二十二日立川飛行場に到着ということになったのである。

17　松岡外相ごねる

昭和十六年四月二十二日午後二時すぎ、松岡外務大臣は、立川飛行場に降り立った。近衛首相と私（内閣書記官長）とが、内閣から出迎えた。大橋外務次官も出迎えに出ていた。

この日こそは、まさに日本にとって歴史的運命の日であったのである。この日午前十時から始められた定例閣議で、内閣を代表する者としては、書記官長ただ一人が松岡外相を出迎えることに決定した。

外相は、それより前約一ヵ月間、独伊ソ訪問の旅を続けていたのであった。内閣を代表して書記官長だけが出迎えることに決まったのは、ある閣僚が出迎えて、ある閣僚が出迎えないということでも変だ。といって、皆が出迎えるということもあるまい。ことに近衛総理や陸海軍大臣は、重要な意味を持った松岡外相の一刻も早い到着を待っていた際でもあって、感情も強いが、実は神経のきわめて細かい松岡外相に対しては、一同この日は腫《は》れものにでも触わるような気持ちがあったのである。そんな心遣《こころづか》いから、この日の閣議前、あの物に屈託《くったく》しない近衛総理が、私に特に言い含めて、閣議の終了直前、翰長一人で出迎えるという発言をさせられ、それが全閣僚の了承を得たわけである。

ところが、その近衛総理が昼食の時、すこし離れた総理官邸の日本間から、私に電話をかけてきて「すぐにちょっと来てほしい」とのことであった。行ってみると「松岡外相は、人一倍感情の強い人だから、日米交渉試案（前掲日米諒解案）に対し、政府も大本営も一致して即刻、承諾の返事を出したいと言っても、これを言い出す人物のいかんによっては、またその時の本人の気持ちいかんでは、どういう返事をするかわからない。自分がわざわざ出向いて帰途、自動車の中ででも話をすれば、案外スラスラいくかもしれないと思う。自分が出迎えに行ったほうが良いと思うのだが」という意見であった。

近衛公という人は、元来きわめて、ものぐさなのであるが、こんなことになると、また恐ろしく繊細《せんさい》な心遣いをなし得る人なのである。私はもちろん賛成をした。そして総理に随《したが》いて立川に向かうことになったのである。

車中、公と私は日米交渉成立の暁《あかつき》、この平和到来によって、長い間の支那事変に飽《あ》いた日本国民、ことに将兵の親たり、妻たり、子たる人達の歓喜はどんなものだろうかなどと、楽しく語り合ったことであった。

松岡外相を乗せた飛行機は、西のほうからだんだん接近してきて、フンワリと滑走路に着陸した。当時、世界的に日の出の勢いであったヒットラーやムッソリーニと会談してきた松岡外相、最近他国の外交官には絶えて会ったこともないと言われるスターリンと日ソ中立条約を結び、モスクワの駅頭まで、その見送りを受けたという松岡外相。

日本という国はいつ、いかなる時代でも珍しいもの、初《はつ》もの、流行《はやり》ものに飛びつきたがる国民性がある。この日本で、松岡外相がこの日唯一の最高の人気スターであったことは、別に不思議でないかもしれない（この日本国民は野坂参三《のさかさんぞう》氏が、日本敗戦後支那から出現した時も同じように日比谷で大喝采《だいかっさい》を贈ったのである）。カメラ、カメラ、ニュースカメラ。その中を飛行機から降りてきた松岡氏の得意さ、私はその時、ポツンと何の変哲《へんてつ》もない顔をして飛行場の真ん中に立っている近衛公と、この両人を比べて、あまりにも両極端の対照だと思ったことである。

日ソ中立条約

左から、ヨシフ・スターリン書記長と松岡洋右外相。1941年4月13日、調印終了後に撮影

彼は降りてくると、第一に近衛公に握手した。近衛公のうしろにいた私にもうれしそうに進んで握手を求めてきた。いかにも上機嫌であった。今から思うと、これが松岡洋右氏「生涯最良の年」であると共に、「最悪の年」になろうとは誰が想察し得たであろうか。それから、放送局のマイクが松岡氏の前に据《す》えられる。得意のおしゃべりが、しかし珍しくも簡単にすまされる。

ひとしきり、そんなつまらない行事があっていよいよ帰途の自動車に乗る段となった。ところが、松岡氏は閣議に出る前に、二重橋《にじゅうばし》に行き、宮城を拝《おが》みたいということである。カメラマンも、もちろんエンエン数十台随《つ》いていくのである。ここで、せっかく松岡氏と同乗するために立川まで出向いた近衛公の意図は挫《くじ》けてしまったのである。

松岡氏は、当時流行の二重橋前の松岡外相皇居遙拝《ようはい》（外相は一般国民と異なって、当日すぐ参内することになっていたものである）のニュースカメラに、非常な魅力を感ずる老青年である。これに反して近衛公という人は、およそこんなことが一番嫌いな若年寄《わかどしより》である。松岡外相と一緒に並んで、皇居遙拝をニュースカメラに収められるというようなことは、近衛公にとってもっともいやなことであるが、松岡氏にとっては一番うれしいことであった。

かくて、近衛公の出迎えの意思は、この一番嫌いな行事のために、脆《もろ》くも打ち負かされてしまったのである。そして大橋次官が、外相と同車して帰ることになり、車中で、日米諒解案オーケーの返電を外相から求めることとなったのである。仮に近衛公がこの時、同車したとしても、松岡説得にはたして成功したかどうか、わからないことである。しかし、あるいはうまくいったかもしれない（私には、何だかうまくいくチャンスがあったように思われるのである）。

とすれば、近衛公が外相と同車しないことになった瞬間こそ、日本の歴史的運命の瞬間であった。まことに日本敗戦の決定された瞬間であったかもしれないのである。人の好み、やり口、そんなものが、日本の運命を決定したものと言われよう。大東亜戦争の敗色ようやく濃《こ》くなってきた時、近衛公は時々この瞬間を想い出して、「あの時、自分が同車していたならば」と繰り返し、繰り返し、残念そうに語るのであった。

大橋次官は、松岡外相説得にはたして失敗した。外相は「それは自分にも思い当たる節《ふし》がある。モスクワで、スタインハート米国大使（駐ソ）に会ったとき、『ルーズベルトは有名なギャンブラー（博打者《ばくち》）であるが、一つこのところで、世界的なギャンブル（バクチ）をやらないか。それは日本と中立条約を米国が結ぶことだ』と言ってやったが、それの反響が、この提案となったものだろう。君達はアメリカの常套《じょうとう》手段に乗せられて、すぐ喜ぶなんて、何という甘いことだ。もっと相手をひきずり回して、われに有利な条件をとりつけなければならぬ。第一今日では、勝手にアメリカと妥協するなどということは、盟邦《めいほう》独伊に対しても、不信きわまることになる」ということであったらしい。

その夜八時から、政府統帥部の連絡会議が、総理官邸で開かれ、ここに松岡氏を迎えて、早急に日米諒解案受諾の返事を出すべく、松岡説得の会合が待っていたのである。が、立川着以来、祝杯、乾杯に、宮中でも杯《さかずき》を重ねて上機嫌・大得意の松岡氏は、ロレツも回らぬくらい酩《めい》酊《てい》して、この連合会議に臨《のぞ》んだ。

そして「ヒトラーさんや、チアーノ〔イタリア外相〕さん」――（松岡氏はこう呼んだ）の話をして、ひとしきり吹きまくったのである。皆の顔はいかにも不快そうに見えた。さすがの近衛公も、今はもどかしと、日米諒解案のことを切り出し、「政府も統帥部も一致して即刻『原則オーケー』なる返事を出してもらいたい」意向なることを述べたのであった。

が、英雄《えいゆう》松岡は「陸軍や海軍が何と言っても、そんな弱いことに同意はできないのである。第一、独伊に対する信義についてはどう考えているのか。自分はアチラで歓迎攻めに会い、まったく疲れてもいる。二週間くらい静かに考えさせてほしい。ひと月くらいは考えをまとめさせてほしいものだ」と自分ひとり言うだけのことを言って、午後十一時頃さっさと「今日はなにぶん疲れているから失礼します」と引き上げて帰宅してしまった。

後に残された一同は、ポカンとして失望するやら、憤慨するやら。が、今夜は帰国したばかりだし、酔《よ》ってもいるし、疲れてもいるようだから、明日にでも改めて、総理から外相をして、至急にオーケーの打電をさせるようにしようということになって、しばし諒解案を中心に、かれこれ雑談を交《か》わしながら、ようやく午前一時前になって散会したのであった。私は、この「即刻オーケー」主張者の中に、東条陸相あり、武藤章（陸軍軍務局長）あり、いずれも松岡氏の人もなげなる、この暴慢《ぼうまん》ぶりにプリプリ憤慨していた人達であったことを、特に記したいと思う。

翌日から、松岡説得が始まった。近衛総理は、松岡帰朝の次の朝から始めて、何度も松岡に説いた。私はその説得の前後に、よく総理と話したものであったが、あの無精者《ぶしようもの》の近衛公が、あれほどの努力をした事件はあまりなかったように思う。実に根気よく辛抱《しんぼう》強く説得に努めた。余人ならば格別、あの近衛公にしてこの努力。私は、近衛公にとっては異常な努力であったろうと察したことである。

東条陸相、及川海相もあるいは両相一緒で、あるいは各々単独で熱心に外相を口説《くど》いた。武藤・岡の陸海軍軍務局長も、軍の情勢にもとづいて、外相説得に再三《さいさん》出向いた。しかし松岡氏は強硬論で、あの諒解案の内容程度のものでは、自分は納得できない、外交のことは俺に委《まか》しておけ、でなければ、俺は辞めるほかないぞと言う始末であった。

彼は毎日毎夜、その強硬論を外部の人達にも唱えた。もっとも、外相の意図は実にハッキリしないもので、必ずしも日米交渉反対、すなわち日米開戦論というわけでもないのだが、少なくとも、この日米諒解案には色々異見があり、またこれに対する外交手段というものについても、他人には全然わからない、また外相も言わない部面があるようであった。

しかし、いわゆる強硬と言えば強硬とも言えるのであって、若い米英撃滅派の軍人に対してはもとより、いわゆる対外強硬の右翼浪人の連中にも、このエタイの知れない強硬論を吹きまくったのであって、これらの対外強硬派は、勝手な解釈の下に、松岡氏に随喜《ずいき》している状態であった。この頃、松岡内閣説が出たり、秋田清氏（当時拓務大臣、松岡氏と特に親近なりし政治家）の松岡内閣の書記官長説まで出たり、松岡氏得意の絶頂であった。

松岡氏はよく「自分は死ぬまで、このパイプは離さないのだ」と言いながら、ゼイゼイ咳《せき》をしつつ煙草のけむりを吐いていたが、この時分から、だいぶ肉体的に無理をしたらしく、所労のため、時々閣議も欠席し、また遅刻して閣議散会真際《まぎわ》に出席してみたりした。聞くところによると、夜遅くまで、しかも高熱の中を談論風発《だんろんふうはつ》、ウイスキーを呷《あお》っているという噂《うわさ》もよく聞いたものである。

組閣当時（昭和十五年七月二十二日第二次近衛内閣成立）は、一《いち》にも総理、二《に》にも近衛公、どんな訪客の来ている際でも、ほんのちょっとの時間、総理に会わせてくれ、五分間でよいからと総理に面会を求め、それが、いつも定まって三十分、一時間になる松岡氏であった。しかしそれだけに、近衛公を立て、総理に何でも相談し、また何でも総理の言うことを聴く、総理をあくまでも援《たす》けるという松岡氏であった。

ところが、独伊ソ訪問の旅から帰った松岡氏は、もはや以前の松岡氏ではなかった。彼は日本のヒットラーになったのである。近衛何するものぞ、陸軍が何だ、軍部何ぞ怖れん。そんなことでは、今日の外交はやっていけない。松岡一人ある限り、日本国民よ安心せよ。陸下も御《ご》安堵《あんど》願いたい。近衛さんも私にいっさい委せておけばいいんだという態度であった。

松岡外相はなぜに日米交渉につき、こういう態度をとったのであろうか。真意はわからない。松岡氏は終戦後、国際軍事裁判の被告として巣鴨《すがも》に拘禁《こうきん》せられ、胸の宿痾《しゅくあ》により逝ったので、今は解く由《よし》もない永遠の謎であるが、多くの人の一致した推測は、この交渉が外相たる松岡自身ではなく、既述した通り、カトリックの坊さんと元の大蔵省役人のルートから始まったことが、一つの不満だったことは確かである。

さらに、松岡氏が訪独の際にヒットラーに対し、何かコミット（約束）したのではないかという疑いも持った人は多い。

帰国後、松岡氏は陸海軍に対し、さかんにシンガポールを撃《う》てと論じた。後には陛下に対してさえ、シンガポール攻撃の覚悟の必要あることを上奏《じょうそう》し、陛下が御心配になって近衛総理をお召《め》しになったことさえある。しかし松岡氏はヒットラーやリッペントロップ外相に対し、相当強硬な議論は述べたようであるが、言質《げんち》は与えていなかったと強調していたが、ただ盟邦独伊に対する信義ということは帰国後も常に強調していた。

このようにして、三週間が空費《くうひ》されたのである。この間、ワシントンに待機していた日米交渉関係者は、気が気でなかった。四月二十九日に天長節《てんちようせつ》を祝ってから、岩畔大佐（日米諒解案起草者）は、ニューヨークから松岡外相を国際電話に呼び出して、東京時間の朝七時頃通話ができた。

岩畔氏が「最近アメリカから送った乾物《かんぶつ》は早く料理しないと腐《くさ》る恐れがある。一刻も猶予《ゆうよ》なく料理して、その結果を知らせていただきたい」と言うと、松岡外相の返事は「わかっている。アメリカにあまり腰を使うな、野村（大使）に急ぐなと伝えておけ」という素気《そつけ》ない返事であった。

岩畔氏は終戦後のある日、この時のことを回想して、「この重要な案件に対し松岡の返事のいかに下劣《げれつ》で思い上がっていたか、今思い出しても、つばでもはきかけてやりたいような思いがする」と私に言ったことを、私は今もよく覚えている。岩畔氏はそこで別に五月二日東条陸相あてに電報を打ち、米国の情勢を色々説いて、松岡の「ハッタリ外交」をやめてすみやかに、日米諒解案に対し回訓《かいくん》を発することを要望したのである。

18　はたして松岡外相は日米交渉を阻んだものか

昭和十六年四月十八日に着いた日米交渉試案と、それを了承する旨の返電を打たすべく、待ちに待った松岡外務大臣の帰国。これは四月二十二日のことであったが、政府陸海軍の要望も空《むな》しく、松岡氏は悠々《ゆうゆう》二週間近く米国の原案と陸・海・外の事務当局の作った修正案とを詳《つぶ》さに検討し、これに大修正を加えて連絡会議が開かれるようになったのは、ようやく五月三日のことであった。

この松岡修正の主な点は、日米諒解案中の「太平洋における海軍兵力及び航空兵力並びに海運関係」を削除すること、「欧洲戦争に対する両国政府の態度」の中に、日米両国による英独調停という条項を入れること、三国条約上の義務をはっきりさせること、支那事変の和平条件の公表を差し控えること、武力南進《なんしん》をせぬという日本の確言《かくげん》を削除すること、ならびに日米会談に関する取り決めを削除することなどであった。

この三日の連絡会議では、多少の意見もあったが、結局、松岡外相の修正案をおおむね承認することになったのであるが、それさえすぐには米国に伝達されなかった。

それというのは、四月十八日から長い期間、返答も延《の》びていることとだし、一刻も早くこの修正案を米国に回答することにしようかというのが、連絡会議の圧倒的意見だったが、これに対し松岡外相は、この回答をする前に、まず試《こころ》みに米国に対し中立条約を提議することを固執《こしつ》してきかなかった。また、この問題をドイツに通告すべきか否《いな》かも異論があったが、松岡は自分の外交手腕に信頼せよと主張し、これも松岡氏に結局一任することとなった。誰も彼も松岡の態度を苦々《にがにが》しく思っていたが、今はとにかく松岡の気に逆《さか》らわぬようにして、一刻も早く回答をアメリカに送らせたい一念だけだったのである。

松岡外相は、五月三日の電報で野村大使に日本政府の中間的回答として「オーラル・ステートメント」（口述書）をハル国務長官に手交すると同時に、野村大使の即席の思いつきとして、あっさりと簡単明瞭な日米中立条約を提議してみるよう命じ、これは「一種の外交的電撃戦を行なわんとする意」だと自負していた。

右の口述書の内容は、まず回答の遅れた事情を釈明し、的確な意見を表明するには、なお数日を要するとし、次いで自分が訪欧旅行で看取《かんしゅ》したところだとて「独伊の指導者らは、和平交渉に応ぜざる旨《むね》決心し、（英仏に）降伏を要求しおるものにして、戦争は現段階において、もはやすでに勝敗の決《けつ》ありたるものと見做《みな》しおるもののごとしと言い、欧州の情勢に論及し、米国の干渉は戦争を長期化し、人類の悲劇になることを説いて、その鍵は米国大統領の掌中にあると言い、また日本は三国条約にもとづき、独伊の地位を些少《さしょう》なりといえども毀損《きそん》するがごとき、何事をもなすことを得ず、またなさざるべき旨を付言することは必要もあるまいが了承されたい」と述べている。

また、別に松岡氏は独伊に対し、日米交渉の経過を通告しているが、「米国の悪意を逆用して日支事変を解決することは、ドイツのためにも有利であろう」とも、ドイツ大使に述べたのである。

いっぽう、アメリカにいる野村大使らは、回答の遅いことに焦慮《しょうりょ》していたので、五月七日、早速野村大使はハルと会見した。野村氏は先方の感情を悪化させることを心配して、前記松岡外相の口述書を手交せずに口頭で読むことだけにしたが、ある部分は抜かして読んだ。野村氏は「これには色々よくないことも書いてある、お渡ししますか」と言ったが、ハルは不要だと言った。

しかし、ハルは傍受電報（暗号解読）で、その内容は知っていたのである（ハル『回想録』に書いてある）。そしてハルはすみやかな行動が必要で、遅すぎない前に交渉の要《よう》があると繰《く》り返し、ヒットラー主義が七つの海におよぶことは、米国として忍び得ないところで、米国は十年でも二十年でも、あくまで抵抗する決意だと言い、かつて見ない力を込めた語調で、早急に交渉を始めることを督促《とくそく》したのであった。

また中立条約については、野村大使としては、日本政府の訓令を受けない建前《たてまえ》だったから、ハルはてんで問題にしなかった。かくして、松岡外相自慢の外交的電撃戦なるものも、相手には結局、何の手応《てごた》えもなかったようである。

この会談後、野村大使はこのことを松岡外相に報告し、「本使の見るところをもってすれば、今や国際情勢の緊迫、なかんずく米国の態度は、宣伝、ブラッフ（ハッタリ）、または腹の探り合い等を許す時機にあらず、大局より見て、この際、大なるステーツマン・シップ（政治家的襟度《きんど》）を発揮し、国交回復のために一大決心をなすの時機なりと痛感す」と言っている。

また、この頃ワシントンの日本の陸海軍武官からも、同じように、松岡の「ゼスチュア外交」に露骨な反対を伝えてくる始末であった。

五月八日、松岡外相は陛下に拝謁し、「米国参戦の場合、日本は当然独伊側に立って、シンガポールを撃《う》たねばならぬ。また米国が参戦すれば長期戦となって、独ソ衝突の危険があるやもしれず、その場合は中立条約を棄《す》てドイツ側に立ち、イルクーツクあたりまで行かねばならぬ。そういう事態になれば、日米国交調整もすべて画餅《がべい》に帰する。いずれにせよ米国問題に専念するのあまり、独伊に対し、信義にもとるようなことがあっては、骸骨《がいこつ》を乞《こ》う（辞職を願い出る）ほかない」というようなことを奏上した。

その後、五月十日に近衛総理が拝謁すると、陛下はきわめて御憂慮の態《てい》で、松岡奏上のことをお話しになった。近衛公は外相の奏上は、最悪の場合の一つの構想にすぎず、仮に外相がその通り考えているとしても、事の御決定に、統帥部も参加し、閣議に諮《はか》らねばならぬことであるから、そのような御軫念《しんねん》にはおよばない旨を申し上げた。そして近衛公は、その機会に洗いざらい、日米交渉に関し、総理大臣としての決意のほどを、陛下に披瀝《ひれき》したのであった。

それは「当面第一の問題たる支那事変処理のためには、米国を利用する以外に途《みち》なく、したがって今回のことは絶好無二の機会であるから、すみやかにこれを進める所存だが、（第一）ドイツが不同意を表明してきた場合、（第二）日本の修正案を米国が再修正した場合、（第三）に日米諒解は成立したが、米国が参戦した場合に起こり得べき閣内および国内の意見分裂に対し、できる限り円満に運ぶ心算だが、それで不可能の場合には、非常手段——戒厳令《かいげんれい》なども用いる必要があるかもしれない」と申し上げた。

この近衛総理の決意奏上に対し、陛下はことごとく御納得になり、あくまでもその方針で進むようにと仰せられた。そのあと、木戸内大臣に近衛公が会った際は、木戸氏は、「松岡は陛下の御信任を失い、八日松岡の拝謁後、陛下は外相を取り代えてはどうかと仰せられた」と語っている。

この日米交渉の立役者《たてやくしゃ》で、当時ワシントンにいた岩畔大佐は、米国が「コンボイ」（海上護送）実施を決定し、五月十四日の大統領演説で、それを発表することほぼ確実なので、そうなれば日米交渉は取り上げられないだろうと述べ、米国は今まで、日本の立場を考え、その実施を延ばしてきたが、無制限に待つことはできないとの意向なので、遅くとも十二日までに日本からの回訓がないと、日米国交回復の機会は失われるだろうという電報を打ってきた。

そこで、さすがの松岡外相も、ドイツからの回答は未着だったが、十二日正午を期して、日本側修正案により、交渉を開始することにしたのである。

そこで野村大使は、待ちに待った訓令にもとづき、二日間にわたってハルを訪問し、日本の修正案を説明した。野村大使の回顧録によると、ハルは、今はまだ「話し合い」であって、「交渉」ではないのだから率直に腹を割ってお話をすると言い、これは米国にとって重大問題で、脅迫もあるだろうなどと内緒話もした。そして、中国からの撤兵につき質問し、支那事変が終了したら、日本はその兵力で南進するのではないかとも言った。また日本が南進に武力を用いないという句を削除したことに疑惑の意を表し、「南進については、もはや保障せられること何ほどもなし」と独語し、支那事変の和平条件についても種々質問した。

米国は当時、欧州戦へ参戦を決意していたから、それを日本が米国の「自衛」と解釈して、三国同盟を発動しないことを望んでいたのである。

米国国内事情は、ハルの言う通り、日米交渉を容易にするようなものでなく、また十四日に予定の大統領演説も二十七日まで延期され、海上護送問題で議論が沸騰《ふっとう》していた。この五月二十七日に、大統領は非常事態を宣言した。これは当時ヨーロッパにおける英独戦争に対し、英国援護の意味を持つこと、もちろんである。かくして、米国も内外情勢に押されて容易に態度を決しかねていたようで、そのため、日本への回答もなかなかされなかったのである。

いっぽう、松岡外相の待ちこがれていたドイツからの回答は、皮肉にも十二日、野村大使に訓令を出した直後に到着した。

それは、日米交渉をやろうとする米国の意図は、太平洋に外観上の事態緩和をはかり、日本参戦の危険を中和しておいて、既定の欧州参戦の方向に出ようとするにあり、米国は戦争宣言をなさずに、哨戒《しょうかい》または護送などの中立違反行為を激化し、独伊が反撃したら、開戦の責任を枢軸国に転嫁《てんか》しようとしていること明白だとし、ドイツとしては、日本が対米回答をする場合に、

一、米国のとりつつある国際法違反行為の継続は、故意に戦争を激発せしめんとする行為だから、日本も必然的に参戦するのやむなきに至るべきこと。

二、米国がこれらの行動を差し控えるなら、日本は米国の提案を研究する用意があることを、明白に表示されたい。

とし、さらに、

本件の三国条約国におよぼす影響の重大なるに鑑み、日本が最終的回答を発するに先立ち、その内容を独伊に内示して意見を徴《ちょう》せられたい。

というのであった。

五月十九日、日本駐在のオット（ドイツ）大使は、ドイツ政府の訓令だとして、

「米国の参戦を抑制する最良の方法は、日本が、米国の提案につき、交渉をするのを断乎《だんこ》拒否するにある。日本が米国に回答する前に、ドイツの意見を待たなかったのは遺憾である。……ドイツ政府は今や、日米交渉に完全に参与し、米国の回答につき、ただちに通報を得たいという希望を主張せざるを得ぬ。日本があらかじめドイツと、右重要問題のすべてにつき了解を遂げずに、米国の申し入れに聴従して、今後の日本の地位を確定することは三国条約関係に適合しない」

と高飛車に申し入れてきた。

ドイツに駐在していた大島浩大使も五月二十日頃、次々と外務省に電報を寄せ、ドイツ首脳

部が日米交渉に非常な反感と疑惑を抱いていることを縷々《るる》として報告し、激越な調子で自分の反対意見を述べてきた。大島大使の電報中には、松岡外相がオット大使に、独ソ開戦したら、日本はソ連を攻撃すると約束したではないかと、指摘されている。

私も近衛総理と一緒に、大島大使のたび重なる日米交渉反対意見具申《ぐしん》の電報を読んだことであるが、その文章は中学生の書くような興奮性文字で連《つら》ねられており、内容は日本大使でなく、ドイツ大使の主張ではないかとさえ思われるようなものもあった。いわゆる信念というものは、難しくもまた恐ろしきものである。

もっとも、ドイツがアメリカの真意を疑うのにも何ら理由なしとは言えないものがあった。たとえば六月九日、ワシントン・ポスト紙が米国政府のいうところの「哨戒《しょうかい》」について報道したことは、米国民を驚か

大島浩

1941年2月、ナチス・ドイツ総統アドルフ・ヒトラー(右)から信任状を受け取る大島浩駐独大使(左)。中央はリッペントロップ独外相

した。というのは、「哨戒」という名目で、ドイツの潜水艦がアメリカによって撃沈されたのである。表《おもて》の声明と裏の実際と、ドイツも日本も、アメリカも、いずれは猿の尻笑いの類《たぐい》と言うべきであろう。

松岡外相は、ドイツの申し入れと大島大使らの強硬具申に相当影響されたのか、政府・統帥部の連絡会議においても、孤立的存在においおいなってきた。近衛公は二十三日、松岡外相と会談したが、松岡氏は「陸海軍首脳部は、多少独伊に不義理をしても、日米諒解案を成立させようとしているらしいが、そんな弱腰でどうなるか。今の陸海軍の態度では、国民が承知せず、焼き打ちが始まるかもしれない。いずれにしても日本は米英か独伊かハッキリした態度を鮮明する必要に迫られるであろうが、その時はあくまで、自分は独伊との結合を主張する。もっとも陛下の思《おぼ》し召《め》しに対しては、臣下として従うほかない」と、自分の進退さえ暗示するような調子であった。

また、この前後から松岡外相は、野村大使に対し露骨な不満と反感を表わすようになってきた。すでに感情的になっていたところへ、色々な事実がいっそうこういう情勢を発展させた。日本の海軍が、アメリカ駐在のイギリス大使ハリファックスが、本国政府に出した電報を傍受したら、その中に野村がハルに対し、今回の問題は日本では、陛下をはじめ政府、陸海軍の首脳ことごとく成立を希望しているのに、ただ一人外相だけが反対だと言ったということがあったので、松岡氏の憤慨は極点に達することになった。これは、野村氏の釈明で収まったが、かくして松岡と野村およびその側近との感情の対立は、今やまったく表面化するに至った。

米国の回答は、なかなか来なかったが、野村大使らは引き続き、ハル長官その他と、日米諒解案につき「和気藹々裡《わきあいあいり》」に会談を継続していたことも事実であった。この当時の情況につき、近衛手記は、

「要するに太平洋協定の形式とか、三国条約の解釈とか、中国問題の点を往復していて、あまり進展を見なかったのである。ハルの口調や種々の内情探索から察すると、米国側は日本にはたして交渉をまとめる意思があるのかを疑い、ことに松岡らの強硬論を極力警戒しているのが、実情らしかった。五月二十七日の大統領の炉辺《ろへん》談話（註・日を定めてルーズベルト大統領は新聞記者と炉辺を囲んで政治会見することになっていた）は、世界が注目していたものであったが、大統領は直接、日本のことには触れなかった。その点、特に考慮が払われたといって、日米交渉にとっては楽観材料に見たものもある。しかし、また米国の新聞紙に、日米交渉暴露記事が掲載せられ、それによると、大統領は炉辺談話の前に、議会の領袖《りようしゆう》を招き、米国は対日緩和政策をとって、もっぱら対独戦に専念すると洩《も》らし、その際『日本では軍部の政策に対する財界の反対が有力化し、結局、三国条約を事実上無《む》に

するところまで進むであろう』と語ったというのである。日本ではこの記事は差し止めたが、松岡外相はむしろ、これを発表せよと言い、三十日には日本の枢軸外交は絶対不動であり、日本の平和的南進政策にも限度があるという反駁《はんばく》談話さえ発表したのであった」。

この炉辺談話については、特に思い出話がある。あの物に動じない冷静そのものの近衛総理も、当時米国からの回答を日夜焦慮して待ちあぐんでいた。炉辺談話は最初五月十四日の予定であったので、それが十日以上も延びたということは、日米交渉について吉《きち》か凶《きょう》か。また、この談話の中に、あるいは日米交渉の一端を差し入れるつもりなのではなかろうか。そのための延期ではないか。あるいは回答の無いところを見ると、この談話でハッキリ日米対決の策が出るのではないか等々。近衛総理ならびにその側近は毎日毎夜、短波放送に耳を吸いつけていたのであった。

そして二十七日、ついに炉辺談話を聞いたのであるが、雑音が入って残念ながら内容は何一つ聞き取れなかった。総理官邸で一皿の寿司を食べて、さらに思いをアメリカからの回答に馳《は》せながら、近衛総理と書記官長(私)、牛場《うしば》〔友彦《ともひこ》〕、細川〔護貞〕、高村《こうむら》〔坂彦《さかひこ》〕秘書官らが帰路についたことであった。

かくして五月三十一日夕、ようやく米国の対案は野村大使に届けられてきた。しかし、これは支那事変に関する二、三の点を、懸案にしたままの非公式の中間案で、大使限りで検討してよい、拘束力のない試案として提示されたものであったが、米国側の意向を判断するには、きわめて便利なものであった。

右の米国側の中間案を受け取った野村大使は、これをそのまま本国政府に取り次ぐことを躊《ちゆう》躇《ちよ》し、内面工作を重ねて、六月四日に、日米両国起草委員会を作って、これに付託し、その内容を多少とも緩和した上で、日本政府に取り次ぐ意図であったらしい。ここには中間案の内容を掲げないが、当時の交渉の難点は結局、自衛権、駐兵、通商無差別の三点だったのである。

ハル長官は六月八日から病床につき、転地してしまった。野村大使はこの間、苦心して案文の調整を試みたが、所期の目的は達せられない。そこで六月八日、野村大使ははじめて、以上の事情を東京に電報してきた。元来五月三十一日案はアメリカから非公式の議案として、大使限りで検討してよいものであったが、米国の回答を待ちくたびれていた東京では、五月三十一日に回答のあったことを、やっと六月八日になって、報告するとは何事ぞということになり、俄《が》然《ぜん》また、松岡外相をして新たに憤慨させることになった一幕《ひとまく》もあった。

このような経過の後、米国側は六月二十一日に、米国の対案と口述書を野村大使に手交《しゆこう》してきた。これは、五月三十一日の米国案に多少の修正を加えたもので、なお「非公式の議案にして拘束力なし」と注記してあるけれども、これは米国の正式の案であったと言ってもよいものである。

この案の特色は、

一、欧州戦争に対する項目で、日本案の平和回復のため、日米協力するという一項を削除し、あくまで、ドイツ打倒に邁進《まいしん》するということを、暗に謳《うた》おうとしたこと。

二、三国条約のところで、「挑発によらざる欧州戦争の拡大防止」を規定し、米国がドイツから挑発されて参戦した場合は、日本は起《た》たないという、ハッキリした一札《いっさつ》を取ろうとしていること。

三、中国問題につき、蔣政権と南京政権との区別をなくして、単に「支那国政府」に和平を慫慂《しょうよう》〔勧《すす》めること〕するとし、また近衛原則の中で善隣友好だけを謳って、経済提携と共同防共には触れず、全体として米国の世論を恐れて、だいぶ逆転していること。

四、いったん日本が削除した日支和平条件を、付属書として復活し、これにつき満足な同意の成立することを必要としたこと。

五、日本が日米経済協定を南西太平洋に限局したに対し、これを太平洋全域に関する協定と修正したこと。

などであった。

この米国案と同時に、ハルが野村大使に渡した口述書は、日本政府や野村大使にいちおうの敬意を表してはいたが、なかなか手厳しいものであった。

「不幸にして政府の有力なる地位にある日本の指導者中には、国家社会主義のドイツおよびその征服政策の支持を要望する進路に対し、抜《ぬ》き差《さ》しならざる言質《げんち》を与えおるものあること、およびこれらの人が是認すべき米国との了解の唯一の種類は、米国が自衛に関する現在の政策を実行することにより、欧州の戦闘行為に巻き込まるるがごとき場合には、日本がヒットラーの側において、戦うことを予見するがごときものなるべしとの確証が、長年にわたり日本に対し真摯《しんし》なる好意を表し来《きた》れる筋《すじ》よりの報告を含む、世界中あらゆる筋より、ますます本政府に達しつつあり。

日本政府のスポークスマンにより、むやみになされたる、三国同盟の下における日本の誓約および意図を強調せる、最近数次の公式表明の報告は、看過《かんか》し得ざる、ある態度を例証しおれり。かかる指導者が公《おおやけ》の地位において、かかる態度を維持し、かつ公然と日本の世論を、上述の方向に動かさんと努むる限り、現在考究中のごとき提案の採択が、希望せらるる方向に沿い、実質的結果を収むるための基礎を提供すべしと期待するは、幻滅を感ぜしむることとなるにあらずや」

と、暗に松岡一派を非難し、さらにもう一つの疑惑の原因として、中国における日本軍の駐屯問題を指摘し、

「ゆえに国務長官は、日本政府が全体として諒解案の目的を構成するがごとき、平和的進路の追求を希望するものなることに関し、現在までに与えられたるものよりもいっそう明白なる、何らかの指示を期待せざるを得ずとの結論に遺憾ながら到達せり」

と述べている。

野村大使は二十三日、この口述書と米国案とを東京に送って請訓《せいくん》した。この電報の中で、野村氏は彼我《ひが》の主張対立のもっとも主要な点は、第一に欧州戦に対する米国の自衛権と三国同盟の関係、第二に防共駐兵（中国における）、第三に商業上の無差別主義を中国および太平洋全面におよぼそうという点だと指摘している。そして、諸種の徴候から判断して、交渉の余地はまだあるから、打ち切らないが有利と思うが、もし日本政府で打ち切りと決定すれば、米政府は、資金凍結や通商停止の強化などを、逐次《ちくじ》採ることが、ほとんど確定的だから、最悪の場合の対策も必要だと述べている。

また、このハルの口述書に関し、野村大使の報告したところによれば、松岡が野村の国交調整工作を越権行為だと言い、どんな話し合いがまとまっても、それを爆破すると言っていることを、グルー駐日大使がハルに報告しているのである。

19　独ソ開戦と日本の立場

　昭和十六年六月二十二日の独ソ戦勃発は、世界を驚かすニュースであった。前年九月、日独伊三国同盟にソ連を加えて四国同盟にする意図を持っていたドイツである。それが三国同盟締結後、二ヵ月も経過せざる、同年十一月すでに独ソ関係は険悪《けんあく》となり、十六年に入りては、ヒットラー総統もリッペントロップ外相も、口をきわめてソ連の不信を攻撃し、松岡外相がソ連と中立条約を結んだ当時（十六年四月十三日）には、リ外相は、あれほど独ソ戦の不可避《ふかひ》なことを話しておいたのにと、大島に不平を洩《も》らすような始末に発展していたのであった。

　ソ連が不信なのか、はたまた独ソ不可侵条約を蹂躙《じゅうりん》してソ連に不意打ちを食らわしたドイツが不信なのか。とにかく国際間のことは、今日をもって明日を計《はか》ることのできないことだけは事実である。

　駐独大島大使の報告は、早くから独ソ開戦の近きを知らせるものであったが、その他の日本の在外武官などからの報告は、開戦には至るまいと見たものが多かった。松岡外相は妥協六分、開戦四分と言っていた。東条陸相も、さまで急迫とは見ていなかったようであった。

近衛総理は六月二十日、松岡外相の対米、対独に関する真意がつかめないことを憂《うれ》え、独ソ開戦の場合における内閣の責任ということで、木戸内大臣にすでに辞意をさえ洩《も》らしているのである。これは近衛公が、独ソ関係につき事態急迫と見ていたからである。

六月二十二日払暁《ふつぎよう》、独ソ戦は、ドイツ軍の怒濤《どとう》のごときソ連国境への進攻によって幕《まく》が切って落とされた。ドイツにおいては、開戦に至るまで、ソ連大使に対しては何の交渉もなかったし、二十一日夜ドイツ政府の送った対ソ通告も、ただ国境でのソ軍の状態はこれ以上放任できないから、攻撃を開始するというだけの趣旨であった。二十二日午後五時半、モスクワ駐在ドイツ大使がそれをソ連のモロトフ外相に通告したら、モロトフは、すでにソ連は午前四時から攻撃を受けていますよと言い、通告に対してはただ「われわれは遺憾に思う」と言っただけと伝えられている。

また東京ではドイツのオット大使が、松岡外相に対し、赤軍が国境に雲集《うんしゆう》する脅威が絶えず増大するに対し、やむなく反撃する旨の通告を行なってきたのである。松岡外相は五時半、宮中に参内。独ソ開戦につき奏上したが、その際「日本はドイツと協力してソ連を打つべきこと。南方は一時手控えねばならぬが、早晩《そうばん》戦わねばならぬこと。結局、日本はソ、英、米を同時に敵として戦うことになる」旨を勝手に申し上げているのである。もとより、かくのごときことは、まったく近衛総理を無視したやり方であった。

そこで、陛下は大いに驚かれ「即刻総理の許《もと》に行って相談せよ」と仰せになり、同時に木戸内大臣を通じて近衛公に、松岡奏上の内容を伝えさせられた。陛下は木戸内府に対し、松岡の対策で、はたして政府と統帥部と一致するかどうか、国力から考えて、はたして妥当であるかとはなはだ御憂慮であった。すなわち、近衛公も木戸内府も種々松岡の真意を追及してみたが、要するにまずソ連を打つべし、米国との戦争は回避すべきだが、米国が参戦すれば、戦わざるを得ぬということだったらしい。

ここにおいて近衛総理は、早急に政府の態度を決定するため、ほとんど連日、連絡会議を開き、ついに七月二日御前会議を奏請し、さしあたりソ連に対し行動を起こさないことの決定にまでこぎつけたのである。

ここで独ソ開戦により、三国同盟の再検討ということが当然問題となってくる。前にしばしば述べた通り、三国同盟は元来ドイツとソ連との友好関係という基盤の上に成立したものであると共に、同盟締結の当初の目的は、この同盟にソ連を加盟せしめて、でき得れば日独伊ソの四国協定となし、これら四国提携の圧力によりて、米国との了解を遂げ、支那事変を終結させようというものであり、これこそが近衛公の三国同盟締結の真の目標だったのである。

したがって、独ソ開戦ということは、この基盤の崩壊であって、議論上は独ソ開戦即三国同盟破棄の結論となるわけである。そこで、近衛総理は私（内閣書記官長）に命じ、文書にして、松岡外相ならびに陸海両相に対し、三国同盟破棄の理論と、したがって改めて同盟存続の可否を検討すべきことを申し入れることになった。

しかしこれは、木戸内大臣の賛成を得ただけで、松岡氏は問題にせず、軍部大臣もドイツ破竹の進撃に目がくらみ、独ソ戦はドイツの圧倒的勝利をもって三、四ヵ月で終了すると思い込んでいる始末である。事実、参謀本部第三部長（情報担当）岡本〔清福〕少将のごときは、宮中での連絡会議の席上、ドイツ軍は遅くとも八月下旬までにはモスクワを占領してしまうだろうとの観測を述べたほどで、誰も同盟破棄のことなど真剣に考える空気ではなかった。すなわち当時は誰も彼もドイツの進攻に眩惑《げんわく》されて、三国同盟破棄の理論を通さず、打算的形勢観望主義でズルズルになってしまったというのが真相である。

よく政治は「筋《すじ》を通すことが肝心《かんじん》だ」と言われるが、まさにその通りである。と同時に、この筋を通す「勇気」こそ特に必要であることが、この時のことから、さらに反省させられる。近衛公も後年、あのとき三国同盟御破算の理論を通していたなら、と再三言われたことが思い出される。

そこで、ソ連を抱き込んで日米交渉を行ない、もって支那事変を解決しようとした近衛公らにとっては、たとえ同盟を破棄せずとも、当初の締結の本旨に沿《そ》うべく、ますます日米交渉に専念することが、必要となる筋合《すじあい》であるに反し、同盟の目的をはじめから米英打倒においている者から言えば、独ソ開戦は同盟破棄の理由とならざるのみならず、ここに一大決意をもって米英と対決する時機到来ということにもなってくるのである。

近衛手記は、この間の事情、経緯をよく言い尽くしているので、重複する個所もあるが、以下掲載することとする。

「昭和十五年秋において妥当なりし政策も、十六年夏には危険なる政策となったのである。何となれば独ソ戦争の勃発によりて、日独ソの連携の望みは絶たれ、ソ連は否応《いやおう》なしに、英米の陣営に追い込まれてしまったからである。事《こと》ここに至れば、ドイツとの同盟になお拘泥《こうでい》することは、わが国にとりて危険なる政策である。すでに危険と感じたる以上は、すみやかに方向転換をはからねばならぬ。ここにおいて日米接近の必要が生じたのである。……

六月二十二日に至り、ついに独ソ戦の火蓋《ひぶた》は切られた。英米はただちにソ連援助を声明した。ソ連は明らかに英米の陣営に入った。日ソの関係には当分《とうぶん》変化なしとはいえ、三国同盟の前提たる日独ソの連携は、もはや絶望である。日本とドイツとの交通は遮断《しゃだん》せられ、三国同盟は現実にその効用の大半を失ったのである。さきに平沼内閣当時ソ連を対象とする三国同盟の議を進めながら、突如その相手のソ連と不可侵条約を結びたることが、ドイツのわが国に対する第一回の裏切り行為とすれば、ソ連を味方にすべく約束し、この約束を前提として三国同盟を結んでおきながら、わが国の勧告を無視してソ連と開戦せるは、第二回の裏切り行為と言うべきである。したがってこの時日本としては、当然三国同盟の再検討をなすべき権利と正当性を有する次第である。

余は当時、三国同盟締結の理由ないし経過に鑑み、本条約を御破算にすることが当然ではなかろうかと、軍部大臣とも懇談したことであった。しかしながら、ドイツ軍部を信頼すること厚きわが陸軍は、とうていかかる説に耳を傾《かたむ》けようとしなかった。ことに緒戦におけるドイツの大戦果は、いっそうわが陸軍をしてその確信を強めしめたようである。ここにおいて、余は次の結論に達した。

すなわち、三国同盟の再検討はとうていわが国内事情が許さざるのみならず、昨年締結したばかりの同盟を今ただちに廃棄するがごときは、いかに相手方の裏切り行為によるとはいえ、それは裏面の話であって、表面はわが国の国際信義の問題となる。ゆえに今、三国同盟そのものを問題とするは適当でない。しかしながら、すでに独ソ開戦となった以上は、同盟の主たる目標の一つであるところの日独ソ提携の希望は、完全に潰《つい》え去ったのであり、かかる条件の下において、将来三国同盟より生ずることあるべき危険、すなわち対米英戦争の危険に陥るごときことあらば、わが国としては由々《ゆゆ》しき一大事である。第一それでは同盟を結んだ意義がまったく失われる次第である。ゆえに、この危険に対しては充分備えるところがなければならぬ。それは、日米接近のほかはない。しかも日米接近の可能性は、同盟締結前においては絶望視されたが、当時においては、むしろ有望視されたのである。何となれば欧州において英国の窮境を救わんとする米国は、太平洋において、日本と事《こと》を構えることを、極力回避せんとしていたからである。現に日米交渉は、その年の四月より始められている。余が三国同盟に多少の冷却的影響を与えることありとも、日米交渉はぜひ成立せしめねばならぬと決心したのはこのためであった。

七月二日、御前会議において、『帝国国策要綱〔情勢の推移に伴う帝国国策要綱〕』の決定を見た。この『要綱』により、松岡の即時対ソ作戦論はしりぞけられ、独ソ戦の推移によっては、北方の武力解決も考えるが、差し当たっては介入しない態度を決めたのである。しかし、そのかわり多少代償的な意味で、南方進出の態勢を強化するというのである。この御前会議の決定は、対ソ態度の決定が中心問題であって、『要綱』の中の『対英米戦を辞せず』という字句は、単なる形容詞的意味を持つものでしかなかった。しかし後日、日本敗戦後、戦争犯罪の論議が喧《やかま》しくなったとき、この決定こそ、すでに対米戦争を決意せるものであったと攻撃する者もあるが、当時の実情はまだ対米戦争を考えているというような段階では全然なかった。七月二日御前会議決定の『帝国国策要綱』は次のごときものであった。

第一　方針

一、帝国は世界情勢変転の如何《いかん》に拘《かかわ》らず、大東亜共栄圏を建設し、以《も》って世界平和の確立に寄与せんとする方針を堅持《けんじ》す。

二、帝国は依然支那事変処理に邁進《まいしん》し、且《か》つ自存自衛の基礎を確立するため、南方進出の歩《ほ》を進め、又《また》情勢の推移に応じ北方問題を解決す。

三、帝国は右目的達成のため、如何《いか》なる障害をも排除す。

第二　要領

一、蔣《しょう》政権屈服促進のため、更《さら》に南方諸域よりの圧力を強化す。情勢の推移に応じ、適時重慶《じゅうけい》政権に対する交戦権を行使し、且つ支那における敵性租界《そかい》を接収す。

二、帝国はその自存自衛上、南方要域に対する必要なる外交交渉を続行し、その他各般の施策を促進す。

これがため対英米戦準備を整え、先《ま》ず、「仏印泰《ふついんたい》〔タイ〕施策要綱」及び「南方施策促進に関する件」に拠《よ》り、仏印及び泰に対する諸方策を完遂《かんすい》し、以って南方進出の態勢を強化す。

帝国は本号目的達成のため、対英米戦を辞《じ》せず。

三、独ソ戦に対しては、三国枢軸の精神を基調とするも、暫《しばら》くこれに介入することなく、密《ひそ》かに対ソ武力的準備を整え、自由的に対処す。この間固《もと》より周密なる用意を以って外交交渉を行なう。
独ソ戦争の推移帝国に有利に進展せば、武力を行使して北方問題を解決し、北辺《ほくへん》の安定を確保す。

四、前号遂行に当《あた》り、各種の施策就中《なかんずく》武力行使の決定に際しては、対英米戦争の基本態勢の保持に大《だい》なる支障なからしむ。

五、米国の参戦は、既定方針に従い外交手段その他あらゆる方法に依り、極力これを防止すべきも、万一《まんいち》米国が参戦したる場合には、帝国は三国条約に基《もと》づき行動す、但《ただ》し武力行使の時機及び方法は、自主的にこれを定む。

六、速《すみや》かに国内戦時体制の徹底強化に移行す。特に国土防衛の強化に勉《つと》む。

七、具体的措置に関しては別にこれを定む。（以上）」

この間、ドイツの大島大使から来る電報は、連日、ことごとくドイツ軍の勝利と、ドイツのソ連処分計画に関したもので、同時に日本国策の不明確と不決断を難じ、日米交渉を非難したものであった。

また、モスクワにいた建川《たてかわ》〔美次《よしつぐ》〕大使からも連日戦況報告が来たが、当時の状況を案ずる一端として、七月四日発の電報を以下に掲げることにする。

「ソ連政府、国民とも士気阻喪《しきそそう》の徴《ちょう》歴然たり、昨三日スターリンの国民に訴えたる演説のごときも、低調にして何ら気魄《きはく》の見るべきものなく、すでに生活資源の焼却を慫憑〔慫慂《しょうよう》か?〕せるなど、防戦の自信を失いつつあるを暴露し、人民また戦意に乏《とぼ》しく、何ら愛国的熱情の発露《はつろ》なく応召兵《おうしょうへい》のごとき大部分は支那苦力《クーリー》におとる服装をなし、意気消沈《いきしょうちん》、黙々低頭《もくもくていとう》、たがいに語る気力なく、いわんや愛国軍歌の高唱もなく、屠所《としょ》に引かかる〔引かるる?〕羊《ひつじ》の感なきあたわず、これロシア人特有の愚鈍性《ぐどんせい》によるところ多かるべきも、またもって勝利の信念を欠き、戦争に対する嫌悪恐怖を表徴するものと言い得べく、敗戦色はなはだ濃厚にして、モスクワ陥落のごとき、今や時機の問題たるの感なきあたわず。

わが軍が東都シベリアに働きかけ得るは、明春のことと察せらるるところ、このたび決定の国策にては、最後の時機までスターリン政権との間に外交交渉を続けらるるところ、予想せらるるがごとく、独が欧露に政権を樹立するとすれば、むしろこれと交渉して、極東露領問題の解決をはかるか、しからずとするも、勝手に辞柄《じへい》を設けて行動することも想像せられ、敗戦無援のスターリン政権のごとき、歯牙《しが》にかけざるを可《か》とするやに考えらるる云々」

20　対米妥協反対ムードの松岡外交

日米交渉は、その後どういうことになっていたか。六月二十二日の独ソ開戦以来、同二十一日、米国側から発せられた回答案に対するわがほうの措置は、暫時《ざんじ》停頓のかたちとなっていた。しかし前述した通り、独ソ戦の勃発により、三国同盟の前提（独ソ友好関係ということ）が失われたことに鑑み、日米諒解の成立こそ、支那事変解決の唯一の残された望みということにもなるので、日米交渉の進捗については一段、力を入れようということになった。

この気持ちは、当時は近衛公はもちろん、東条陸相も及川海相も全然同様であった。そこで七月四日、日米交渉の一番難関であった松岡外相に対し——外相が「外交上の難関」とはおよそ何という不可解な現象であろうか——書面をもって、近衛公は次のような申し入れを行なったのである。

「北方問題が解決するまでは、南方に対しては武力行使をせず、進んで米国と国交を調整しなければならぬ。米ソを同時に敵とするの不可能なることは、海軍首脳部も言明している。この見地から仏印進駐のごときも、でき得れば中止するがよい。米国と国交を調整する結果、ドイツの要求に満足を与えることはできず、ために一時その感情におもしろくない暗流を、生ずることになるかもしれぬが、これはやむを得ない。米国との国交調整は海外物資獲得による国力の増強、米ソの接近遮断、重慶との平和工作の急速促進の三点から見ても必要である。そのため日米交渉は継続の要《よう》があるのみならず、国策遂行の高所から見て、すみやかに妥協をはからねばならぬ。貴下《きか》の達観論から見れば、日米の妥協など不可能かもしれないが、輔弼《ほひつ》の重責を担《にな》える身としては全力を尽くさざるを得ぬ。いわんや聖上《せいじょう》〔天皇陛下〕の御軫念《しんねん》もあることであるから、この際最善を尽くし、多少の譲歩をしてもその成立を期待せざるを得ぬ」

松岡外相はこの書簡に対し、ただちに電話で非常に感激した旨を伝え、翌五日には近衛公を訪ねて「自分ほど米国問題に熱心な者はないと考えている。ドイツに気兼《きが》ねをしているのではない。今日から真剣に米国問題を考える」とも言っているのである。

いっぽう、アメリカのルーズベルト大統領は、七月四日付けで、直接近衛総理にあてたメッセージを送ってきたのである。ところが、メッセージが松岡外相あてでなく、総理直接あてであったことは、いかにアメリカが松岡忌避《きひ》であったかわかると同時に、このことがまた感情家の松岡をしてますます対米反感を抱《いだ》かせ、日米交渉の妨害となったことは、その後明らかな事実となって示された。このメッセージの大要は、次のごときものである。

「各種各様の源泉から米国政府に達しつつある情報は、日本政府がソ連と戦端を開く意図を持っていることを告げている。日本政府によく知られている通り、太平洋水域に平和を維持し保護しようというのは、米国政府の真摯《しんし》な希望であり、その崇高な目的の達成のために、米国政府はその最大の努力を貢献してきた。

過去数ヵ月間、ワシントン駐在の野村大使が、ハル国務長官と会談の間にされた声明、および責任ある日本官吏の言辞によって米国政府は、日本政府もまた、太平洋水域の平和の維持と保護を欲《ほっ》せらるるとの希望を得ている。しかるに昨今、米国政府に到達しつつある報道の真実性を信ずることが困難である。日本軍が軍事的侵略と征服の路《みち》に踏み出すならば、それは日本政府もまた分かち合うものと了解される米国政府の意思、すなわち太平洋水域の平和は、現在以上に覆《くつがえ》されることなく、むしろ強化され安定化されるべきだということを虚妄《きよもう》化するものである。

米国政府は、日本がソ連と戦争をする決意をしたという報道が、事実にもとづいていないことを衷心《ちゆうしん》希望し、日本の首相によるこの趣旨の保障があれば、深く感謝する」


近衛公は、このメッセージが直接自分に与えられたものとはいえ、単独で処理すべきでないと考え、松岡外相にこのことを伝え、グルー米国大使には、総理の返事は外相からお伝えすると言い送ったが、これに対し、グルー大使は非常に失望したようであった。

結局八日、グルー大使を招致して、松岡外相からこのメッセージに対する回答がなされた。その要旨は、

「現下のごとき時には、各国であらゆる種類の風説がさかんに醸造《じようぞう》される。欧州戦争の大東亜地域への波及を阻止し、かつ太平洋における平和を維持保存するのが、常に日本政府の誠実純真な念願であることは言《げん》を要せぬところで、日本政府はこの高潔な目的達成のため、終始、真剣な貢献をしてきた。日本政府は貴メッセージ末段《まつだん》に対する回答として、ソ連に対する敵対行為に参加する可能性につき、今日まで何ら考慮を払ったことはない旨を答えようと欲するものである……この機会に、はたして大統領ないし米国政府が、真に欧州戦争へ参戦を企図せられているかどうかを的確におたしかめしたいと存ずる……」

というような趣旨であった。

これに対して七月十六日、米本国から回答してきたが、それは「ドイツに対する米国の自衛権の発動は当然だとし、この際、米国に拱手傍観《きょうしゅぼうかん》を強《し》いるような国は、武力侵略国の一味徒党《いちみととう》と見なす」というような痛烈なものであった。これに対し、松岡外相は、また自衛権の無制限の濫用《らんよう》に対しては反対である旨を表明、応酬したのであった。

このようにして、独ソ開戦の事実は、米国側の態度を次第に硬化させるようなことになっていった。野村大使は七月八日付け報告において、この間の空気を次のごとく述べている。

「六月二十一日付け米国案について、すでにかなりの時日《じじつ》がたったにかかわらず、まだ回訓に接しないが、つらつら米国の形勢を見るに、独ソ開戦以来は、特に日本の動向に注意し、日本は多年抱懐《ほうかい》する北進策をこの際行なうかもしれず、あるいは南進に巨歩《きょほ》を進めるかもしれぬと見る者もあり、この時に、米国が太平洋の平和維持や戦局の不拡大を約束することは錯覚だとし、加うるに、日本の国際信義を過小に評価する者もある状況である。

大統領や国務長官や海軍方面は、なお日米諒解を希望しているが、さりとて自分は、日本が強い態度を継続すれば、彼が逆に折れてくるだろうとは、とうてい信ずることはできない。新聞雑誌の論調を見ても、米政府ではそういう態度に出ることはできないと思う……。米国案の処理につき至急なにぶんの御指示を得たい」

そこで、独ソ開戦以来停頓していた米国案の審議は、ようやく七月十、十二日の連絡会議で取り上げられることになった。しかしこの頃になると、近衛公の苦心も空《むな》しく、松岡外相の態度はますます非妥協的となり、むしろハッキリ日米交渉そのものも、今はただ打ち切りの方法と時期だけが問題であると主張するようなことになってきたのである。

近衛総理は、外相のかかる態度を憂慮し、陸・海・内三相と密《ひそ》かに熟議を凝《こ》らし、十二日の連絡会議では陸海軍協同の意見が述べられることになった。それは、

一、欧州戦争に対する日本の態度は、条約上の義務と自衛によって決せられる。
二、中国問題に対しては、近衛三原則を基準とし、米国は休戦和平の勧告をするが、和平条件の介入は許されない。
三、太平洋で必要な場合は、日本の武力行使を留保する。

という三点は、後日のため明確にしておく要があるが、それ以外は、米国案の趣旨でさしつかえないというものであった。

そこで、松岡氏もやっと対策を作ることに同意したので、私（内閣書記官長）、陸海軍軍務局長および寺崎《てらさき》〔英成《ひでなり》〕アメリカ局長らで、最終案を作り上げたのである。ところが、松岡氏は

陸海軍その他の督促《とくそく》にもかかわらず、病気と称して、なかなかこの案を検討しようとしない。私はこの間、何度電話をかけたことか、今思い出しても腹立たしいような松岡外相の非協力態度であった。しかも、この間にドイツ大使とは会見をやっていたのである。ここで陸、海軍の松岡に対する悪感情も頂点に達することになった。

やっと七月十四日、松岡氏の意見を入れた最後案ができた。ところで、この対策はただちにアメリカへ伝達されるものと誰しも考えたのであるが、またここで、松岡氏がゴネ出したのである。それは、前にハルから野村大使に述べられた口述書は「非礼かつ不都合な文書」であったから、これを拒否するの訓電を発し、それから後、二、三日して、この日本の対策を発電すべきであると主張したのである。

そこで七月十四日は終日、寺崎アメリカ局長、武藤・岡陸海軍軍務局長と私（書記官長）が、同時発電にまとめるため、百方奔走《ひやっぽうほんそう》するという始末であった。そして最後に、寺崎アメリカ局長が、松岡外相には無断で発電するという非常手段に出て、やっと米国に対する回答案は発送されることになった。

松岡氏の、この口述書忌避《きひ》の考えは強く、当時高熱で外出できないという口実で、書面をもって近衛総理に意見開陳《かいちん》をした中には、「米国の意図は自分は参戦しても日本は参戦すべからずというものであり、かつ支那問題で日本を叩頭《こうとう》せしめようとするもので日本の属国化である。……しかるにかかわらず、閣下においてもしなおこれを継続せらるるにおいては、閣下ははたして後世にいかなることをもって、申し開かんとせらるるや」とさえ言ってきたのである。

ハル国務長官は、自分の口述書がそんなふうに解釈されたことに驚き、七月十七日これを撤回したが、いっぽう松岡外相から口述書拒否の訓電を受けた野村大使は、最近の松岡外相との関係を考慮し、辞意を表明してきたのであった。

かくして、事態は重要な外交問題を処理するどころではなくなってきた。七月十五日、近衛総理は陸海内相と協議した。そこで、異見を持つ松岡外相一人だけを辞めさすことが、時局重大の折から、適当であるという意見も成り立ったが、総辞職するのがよいという意見に、結局一致した。

陛下も「松岡だけを辞めさすわけにはいかぬか」と仰せられた。木戸内府も、この緊張した時局の中で、理由の不明確な政変は絶対に避けるべきである。この際は松岡一人が辞めるべきで、もし松岡が退かないなら、その時はじめて総辞職ということになるべきだと考え、近衛公にもこのように説かれたようである。

しかし近衛公にしてみれば、松岡を外務大臣に任命することについては、組閣の当初、陛下も案ぜられ、木戸内府も反対、その他多くの松岡を知る人達から猛反対があったにもかかわらず、自分としては、日米交渉を妥結せしめ得る唯一の同志として、また能力ある者として、彼を推薦したのであるから、この責任は重大であって、どうしても辞表を提出すべきものと考えるという強い信念であった。

ここにおいて、七月十六日正午から目白《めじろ》の近衛別邸に極秘裏に陸・海・内相を集めて協議の末、別室に待機していた書記官長（私）に、総辞職の準備を整えさせる結論となり、午後六時半突然臨時閣議を招集、各閣僚の辞表を取りまとめることになった。この総辞職ということは大部分の閣僚にとっては、まことに寝耳《ねみみ》に水であって皆、呆然《ぼうぜん》としているありさまである。

当時、松岡外相は病床にあったので、私がその辞表を取りに行くことになった。そのため一時、閣議は休憩となった。その時、近衛公は私を別室に呼んで「今日は大切な時ですから、松岡の言うことを何でも黙って聞いていて、とにかく辞表を取ってきてください。君は手が早いから、万一にも怒ってなぐったりしないように」と意外な注意をされたことを、今でも私は記憶している。

私のカンシャク持ちを心配されたのかもしれないが、当時いかに関係者一同が、この問題で松岡氏の不遜《ふそん》な非協力態度に憤慨しているかをよく知っていた近衛公が、最後に松岡氏がまた何を言い出すかわからないし、それに対してあるいは私が堪忍袋《かんにんぶくろ》の緒《お》を切りはしまいかと、心配されたものかとも思われるのである。

渋谷《しぶや》の松岡私邸を訪れた私は、しばらく応接間で待たされた。松岡外相はドテラに袴《はかま》をつけて出てきた。私は切り口上《こうじょう》で「ただ今総辞職をすることに閣議で決定したので、あなたからも辞表をいただいてくるようにとの総理のお言葉です」と述べた。

そこで松岡氏は「今日の時局に鑑み、近衛公は絶対に辞められてはならないと思う。近衛公以外に今日、日本の総理たるべき人はないのだと自分は確信している。したがって、近衛公を残して全部の閣僚を辞めさせることに賛成する。その意味で自分も辞表を出すことにする。くれぐれもこのことを近衛公に伝えてくれ。僕は、君の誠意に日頃感激しているものだ。君なら僕の気持ちもわかって、よく近衛公に伝えてもらえると思う。私の印鑑を、君を信頼してお渡ししておく」と言うのであった。およそ三十分ほど近衛公の礼賛《らいさん》、時局の重大性を時々せき込みながら、例の調子で熱弁に話された。私はほとんど無言。折《おり》を見て「おからだ御大事に」と挨拶をして、閣議に急ぎ帰って、このことを委細《いさい》報告したのであった。

近衛公は午後八時五十分、折から御避暑中の陛下に対し、葉山《はやま》御用邸で辞表を捧呈《ほうてい》することになった。かくて、第二次近衛内閣は昭和十五年七月二十二日組閣以来、満一年にして倒れたのである。

当時、総辞職の理由として新聞に発表したことは「変転きわまりなき世界の情勢に善処して、ますます国策の遂行を活発ならしめんがためには、まず国内態勢の急速なる整備強化を必要とす。したがって、内閣の構成もまた一大刷新を加うる必要あることを痛感し」て総辞職するに至ったというものであった。

葉山に総辞職のため伺候《しこう》した近衛公を、途中鎌倉《かまくら》まで迎えに行った私は、そこから近衛公の車に同乗して、東京の総理官邸へ急いだのであった。官邸には、各閣僚が奏上の結果を待っていた。

その鎌倉からの車中、近衛公の話は、ほとんど全部が日米交渉の遅々《ちち》として進行せざることに対する遺憾の表明であった。何とかして一日も早く日米交渉を成立させたい。自分は今後、野《や》に在《あ》ってこれに全力を尽くすとも言った。

当時の政情においては、近衛公に大命再降下は必至だったので、私が談《だん》たまたまこのことに触れたとき、「これは富田君にハッキリ申したいことだし、またこのことは木戸とも話し合ったことだが、自分としては松岡外相推薦の過誤《かご》に対し、心から陛下に対し、また国民に対し申し訳なく思っているので、今は心からその責任を感じて総辞職したのです。それですから、大命再降下などということは夢にも考えず、また願わくば絶対にそういうことのないようにと思っているのです」とシミジミ言われたことは、今もなお深く私の印象に残っている言葉である。

21　第三次近衛内閣成立（昭和十六年七月十八日）――仏印進駐で新たな暗雲

昭和十六年七月十七日、重臣会議が召集された。それは近衛内閣総辞職に対し、後継内閣奏請の一段階であった。松岡外相の存在が総辞職の真の理由なのであったが、表面上は「国内態勢の整備強化」というような文句をうたっていたので、重臣間に多少の意見はあったが、結局全員一致で、再び近衛公を押すということになった。

そこで十七日午後五時十分、近衛公に再度組閣の大命が下った。組閣は翌十八日午後八時五十分の親任式をもって終了したのであるが、この組閣すなわち第三次近衛内閣において一番の問題は、その経緯からいって、日米交渉の早急進捗ということである。したがって松岡外相に代わるにいかなる人物を持ってくるかということは、もっとも重要な組閣の眼であった。

それから金光庸夫《かねみつつねお》厚生大臣、小川郷太郎《おがわごうたろう》商工大臣、秋田清拓務大臣の政党出身三大臣の留任には、軍部が反対であった。これは、政党出身者はとかく閣内の機密を党内に洩《も》らしているという非難である。柳川平助司法大臣の留任には、東条陸相が反対した。これは柳川氏が陸軍出身でありながら、とかく陸軍の方針を支持せざるのみか、反対の立場をさえ取っているというのである。これには政策論の相異の他に、いわゆる陸軍部内の対立、皇道派《こうどうは》・統制派《とうせいは》と言われる従来からのいきさつもあったようである。

私に対しては、書記官長としてぜひ留任してほしいと、大命再降下して宮中から帰ってきた近衛公は最初に申し渡された。法制局長官（村瀬直養氏）、情報局総裁（伊藤述史《いとうのぶふみ》氏）、ならびに企画院総裁（鈴木貞一氏）の三長官にも留任してもらうよう、私から通知することになった。

それから、外務大臣である。私は当初第三次近衛内閣において、この行き詰まりと錯綜《さくそう》せる日米交渉担当の外務大臣を誰に求めるのか、内心非常に興味を持って見ていたのであったが、閣僚の選考に入った時、第一に近衛公は「外相には、豊田貞次郎商工大臣を転出させたいと思っています。どうでしょうか」ということであった。私は思いもよらぬことで唖然《あぜん》とした。しかし、確かに名案と思うようになった。豊田氏は海軍次官までやった生粋《きっすい》の海軍軍人であり、海外に駐在武官として勤務したこともある外国通である。さらに、十六年四月海軍大将に昇進して予備役に編入せられた上、小林一三氏の後を継いで、第二次近衛内閣に商工大臣として入閣した人で、商相として物資問題を取り扱い、日米衝突はどうしても避けなければならぬと主張していた一人である、豊田氏はしかし、なかなか受諾《じゅだく》しなかった。それを、及川海軍大臣がやっと説きつけるというようなことで、半日くらいはかかったと思う。

次に蔵相は小倉正恒氏（前は河田烈氏）、内相は田辺治通氏（前は平沼騏一郎氏）、厚相は小泉《こいずみ》親彦《ちかひこ》氏（前は金光庸夫氏）、商相は左近司政三《さこんじせいぞう》氏（前は豊田貞次郎氏）らが次々と決定していったが、柳川氏の後任ないし留任が定まらないので、組閣はすこし停頓したのである。

これらの人事が定まると、近衛公は総理官邸の日本間に入ってしまった。いつものヒル寝である。ところが政変前後の疲労も加わって、この時のヒル寝は実に長く続いたのである。夕方の七時頃になっても起きてこない。時局柄、早急に組閣をと思うのは誰しも当然であるし、ことに色々注文をつけていた陸軍は、早く人選を聞きたい、組閣を終了させたいとヒッキリなしに電話を私のもとにかけてくる。この際に長いヒル寝だとも言えない。そのうちに宮中より、葉山から組閣の親任式のため御帰京中の陛下も、まだかまだかとお聞きになっている、どうなっているのかと問い合わせてくる始末である。

あまり長くなるので、私も時々日本間に出かけて、女中さんに公爵の寝室をうかがってもらうのだが、よく眠っている。やっと七時すぎになって起きてこられた。早速私が会って、各方面から督促のことを伝えると、「別に一時間や二時間急ぐこともないのじゃないかね。親任式は明日にしたっていいじゃないか。結局、法務大臣の問題だけ解決しないのだから、これは私が兼任して、そんなに急ぐのなら、そのへんのところで親任式にしてもらいましょう」ということになり、午後八時五十分、親任式が行なわれ、九時四十五分、第三次近衛内閣の初閣議が

第3次近衛内閣

1列左から橋田邦彦文相、近衛首相。2列左から及川古志郎海相、小倉正恒蔵相、平沼騏一郎国務相。3列に東条英機陸相が見える。内閣書記官長・富田健治は後列右に

開かれたのであった。

今次《こんじ》政変の意義は、明白だったはずである。すなわち日米交渉一辺倒の辞職であり、組閣だったのである。ところが、アメリカにいる野村大使には、その意味が充分に通じなかった。本人が理解しないくらいだから、米国側にももちろん伝えられるわけがない。その上、前内閣の末期、苦心して作り上げた日本の回答案は、七月十五日訓電されていたのに、野村大使は内閣の更迭があったという理由で、米国側に提示していなかったことが、七月二十二日野村大使の電報で判明したばかりでなく、二十三日「至急新内閣の対米方針をご内示相成《あいな》りたく」と請訓してく

る始末で、今までは松岡の頑迷《がんめい》に悩まされた一同は、今度は「野村という人も、なるほどすこしピントがはずれているね」とガッカリする一幕もあった。もちろん野村大使の日米交渉妥結に対する熱意は、誰もが充分に了承していた。

次に、南方問題の経緯について、述べたいと思う。元来南方施策については、十六年五月、日・仏印協定が調印され、仏印・泰《タイ》平和条約も同じ頃東京で調印されたが、蘭印《らんいん》との交渉は容易に進捗せざるまま、六月下旬には決裂の状態になってしまった。そこで六月二十五日、連絡会議で次のような決定を見るに至った。

一、現下諸般の情勢に鑑《かんが》み、既定方針に準拠して対仏印、泰《タイ》施策を促進す。特に蘭印派遣代表の帰朝に関連し、速《すみや》かに仏印に対し、東亜の安定防衛を目的とする日、仏印間軍事的総合関係（既定のもののほか、南部仏印に所要兵力を進駐せしむることを含む）を設定す。

二、右のため、所要の外交交渉を行ない、且《か》つ速かに進駐準備に着手する。進駐準備完了し、尚《なお》仏印にして我《わ》が要求に応ぜざる場合には進駐を開始す。この際仏印にして抵抗せば武力を行使す。

三、本施策遂行に方《あた》り、英米蘭等の妨害に依《よ》りこれが打開の方策なく、日本として自存自衛上忍び得ざるに至りたる場合には、対英米戦を賭《と》するを辞せず。

というものであった。

当時、日本は米英蘭の対日経済封鎖で首を締《し》められていたから、蘭印との交渉の経験などに鑑み、武力の背景がなくては駄目だとの考え方が急に台頭《たいとう》してきたのである。また、当時これは政府の全然関知しなかったことであるが、十六年四月、大本営陸海軍部では南方に武力行使をする場合につき、次のような決定をしていた。それは、

一、全面禁輸を受けた場合。
二、ＡＢＣＤ（米、英、支、蘭）対日包囲陣が、日本国防上忍び得ざる所まで発展し、外交工作で打開の方策のない場合。

に限定していたのである。

すなわち進出限度は、泰、仏印に置いたので蘭印、マライ〔マレー〕、比島、シンガポールなどには、たとえ英帝国が崩壊に瀕《ひん》したような場合でも、武力行使はやらぬということになっていたとのことで、理由は、要するに海軍にその意思がなかったからである。

今から考えると、日本の南部仏印進駐は、結局米国をして対日戦を決意せしむる原因となっ

たのであるが、当時、近衛公も私も、このことで海軍側ともしきりに懇談を重ねたし、日米交渉に精根を打ちこんでいた近衛公としても、もっとも心配していたことであったが、海軍でも仏印進駐だけでは、皆それほど重大な結果を招来するとは予想していない様子であった。また、当時陸軍および海軍一部の空気として、北進《ほくしん》か南進《なんしん》か、少なくともそのいずれかは抑制できない勢いであったので、それほど重大な結果には至るまいという考えのもとに、仏印進駐の決定に賛成したというのが、近衛公の真意であった。

仏印進駐の交渉は七月十四日から始められ、その間、近衛内閣は第二次から第三次に代わったが、七月二十三日には、日仏印共同防衛協定が成立した。二十一日、アメリカの国務次官は、日本の若杉〔要〕公使に「情報によれば、日本は近く仏印を占領する模様《もよう》であるが、かくては従来の会談は無用となる」と警告してきている。

野村大使は形勢の急迫を痛感したので、七月二十四日、ルーズベルト大統領と内密に会談して、仏印進駐につき釈明し、日米交渉の進展につき希望したところ、ル大統領は、

「世論は従来から、石油の対日禁輸を強く主張しているが、自分は日本に石油を与えることは、太平洋平和のため必要だと説得してきた。しかるに、日本で仏印に進駐し、さらに南方に進出する形勢では、自分の従来の論拠は失われる。米国は錫《すず》やゴムの入手が困難になり、比島その他の安全も脅《おびや》かされることになっては、せっかく石油の輸出をやっても何にもならぬ」

と、石油の禁輸をほのめかした。

この南部仏印進駐は結局、日米交渉の最大の危機となったのである。七月二十六日、ついに米国は日本資産を凍結し、また英国は、日英、日印、日ビルマの各通商条約の廃棄をする旨、通知してきた。次いで八月一日、米国は棉と食糧を除いて、石油を含むいっさいの輸出を禁止した。かくして、独ソ開戦以来硬化していた米国の対日態度は、事実上南部仏印進駐によって決定的なものとなってしまったと言われよう。

七月三十一日、永野海軍軍令部総長は日米戦争勃発の可能性につき、陛下に言上している。「戦争はできる限り避けたい。しかし三国同盟があっては、日米国交調整は不可能と思う。国交調整が不可能になり、油の供給源を失うことになれば、このままでは二年の貯蔵量しかない。戦争になれば、一年半で消費し尽くすことになるから、むしろこの際、撃《う》って出るほかないと考える」旨を申し上げている。

当時、海軍は油の問題を何よりも重大視していた。当時の石油貯蔵量では、海軍は二年、民需は一年でストックは空《から》になる予想であった。人造《じんぞう》石油は問題にならない。しかるに七月二十六日の資産凍結に続いて、八月一日石油の全面禁輸が発令されたので、今度は俄然《がぜん》硬化してきた。石油が「ジリ貧《ひん》」に陥るを待つより、機先《きせん》を制して開戦せよとの論が有力になってきた。

近衛公は今まで対米関係において、慎重かつ消極的な海軍を杖柱《つえはしら》として、陸軍の積極論を抑えてきたのであるが、今度はその海軍が強硬になってきた。ここに、近衛公の日米交渉早期妥結の念願も、きわめて難関にぶつかることになったのである。

しかし、近衛公はあくまで日米交渉成立の希望を捨てなかった。それは七月二十四日、ルーズベルト大統領が野村大使に申し入れた「仏印ならびに泰を中立化すること」の提案を手がかりとして、日米会談の再開に努力したのである。そして八月四日、対米申し入れの決定が連絡会議でなされたのである。その要旨は、

一、日本は仏印以上に進駐の意思なく、仏印からは支那事変解決後撤兵すること。
二、比島の中立を保障すること。
三、米国は南西太平洋の武装を撤廃すること。
四、米国は蘭印における日本の資源獲得に協力すること。
五、米国は日支直接商議の橋渡しをし、又《また》撤兵後にも仏印における日本の特殊地位を容認すること。

これに対し、ハル国務長官は八月八日、米国の回答を野村大使に手交したが、日本の提案は全然ポイントがはずれていることを指摘し、先の大統領の提案を反復するというありさまで、

また日本が「包囲対策」を云々することを反駁《はんばく》した。要するに、日本が武力行使を止めない限り問題にならぬという強硬な態度であった。

かくして、日米交渉もほとんど八方塞《はっぽうふさ》がりになってしまった。近衛公の日米交渉妥結の熱意と焦慮、内外共にこの近衛公の悲願が理解されない現状——これらを日夜、近衛公の側近にあって見聞きして体験している私にとって、どうしたら、日米交渉問題を打開することができるかということは、喫緊の夢寐《むび》〔眠って夢を見ること〕にも忘れることのできない問題だった。

そこで、私は残された一つの途《みち》として、近衛公とルーズベルト大統領との両首脳の直接会談ということを思いついたのである。ル大統領の日米交渉成立に対する野心は、当初からうかがわれるものがある。この上は近衛公が全権特使としてアメリカに行き、ル大統領に直接交渉をなし、撤兵問題も、三国同盟解釈問題も、片づけてもらう以外に途はないと考えた。

そこで、私はまずこの案を外交専門家で、私の日頃尊敬している伊藤述史氏〔当時情報局総裁〕に披瀝《ひれき》して、その意見を求めた。ところが、伊藤氏は「非常な名案である。あなたは実に良いことを思いついた。外交上のことは、われわれ専門家よりもかえって素人《しろうと》のほうが良案を出されるものだ。すぐ総理に進言しましょう」というわけで、ただちに二人して総理大臣室にいる近衛公に面談した。

近衛公も「それはおもしろいですな。もうそれ以外途《みち》がないかもしれない。陛下より全権を委任されて、アメリカですべてを大統領と直接談判で定めてくる以外、途は残されていませんね。小村《こむら》（寿太郎《じゅたろう》）侯（註・日露戦争後、戦勝に酔《よ》える日本国民の不満に堪《た》えて、日露講和条約の締結を成し遂げた当時の外務大臣）になれるなら、ありがたいことだ」と思いなしか、晴れ晴れした顔つきで、直接会談に賛意を表してくれたのであった。以下、この近衛・ルーズベルト両首脳会談につき、記述したいと思う。

22 ルーズベルト大統領へ近衛親書を送る

前号〔項〕にも述べた通り、私（富田）や伊藤述史氏（情報局総裁）の進言にもとづき、近衛公は、膠着《こうちやく》状態に陥った日米交渉打開への唯一の道として、近衛・ルーズベルト直接会談を決意するに至った。たしか、八月はじめのことであったと思う。近衛公は軽い風邪で、総理官邸のベッドに寝ながら、千代子《ちよこ》夫人の介抱《かいほう》で、吸入器を咽喉《いんこう》に当てていたが、私をその寝室に招致された。

私はしばらくその吸入の終わるのを待っていたが、それをすませてから、さも気持ち良さそうな格好で「大変お待たせしました。例のルーズベルトとの直接会談ですが、これを日本の軍部に納得させることが、まず第一、大変な仕事だと思います。そこで軍部への申し入れをどうするか、私は文書にして出したいと思う。この直接会談はあなたの提案なのだから、一つ申し入れの文書を考えてください。私はこんなことを寝ながら考えてみたのですが」と言いながら、ベッドの中で仰向《あおむ》けになり、原稿もなしにスラスラと口頭で述べた。いちおう述べ終わってから「どうでしょう」と言われる。私は「大変けっこうだと思いますから、早速私が筆記します。もう一度口述してください」と求めた。

近衛公は元来、文章については凝《こ》り屋であり、興味を持ち、かつ自信もあったようであるが、この時の口述はスラスラ少しの淀《よど》みもなく、あたかも原稿を読むように天井《てんじょう》を見つめながら語った。色々の意味で、実によくできていたと思う。私は、この時の感銘を今もなお強く心にとどめている。私の筆記したその口述内容は、次のようなものであった。

「米国大統領は Wish to leave nothing undone（なさざることなしというようにいたしたい）と言っているくらいで、この際尽くすべきことは尽くすことが、われわれの義務だと思う。今日までの日米話し合いの裏には、種々誤解もあり、また感情の行き違いもあり、双方の真意が、徹底しておらぬ憾《うら》みがあり、このまま進んで戦争に入るということは、世界の平和、特に日米の国交をもっとも御軫念《しんねん》遊ばさるる陛下に対したてまつりても、また国民に対しても、為政者《いせいしや》として申し訳ないことと考える。尽くすだけのことは尽くして、ついに戦争になるというのならば、これは致しかたない。その場合には、われわれの腹《はら》も据《す》わり、国民の覚悟も決まる。欧州戦争前にイギリスのチェンバレン〔首相〕が再三《さいさん》ヒットラーと会見するために、大陸に赴いたことは、結果から見て、ヒットラーに騙された形ではあるけれども、英国民の覚悟を決めさせる上には、相当の効果があったと思われる。

この際はまったく危機一髪の時であって、野村大使等を通じての交渉では時宜《じぎ》を失《しつ》する恐れあり、むしろ総理自ら大統領と会見の上、日本の真意を率直大胆に披瀝《ひれき》するがよい。その際、彼が了解しなければ、席を蹴《け》って帰る覚悟を要するはもとよりである。したがって、対米戦争の覚悟を決めてかかる事柄であるが、大統領と直接会っても、ついに了解を得られなかったということであれば、国民に対し、真に日米戦争もやむを得ずとの覚悟を促《うなが》すこととなり、また一般世界に対しても、侵略を事《こと》とするのではなくして、太平洋の平和維持のために、これだけ誠意を披瀝したということが、はっきりわかって、世界世論の悪化をいくぶんでも緩和し得る利益がある。

大統領のホノルルに来ることは最初の諒解案にもあることだから、必ずしも実現不可能とは思えない。また話し合いも、必ずしも最初から絶望視する要《よう》もない。もちろん、日本の主張は大東亜共栄圏の確立にあり、米国は九ヵ国条約を楯《たて》としているので、この両者は相容《あいい》れない。しかしながら、米国も『合法的な方法による条約の改訂には、いつでも相談に乗る用意がある』と言っているし、またいっぽう、日本も理想としては、大東亜共栄圏確立を目指すものであるけれども、この理想の全部を一挙に実現することは、今日《こんにち》の国力では無理なのだから、日米の話し合いは双方が大乗的《だいじようてき》立場に立って話せば、できないことはないと考える。

この会談は急を要する。何となれば、独ソ戦の見通しとしては、だいたい九月には峠《とうげ》が見える。もし今日、一部の人の予想するごとく戦争が膠着《こうちやく》すれば、ドイツの将来は楽観を許さない。そういう形勢になれば、米国の鼻息も強くなり、日本からの話などは寄せつけないことになる。逆に、独ソ戦がドイツに有利に展開するとしても、この会談は日本にとって大《だい》なる不利はもたらさない。ドイツの対日感情は冷却する恐れはあっても、ドイツの世界制覇とか、対米英完勝などあり得ず、したがって、日独の関係はいかようにも転向の途はあり得る。ゆえにこの際は、独ソ戦が有利な場合は深く心配する必要なく、むしろドイツに不利となる場合を考えて、一日も早く米国と手を打つことが急務だと考える。

しかしながら問題は、何でも米国と話し合いをつけさえすればよいということではない。話し合いをつけることに急なあまり、媚態《びたい》となったり、屈服となってはならぬのはもちろんである。要するに、尽くすだけのことを尽くす。それでできなければ、やむを得ない。尽くすだけのことを尽くすということが、対外的にも対内的にも必要と思うのである」

近衛総理の、この日米首脳直接会談提唱の文書を受け取った軍部は、突然のことでさすがに意外だったらしく、武藤陸軍軍務局長からは早速、私に電話がかかって、「あの申し入れの真意はいったいどういうことになるのかい。いつあんなことが決まったのだ。君も人が悪い。ちょっと前に知らせてくれてもいいじゃないか。水臭《みずくさ》いぞ」と言ってくる始末であった。

私は「総理の心境は、あの文章そのままである。素直にそのままに受け取ってもらいたい。総理の日米交渉早期妥結の熱意は、あんたもよく知っておられるはずじゃないか」と応酬したことであった。そこで、この提唱に対し、海軍はすぐに賛意を表してきたが、陸軍からは文書で答えてきた。いわく、

「総理が自ら米国大統領と会見することは、三国同盟を基調とする日本の現在の外交を、必然的に弱化する結果になり、かつ国内的に相当の波紋を生ずることが予想されるので、適当でないと思考する。しかし、現下の急迫した時局下において、総理が自ら挺身《ていしん》して、難局打開を試みようとの決意に対しては、真に敬意を表する次第で、もしN工作（野村大使による日米交渉）

のことに対する日本案の根本方針を堅持して最後の努力を払い、しかもなお、米国大統領が日本の真意を正解せず、依然現在のような政策を履行《りこう》しようとする場合は、断乎《だんこ》対米一戦の決意をもって臨《のぞ》むということなら、陸軍としてもあえて異存を唱えるものでない。

附言（一）先方の内意を探り大統領以外のハル長官以下との会見なら不同意である。

（二）会見の結果、不成功の理由をもって辞職しないよう。否《いな》むしろ対米戦争の陣頭に立つ決意を固められること」

以上が陸軍の回答であったが、武藤局長などの口裏《くちうら》からうかがうに、会談は成立すまいという観測をしていたようである。

八月六日、近衛公はこの決意を、陛下の御前に奏上したのであるが、もとより御賛成であったので、ただちに七日、野村大使に対し訓電が出されることになった。

近衛公は、この会談に関するわが陸海軍への申し入れ文書においては、色々の言い方をしているけれども、その真意は、ルーズベルト大統領さえ、この会談に応じ、近衛公がアメリカへ行けることになったら、たとえわが軍部が交渉条項につき異議を唱えても（このことは支那からの日本軍の撤兵ということについて、特にその公算《こうさん》は多かったのである）、会見地から直接、陛下に電報で御裁可を乞《こ》い、調印するという非常手段を考えていたのであって、顧《かえり》みるに日米交渉最後のチャンスはこの時だったように思われるし、この当時旬日間《じゅんじつかん》の近衛総理はいかにも朗《ほが》らかで、顔つやも生き生きとして、何かを待っているような様子であった。ところで、運命はついに日本にはついてくれなかった。

ちょうど時も同じ八月九日から、ルーズベルト大統領は、イギリスのチャーチル首相と大西洋で極秘裡に洋上会談をやっていた。当時は、ル大統領が大西洋上で避暑のためのヨット遊びをやっているように、新聞には報ぜられていた。そして八月十八日ワシントンへ帰って、はじめてチャーチルとの洋上会談のあったことを国会に報告したのであった。

その報告中で、「新しい約束は何もしない」と強調しているが、チャーチルのほうは、八月二十四日の放送で相当露骨《ろこつ》な話をしているのであって、日本を痛烈に攻撃し、「日米交渉の成功は希望するが、もしそれが失敗したら、われわれはもちろん躊躇《ちゅうちょ》することなく、米国側に与《くみ》しなければならぬ」と言い、また米国はいつ参戦するかということについては、「米国はすでに行動している。誰よりもヒットラーがそれを知っているはずだ」などと語っている。

しかし、この大西洋会談の真相が明らかにされたのは終戦後のことであるが、日本に関しては、当時すでに次のような協定がなされていたのが事実であった。

「日本が西南太平洋においてこれ以上侵略をやれば、米国は戦争の危険を賭《と》しても、対抗手段を取るという声明をする。すなわち日本がもし第三国（英蘭を含む）を攻撃すれば、米国自身が攻撃されないでも、米国はその第三国を援助する」というのである。

そしてこのことに関し、その際チャーチルは、この第三国援助を明らかにした対日警告をなすことをル大統領に要望したが、ル大統領はこれに同意せず、しかし最後通牒《つうちょう》の性質を持つ強硬な文書を日本に与えることに同意し、「極東のことは私に任せてもらいたい。私は二ヵ月間は日本人を赤ん坊扱いできる」と言ったと伝えられている（ビアード教授の著書〔『ルーズベルトと第二次世界大戦』〕二四四頁）。

訓話を受け取った野村大使は自分も大賛成で、八月八日、近衛提案をハル国務長官に伝達したが、この日はあたかも、仏印中立化に関する日本側の申し入れに対し、ハルから回答するのとかち合う始末となった。しかも、アメリカのその回答はきわめて強硬なものであったし、肝心の首脳会談の申し出に対しても、ハルは「日本の政策に変更のない限り、これを大統領に取り次ぐ自信がない」という態度であった。そこへ、ル大統領とチャーチル首相との共同声明も発表されるという次第で、近衛公の会談提唱に対する空気は悲観的なものがあった。

しかしその後、野村大使は何とかして、この会談を成立せしめたいという熱意で、それへの努力を続けたので、ハル長官もようやく折れ、「貴下が充分の見込みを持つなら、大統領に取り次いでもよい」というふうに軟化して、八月十七日、大西洋上会談から帰ってきたその日、しかも日曜日であるに〔も〕かかわらず（これはまったく異例のことである）、ル大統領は、野村大使を招き、ハル長官も同席して、米国側の覚書《おぼえがき》を手交すると共に、近衛公の首脳会談申し入れを聞くことになったのであった。

米国側は、この覚書においては強硬な従来の主張を繰り返すいっぽう、首脳会談については「喜んで意見を交換のため、適当な時期および場所の斡旋《あっせん》に努力するであろう」と、賛意を表してもいるのであった。また、野村大使のこの時の報告によると、ル大統領は終始、上機嫌で、首脳会談については、自分は飛行機に乗ることを医師に禁ぜられているので、国務の都合上、会見場所としてハワイは地理的に不可能で、アラスカのジュノーがよかろう。あなた（野村大使）は海軍軍人で、海のことは詳しいだろうが、北洋でも十月中旬くらいまでならだいじょうぶ。航行できるのではなかろうか」などと語って、至極《しごく》乗り気の様子だったと喜んで電報してきているのであった。

いっぽう、東京駐在のグルー米国大使も十八日、ハル長官に対し、この首脳会談には、賛成の意見を具申してきたし、少なくとも大統領としては、当時、自ら大局的見地で事務的立場を離れて、迅速《じんそく》な解決をはかろうとする意欲のあったことはうかがえるものがあった。

いっぽう、わが国においては、こういう情勢の中で、八月二十六日の政府統帥部連絡会議において、十七日野村大使に手交された米国からの申し入れに対する回答が決定されると共に、ルーズベルト大統領にあてた、いわゆる「近衛メッセージ」なるものも、新たに採択されたのである。

この「近衛メッセージ」は、二十八日米国において大きく新聞に報道され、これがまた日本にも逆輸入されて、その頃まで秘密にされていた、日米交渉の事実の追求もおいおい表向きに出てきている折から、わが国は陸軍をはじめとする反米英派すなわち日独伊三国枢軸派と、日米交渉をまとめようとする政府ならびに軍上層部（当時軍上層部はまだ日米交渉の成立を期待、希望していた）との間に、複雑なかけひきが行なわれることとなったのであって、当時内閣書記官長として私は、毎日三回（正午、午後四時の各二十分間、夜は八時からおよそ一時間）新聞記者との会見において、終始この日米問題でしつこい追及、つるし上げを食うありさまで、日米交渉の事実の経過も内容も共に、絶対秘密にしなければならなかった当時として、一言一句、対外的に対内的に、その時の苦心は、相当なものだったと思い出される次第である。

当時、わが国内の政府ならびに軍部の中心部は両首脳会談の実現に備えて、海軍は軍艦を派遣し、その艦上で会談を行なうこととし、また陸軍、海軍、外務からの随員もその人選をすませていたのである。私（内閣書記官長）も陸・海軍との連絡係としてぜひ随行するように、と近衛総理から言われていた。陸軍から首席随員として土肥原《どいはら》〔賢二《けんじ》〕大将、それに武藤軍務局長ということで、このスタッフで、一挙に日米交渉を現地で解決させようというのが、近衛公の切願だったのである。

八月二十八日、野村大使から、「近衛メッセージ」等を受け取ったル大統領は「非常に立派なものだ。近衛公とは三日間くらい会談したい」などと言い、大統領も大いに乗り気に見えたと、報告してきた。近衛公も後日、当時を述懐して「おそらくこの時が、日米の一番近寄った時であったかもしれない」と述べている。

しかし、ハル国務長官ははじめからの慎重な態度を変えず、「首脳者会談は、あらかじめまとまった話を追認するような会談にもってゆきたい」と語り、自然、中国からの日本軍の撤兵問題、三国同盟に対する自衛権の問題等に関し、従来以上明確に、意向を知ることが先決問題であると語った。このハル国務長官の考え方は、近衛公がとにかく細かいことは後回しにして大局的、政治的にルーズベルト大統領と直接会談で取り決めてしまおうという意見と、全然逆だったのである。

近衛メッセージは当時、内外共に相当の問題となったものであるから、以下その大要を掲げて参考とする。

近衛メッセージ

貴大統領と本大臣との会見に関する当方提案に対し、八月十七日野村大使に手交せられたる文書により、貴大統領が右着想に同意を表せられたるは、本大臣の深く多《た》とするところなり。現下世界動乱にあたり、国際平和の鍵《かぎ》を握る最後の二国すなわち日米両国がこのまま最悪の関係に進むことは、それ自体きわめて不幸なることたるのみならず、世界文明の没落を意味するものなり。わがほうが太平洋の平和維持を顧念《こねん》するは、単に日米国交改善のためのみならず、これを契機として世界平和の招来に資《し》せんとするに他ならず。

惟《おも》うに日米両国間の関係が、今日のごとく悪化したる原因は主として両国政府間に意思の疎通《そつう》を欠き、相互に疑惑誤解を重ねたると、第三国の謀略策動によるものと考えらる。まずかかる原因を除去するにあらざれば、両国国交の調整はとうてい期しがたし。これ本大臣が直接貴大統領と会見して率直に双方の見解を披瀝《ひれき》せんとする所以なり。而《しこう》して七月中断したる予備的非公式商議は、その精神および内容おおむね妥当なるも、今後引き続き商議を進め、しかる後両者首脳者間においてこれを確認せんとする、従来考えられたるがごとき遣《や》り口《くち》は、急激なる進展をなしつつあり、あるいは不測の事態を惹起《じやつき》するの恐れなしとせざる現在の時局に適合せず、まず両首脳者直接会見して、必ずしも従来の事務的諸商議に拘泥《こうでい》することなく、大所高所より、日米両国間に存在する太平洋全般にわたる重要問題を討議し、時局救済の可能性ありや否《いな》やを検討することが、喫緊の必要事にして、細《さい》目《もく》のごときは首脳者会談後必要に応じ、事務当局に交渉せしめて可なり……叙上《じよじよう》〔前述〕の次第なるをもって当方は会見の期一日もすみやかなることを希望し、会見の場所としては、諸般の考慮上ハワイ付近を適当と思考する次第なり。

23　日米問題で御前会議

日米首脳会談の申し入れに対する回答は、昭和十六年九月三日ルーズベルト大統領より、同四日ハル国務長官より、直接、野村大使に対してなされた。

しかし、アメリカ側の態度は次第に硬化してきた様子で、米国としては、今までの日米諒解案が成立しない限り、首脳者会談に同意はできないということであり、その上に日米交渉のそもそものはじめ（昭和十六年四月十六日）に、ハル国務長官が持ち出した「四原則」そのものがもっとも重要で、日本もこれを支持することを、もっとはっきりさせねばならぬと強調してきたのである。

（註）「四原則」とは

一、あらゆる国の領土保全、主権の尊重。
二、他国の内政に干渉せざる主義の支持。

三、機会均等主義（商業上を含む）の支持。
四、太平洋地域における現状維持――現状変更は平和的手段による。

野村大使が九月三日、このような回答を受け取っていた同じ頃、東京では新しい対米申し入れ案が、連絡会議で決定せられ、九月四日米国側に伝達されたのであった。これは、従来の諒解案とは別の建前で、その重要なる部分を列記《れっき》したもので、日本側ことに外務省は、これに非常な期待をかけていたのである。九月四日の「対米申し入れ」はおおむね、次のごときものであった。

一、仏印以上に進駐せず。
二、三国条約に対する日本の解釈を自主的に行なう。
三、日支協定に遵《したが》い支那から撤兵する。
四、支那における米国の経済活動は、公正な基礎において行なわれる限り、これを制限せず。
五、南西太平洋において、通商上の無差別待遇の原則を樹《た》つ。
六、日米の正常な通商関係の恢復《かいふく》に必要なる措置を講ず。

しかし、この申し入れは外務省の期待に反し、かえって誤解と混乱を招くこととなったのである。なぜならば、米国としては六月二十一日にその最後案を日本に提示していたのに、前述した通り、野村大使は政変その他の理由からして、日本のこれに対する回答を、未だに米国側に伝えていなかった。すなわち米国としては、六月二十一日案に対する日本の対案をまだ受け取っていない間に、この九月四日案が来たわけで、ここに重大なる誤解の起こったのも当然であった。これは言うまでもなく、前述した通り、野村大使の善意にもとづく過失であったと思う。

こういう日米相互不信の空気のうちに、昭和十六年九月六日、御前会議は召集せられ、ここに日本の運命を決定すべき重大決議がなされることとなったのである。近衛手記は、この間の事情を次のように記述している。

「複雑でしかもはてしない外交折衝が東京とワシントンの間で行なわれている時、東京では特筆すべき問題が政府内に起こっていた。それは米国とどこまでも交渉を続けるべきか、それともよい加減に見切りをつけるべきか、そればかりでなく、見切りをつけて米国と戦うべきか、という重大問題であった。

そもそも、この日米諒解の外交交渉は政府、陸海軍、統帥部いずれもごく上層の首脳部の間だけで始められたものであり、下のほうには絶対極秘で進められていたのである。而《し》して《こう》首脳部の間では、ただ一人松岡外相を除いては、いずれも交渉成立を希望し、またそのためにこそ反対を恐れて、秘密裡《り》にこれを行なっていたのである。ところが漸次《ぜんじ》洩《も》れ始め、ことに松岡外相の独伊への内報等を契機として、おぼろ気ながら、交渉の全貌《ぜんぼう》がわかってくるにつれ、下のほうから反対の気勢が起こってきた。ことに陸軍に反対が強くなってきた。

あたかもその時、独ソ開戦の衝撃があり、政府首脳部は対ソ即時開戦の硬論《こうろん》は抑え得たが、一種の代償としては仏印進駐の廟議《びょうぎ》を、一決《いっけつ》せざるを得ないこととなり、同時に万一の場合に備えて、対米英戦の準備を本格的に進める勢いとなってしまった。戦争準備と戦争そのものとの区別は、もっとも厳格に守らねばならぬものであると同時に、その困難なることも否《いな》みがたい。準備が進むにつれ、日米交渉反対の声が高まってきた。

しかも仏印進駐の効果は、即時かつ強烈であった。米国は日本に痛い経済断交を決行して、自国伝統の政策だけが平和政策であると宣明すること、傍若無人《ぼうじゃくぶじん》に似たものがあった。この米国の強烈な反発は当然、日本の反米陣営をまたそれだけ反発させた。日米交渉に対する秘密は、今や公然たる事実となり、そのために生まれてきたような内閣の行く手は、難渋《なんじゆう》をきわめたものであった。ついに余をして自ら、米国大統領に会見を申し込む決意をさせたのであるが、そのいわゆる『近衛メッセージ』が、野村〔大使・ルーズベルト〕大統領の会談から洩《も》れ、内容のわからないままにいたずらな揣摩《しま》臆測《おくそく》が横行して、交渉はますます困難の度を加えた。

八月頃から参謀本部関係は、首脳部まで、概《がい》して交渉無用、日米戦争論になっていたと見られるのである。その対策に腐心《ふしん》する余と陸・海・外各相との懇談や連絡会議の度数が八月後半から目立《めだ》って多くなった。ある程度で交渉を打ち切り、対米英戦に突入すべしという『国策』が議題に上っていたのである。かくして九月六日、御前会議をもって『帝国国策遂行要領』が決定されるに至った。云々」

九月六日御前会議決定の「帝国国策遂行要領」

帝国は現下の急迫せる情勢殊《こと》に米、英、蘭等各国の執《と》れる対日攻勢、ソ連の情勢、及《およ》び帝国国力の弾撥性等に鑑み「情勢の推移に伴う帝国国策要綱」中、南方に対する施策を左記に拠《よ》り遂行す。

一、帝国は自存自衛を全《まつと》うするため、対米（英蘭）戦争を辞せざる決意の下に、概《おおむ》ね十月下旬を目途《もくと》とし、戦争準備を完成す。

二、帝国は右に並行《へいこう》して、米、英に対し外交の手段を尽《つく》して、帝国の要求貫徹に努む、対米（英）交渉において、帝国の達成すべき最少限度の要求事項並《なら》びにこれに関連し、帝国の受諾し得る限度は別紙の如《ごと》し。

三、前号外交交渉により十月上旬頃に至るも、なお我が要求を貫徹し得る目途なき場合においては、直《ただ》ちに対米（英、蘭）開戦を決意す。

対南方以外の施策は既定国策に基《もと》づきこれを行ない、特に米ソの対日連合戦線を結成せしめざるに勉《つと》む。

別紙

第一、対米（英）交渉において、帝国の達成すべき最少限度の要求事項。

一、米英は帝国の支那事変処理に容喙《ようかい》し、またはこれを妨害せざること。

（イ）帝国の日支基本条約および日満支三国共同宣言に準拠し、事変を解決せんとする意図を妨害せざること。

（ロ）ビルマ公路を閉鎖し、且《か》つ蔣《しょう》政権に対し、軍事的、政治的ならびに経済的援助をなさざること。

（註）右はN工作（進行中の日米交渉）に於《お》ける、支那事変処理に関する帝国従来の主張

を妨《さまた》ぐるものにあらず、而《しこう》して特に日支間新取極《とりきめ》に依《よ》る帝国軍隊の駐屯に関しては、これを固守するものとす。但《ただ》し事変解決に伴い、支那事変遂行のため支那に派遣せる右以外の軍隊は、原則として撤退するの用意があることを、確言《かくげん》すること支障なし、支那における米英の経済活動は、公正なる基礎において行なわれる限り制限せらるるものにあらざる旨確言すること支障なし。

二、米英は極東において、帝国の国防を脅威するが如き行為に出《い》でざること。

(イ)泰《タイ》、蘭印、支那及び極東ソ領内に軍事的権益を設定せざること。

(ロ)極東における兵備を、現状以上に増強せざること。

(註)日仏印間の約定《やくじょう》に基づく日仏印間特殊関係の、解消の要求せらるる場合は、これを容認せざること。

三、米英は帝国の所要物資獲得に協力すること。

(イ)帝国との通商を恢復《かいふく》し、且つ西南太平洋における両国領土より、帝国の自存上緊要《きんよう》なる物資を、帝国に供給すること。

(ロ)帝国と泰及び蘭印との間の経済提携につき、友好的に協力すること。

第二、帝国の応諾し得る限度。

第一に示す帝国の要求が応諾せらるるにおいては、
一、帝国は仏印を基地として、支那を除くその近接地域に武力進出をなさざること。
(註)ソ連に対する帝国の態度に関し質疑し来《きた》る場合、ソ側において日ソ中立条約を遵《じゅん》守《しゅ》し、且つ日満に対し脅威を与うる等、同条約の精神に反するが如き行動なき限り、我より進んで武力行動に出ずることなき旨応酬す。
二、帝国は公正なる極東平和確立後、仏印より撤兵する用意あること。
三、帝国は比島の中立を保障する意あること。
(附)日本の対欧州戦争態度は、防護と自衛の観念により律《りつ》せらるべく、又《また》米の欧州戦参入の場合における三国条約に対する日本の解釈及びこれに伴う行動は、専《もっぱ》ら自主的に行なわるべきものなること。
(註)右は三国条約に基《もと》づく帝国の義務を変更するものにあらず。(以上)

このうち、十月上旬頃に至るも、なおわが要求を「貫徹し得る目途なき場合」とある部分は、原案ではただ単に「貫徹し得ざる場合」となっていたのを、及川海相の発言によって訂正せられた因縁《いんねん》がある。また、この字句が、第三次近衛内閣総辞職の際の、近衛総理大臣と東条陸軍大臣との論争の焦点となるに至ろうとは、当時はたして何人が予想したことであろうか。

御前会議の前日、九月五日、近衛総理が参内して、右の議案を内奏《ないそう》したところ、陛下は「これを見ると一に戦争準備を記し、二に外交交渉を掲げている。何だか戦争が主《しゅ》で、外交が従《じゅう》であるかのごとき感じを受ける云々」と仰せられたので、近衛公は「一、二の順序は必ずしも軽重《けいちょう》を示すものではございませぬ。政府としてはあくまでも外交交渉を行ない、どうしてもまとまらぬ場合には、戦争準備に取りかかる趣旨であります」と申し上げ、なおこの点統帥部に御質問の思《おぼ》し召《め》しがあるなら、御前会議の席上ではどうかと考えられるから、今ただちに陸海両総長をお召《め》しになってはいかがかと奏上した。

そこで両総長がただちに拝謁し、近衛総理も陛下の御言葉により、陪席《ばいせき》することになった。そして両総長からも、総理と同様のことを奉答《ほうとう》したのであった。その席上、陛下は杉山参謀総長に対し、

「日本に事《こと》起こらば、陸軍としてはどれくらいの期間に片づける確信があるか」

と仰せられ、杉山は、

「南方方面だけは、三ヵ月くらいで片づけるつもりであります」

と答えた。すると陛下は、

「汝《なんじ》は支那事変勃発当時の陸相であるが、当時事変は一ヵ月くらいで片づくと申したことを記憶している。しかるに四ヵ年の長きにわたって未だに片づかぬではないか」

と仰せられた。杉山は恐懼《きょうく》して中国は奥地が開けていて、予定通り作戦ができなかったという事情をくどくどと弁明したところ、陛下は御声を励《はげ》まされ、

「支那の奥地が広いというなら、太平洋はもっと広いではないか。いかなる確信があって三ヵ月と申すか」

と言われた。杉山はただ頭を垂《た》れて、答えることができなかった。この時、永野軍令部総長が助け船を出し、

「今日、日米関係を病人にたとえれば、手術をするかしないかの瀬戸際《せとぎわ》に来ております。手術しないでこのままにしておけば、だんだん衰弱《すいじゃく》してしまう恐れがあります。その場合、思い切って手術をするかどうかという段階かと考えられます。統帥部としては、あくまで外交交渉の成立を希望しますが、不成立の場合は、思い切って手術をしなければならぬと存じます」

と言上した。

以上は、近衛手記に記述されておるところであるが、当時この陪席から官邸に帰ってきた近衛公は、以上のような話の他、「陸軍というところはひどいところですね。陛下からこのような御言葉をいただいて、杉山参謀総長は恐縮するかと思いのほか、御前を退下《たいげ》して、溜《たま》りの間《ま》に帰ってくると、親指を差し出して『これの機嫌は、今日はとても悪かったね』と言って、赤黒い舌を出して見せた。ひどいものですね」と、シミジミ私に言われたことを思い出す。

かくして九月六日午前十時、御前会議は開かれた。そして席上、木戸内大臣の事前の取り計らいにより、陛下に代わって原〔嘉道〕枢密院議長から、質問をしたのである。

「この案を見ると、外交よりもむしろ戦争に重点が置かれる感がある。政府と統帥部の趣旨を明瞭に承《うけたまわ》りたい」

これに対し、及川海相が政府を代表して答弁したが、統帥部からは誰も発言しない。そこで陛下が突如厳しいお態度で御発言になったのである。

「ただ今の原枢相の質問はもっともである。これに対し、総帥部が何ら答えないというのはどうしたことか」と仰《おお》せられ、明治天皇の御製《ぎよせい》

よもの海みなはらからと思う世に
　など波風のたちさわぐらむ

を御読み上げになり、

「余は常にこの御製を拝読して、大帝《たいてい》の平和愛好の御精神を紹述《しようじゆつ》しようとつとめているものであるぞ」と仰せられた。

一瞬、御前会議は、前例もないいかかる御発言に、死のような沈黙が襲ってきたのである。私など幹事役として末席に陪席していた者さえ、息も詰まってしまうような瞬間であった。と同時に、未だに、その時の天皇陛下の真に平和を愛好せられる態度に、今さらながら頭が下がる

思いである。陸軍さかんなれば、これに迎合して米英撃滅を唱え、敗戦すればアメリカに媚《び》を呈《てい》して恥とせざる政治家は、この時の陛下の御態度に比べて愧死《きし》すべきものではなかろうか。

やがて永野軍令部総長は、この死のごとき静けさを破るがごとく、恐懼《きょうく》して発言した。

「統帥部に対するお咎《とが》めは恐懼に堪《た》えませぬ。実は先ほど海相が答弁致しましたのは、政府・統帥部双方を代表したものと存じた次第であります。統帥部としても、もちろん海相のお答え致した通り、外交を主とし、万やむを得ぬ場合、戦争に訴《うった》うるという趣旨に変わりはございません」と申し上げた。

原嘉道

1867〜1944年。東京帝国大学法学部卒業。農商務省官吏、弁護士等を経て田《た》中《なか》義《ぎ》一《いち》内閣で法相。のち枢密院議長。写真は1941年7月、重臣会議出席の際

すると、陸軍の杉山総長もピョコンと立ち上がって、

「陸軍と致しましても全然同様でございます」と発言して、すぐ着席してしまった。

かくて九月六日の歴史的御前会議は、その会議経過においても、まさに未曾有の緊張裡《り》に散会したことであった。

24　グルー米国大使は近衛公の平和政策を信ず

四月以来の日米外交交渉は遅々《ちち》として進まず、またそれが打開のために申し入れられた日米首脳会談の回答も、早急にこれを得られず、近衛総理大臣の焦慮は日一日と濃くなっていったが、近衛公はあくまで日米交渉妥結のために、最善の努力を尽くす態度で進んだのであった。

九月五日、近衛公は極秘裡に東久邇《ひがしくにの》〔宮《みや》〕稔彦《なるひこ》王殿下（陸軍大将）にお会いして、陸軍部内の反対論を抑えていただくようお願いした。けだし、東久邇宮はつとに日米交渉論者であり、和平論者であったからである。

そこで、同殿下は七日に東条陸相を呼び、陛下の思し召しや近衛総理の意向も述べられて、日米会談の成功のため、考慮するよう依頼されている。

これに対し、東条陸相は「近衛・ルーズベルト会談に対する陛下の御考えはよくわかっているから、陸相として会談の成立するよう努力する。しかし自分は、会談の成功率は十分の三くらいと考えている」と述べた。

また九月六日、近衛公は、極秘裡に駐日アメリカ大使グルー氏と直接会談をした。伊藤文吉男爵（伊藤博文公爵の息子）の私宅で、自動車の番号札を替え、召使《めしつか》いは外に出して家人《かじん》のみがサービスするという苦心の会談であった。二人の他に、ドーマン参事官（この人は日本人のように日本語が達者であった）と、牛場〔友彦〕総理大臣秘書官（この人はまた英国のオックスフォード大学卒業で、日本人離れのした英語に堪能な人である）だけが列席した。

近衛公は三時間におよぶこの会談で、日米交渉の成功は、陸海軍も一致して希望していることを述べ、この内閣をおいて他に機会を逸《いっ》したら、われわれの生涯の間には再びその機会は来ないであろうと明言し、そして代表の人選まですんでいることを語り、この際一日も早く大統領と会見し、根本問題について意見を交換することの必要を説いた。

グルー大使は、その著『滞日十年』において、「近衛は再三再四『時』の問題が大切だと力説し、細目《さいもく》を論じていれば、半年も一年もかかるだろうが、外国の経済圧迫に対する憤慨が、日一日と高まっている現在、半年または一年後にこのような解決計画を実行できるかどうか保障はできない。しかし今日なら保障できる。公約の実行に当たって面倒が起これば、それは近衛内閣の固《かた》い決意で克服できるとし、大統領との会見で必ず満足のできるように解決できる自信があり、直接無線電信で天皇の裁可を得る心算《しんさん》で、それには個人的冒険は顧みないと言った」と述べている。

グルー大使もこの会談席上、近衛公に対し、直接大統領あての報告で今日の会談の内容を伝えることを約し、「この報告は自分が外交官生活を始めて以来、もっとも重要な電報になるであろう」と感激深く語ったということである。

九月十八日には、短刀を持った四人の男が近衛総理の自動車を襲う事件もあった。犯人はすぐ捕《とら》えられたが、日米交渉反対の檄文《げきぶん》を懐中していた。

いっぽう、外交交渉は続けられていた。前述した九月四日の日本案に対し、米国の回答は質問の形式で九月十日に来たが、それはきわめて峻烈《しゅんれつ》なもので、支那問題を避けて日米諒解も何もあったものではないといった調子であった。これに対し、日本からも、連絡会議で決定をみた最後的総合案を九月二十七日に米国側に伝達したのである。

十月二日には米国から一つの覚書が提示されてきた。これは日本の九月四日案に対する回答の形で、九月二十七日の最後的総合案は全然問題にせず、今までの交渉経過を概観し、改めて四原則を掲げ、これに対し日本側が種々の制限と例外を設け、また中国に無期限駐兵を固執していることを難じ、両国首脳がかかる状況の下に会見しても、その目的に貢献し得ると感ぜらるるやいかんと詰問的《きつもんてき》に述べたものであった。

十月二日の、この米国の回答により、東京では日米交渉に対する悲観説が深まってきた。特に陸軍において、この傾向は強くなってきた。その後、豊田外相、野村大使、若杉公使等が色々米国の意向を打診したが、結局、米国側は六月二十一日案と十月二日の覚書から一歩も退かず、日本がこれに歩みよるなら相手になろうという強硬な態度であった。

しかし、グルー大使はこの間にあって、日本国内情勢、特に近衛公の心状について公正な見方をしていたし、またこれを忠実に米本国へ報告していたことが、今日明らかになっている。すなわち、

「大使はル大統領と近衛とが会見するまでは日本政府として、従来よりも進んだ将来の保障と公約をすることは、不可能だと力説されてきているし、それは額面《がくめん》通り受け取るべきものと考えている。その理由の一として、大使が極秘に聞いたところによると、松岡前外相が七月に辞職した後、ドイツ大使に日米交渉の内容を細大《さいだい》もらさず話したことがある。外務省には依然として松岡支持者が残っていて、この人達が現内閣を危《あや》うくするような情報

ジョセフ・グルー

1880〜1965年。ハーバード大学卒業。国務次官、駐トルコ大使等を経て駐日大使。日米戦争回避に尽力。帰国後、終戦時には天皇制存続を米政府に進言した。写真は開戦直前、樺山愛輔《かばやまあいすけ》日米協会会長と

を、ドイツ側にも国内の極端分子にも、伝える危険があると言われる……大使は近衛公がル大統領との直接交渉で、必ず本国を満足させるに違いない広範《こうはん》な保障を提供できる立場にいると聞いている。特に日本の対枢軸関係に対し、日本政府は公然と同盟を廃棄する約束はできないが、枢軸国との結合を空文化《くうぶんか》する用意がある……」ことを示したのである。

だから、日本に公約を出せと固執するよりも、日本の意図の真剣さと誠意に対し、米国は合理的な信頼を寄せるべきだと言い、でないと戦争は避けがたいと警告し、日本国内の反対論が克服できなくなる前に、米国は「叡知《えいち》と政治道」を傾《かたむ》けるべきだと述べているのである。

十月二日付けの米国覚書を受け取った十月四日以後も、近衛総理の日米交渉継続の努力は、絶え間なく続けられていった。すなわち、

十月四日、閣僚統帥部首脳連絡会議。
同五日、陸相と会談、交渉継続の決意表明。
同七日、陸相は近衛公を訪ね、強硬進言す。
同六日、八日、近衛公は海・外相と個別に会談、危局回避の協議をなす。
同十日、近衛公と外相二回会談。
同十一日、政府統帥部連絡会議を宮中にて開催す。

そして、この十月十一日の夜のことであった。この夜こそ、私にとっては生涯忘れられない夜である。

午後十時半頃、私は青山《あおやま》一丁目にある海軍官舎に岡軍務局長を訪ねた。そして私から、「日米交渉は、もはや最後の関頭《かんとう》に来たと思う。そして、問題は支那からわが軍が撤兵する原則を認めるや否《いな》やにかかっている。陸軍がこれを絶対に譲《ゆず》らないと言うなら、戦争を避けることはできない。海軍の意向はかねてから承わっておる通り、日米交渉成立希望、日米戦争回避である。実は明《みょう》十二日、近衛総理は陸・海・外相を荻窪の私邸に招いて、最後の会談をすることになっている。ついては、この会談において、海軍として、総理大臣を助けて戦争回避、交渉継続の意思をハッキリ表明してもらえないだろうか。もし海軍の意思表示がなければ、近衛公は辞職するかもしれないと思う」と説いた。

これに対し、岡局長は「近衛公が辞めるなんてことになれば、必ず日米戦争に突入してしまう。それは大変なことだ。これは重大問題だから、君から直接海軍大臣に話をしてくれたまえ。僕もついていこう」ということで、かれこれ夜十二時半近くに日比谷《ひびや》の海相官邸を二人で訪れた。

ところが、いくらベルを鳴らしても応答なく、約二十分くらいして秘書官が起きてきた。そして応接間で待っていると、パジャマ姿のままで海相も出てきて、二人してこの夜ふけに何事ぞというわけである。

来意を私から告げると、及川海相は穏《おだ》やかに「あなたの言われるところはよくわかります。しかし軍として、戦争できる・できぬなどと言うことはできない。戦争をする・せぬは政治家、政府の決定することです。戦争をすると決定されたなら、いかに不利でも戦うというのが、軍の建前《たてまえ》だと思います。そこで明日の会談では海軍大臣としては、外交交渉を継続するかどうかを総理大臣の決定に委《まか》すということを表明しますから、それで近衛公は交渉継続ということに裁断してもらいたいと思います」ということになったのである。

この態度は、海軍に対し、のちのち色々問題になった点であるが、この時、和戦に対する海軍の態度は明瞭になったと言えるであろう。

十月十二日、近衛公の荻外荘において、総理〔近衛〕、外相〔豊田〕、陸相〔東条〕、海相〔及川〕、企画院総裁〔鈴木〕四人〔五人?〕だけの会談が、午後二時から五時まで続けられた。会議直後隣室に現われた近衛公は、早速メモを繰《く》りながら、今日の会談の内容を私に話した。私はそれを筆記していった。その時使用した便箋《びんせん》が、そのまま今もなお私の手許《てもと》に残っている。実に、歴史的な便箋である。以下は、その要旨である。

支那駐兵問題が難点

陸相　日米交渉は全然見込みなきものと考える。ことに支那駐兵問題に関する難関大《だい》なり。もっとも日本が米国に屈服するというならば、問題は別である。

海相　今や戦争を決意するか、交渉をどこまでも継続していくかの重大な岐路《きろ》に立つものと思う。あくまでも交渉を続けるとすれば、この際、戦争準備を撤廃して、外交一本槍にて進む。しかし、これは交渉の見込みのある場合に限る。途中での方針変更は許されない。すなわち戦争は当分《とうぶん》やらぬという腹《はら》を決める必要あり、いずれの途《みち》を選ぶやは、総理大臣の裁断に俟《ま》つこととしたい。

総理　外相として、交渉の見込みをいかに考えらるるや。

外相　絶対確信ありとは言われず。相手のある話であるから。

陸・海相　相当ひっぱられて後、そこで戦争だということになっては困る。

総理　いずれの途を選ぶにしても危険あり。要は、いずれにより多くの危険ありや、いずれにより大《だい》なる確信ありやの問題なり。自分としては、交渉のほうにより大なる確信あり。ゆえにこの途を選びたし。

陸相　外相は確信なしと言うにあらずや。そんなあやふやなことでは困る。自分としては、そんなことでは統帥部を説得することはできぬ。よほどの確信の根拠がなければならぬ。

総理　比較して見た上のことであって、自分としては外交交渉のほうを採る。
陸相　それは、総理の主観である。それでは、統帥部を説得することはできない。そんなに早く、総理が結論を出されては困る。外相より、充分なる確信ありや否やをうかがいたい。
外相　それは条件次第である。最難点は駐兵問題であり、この点で陸軍が多少譲歩しても差し支えなしということならば、交渉成立の見込みは絶対になしとは言えない。
総理　二途《にと》のいずれを選ぶかと言えば、自分としては外交により大なる確信あるゆえ、これを選びたし。それにもかかわらず、戦争をやると言うならば、自分としては責任はとれぬ。
陸相　九月六日の御前会議において、外交交渉の見込みなきときは開戦を決意すると決定され、総理も出席、同意されたではないか。それにもかかわらず、開戦に対し責任をとれぬと言わるるは解《かい》しがたし。
総理　一方の途に、より確信あるにもかかわらず、確信なき途を行けと言うならば、責任はとれぬと申すのである。御前会議は、外交交渉が全然成立の見込みなくなりし場合のことに関する決定である。今はまだ、外交に見込みなしとは言い得ざる場合にして、しかも一方の途により大なる確信ありと見る場合である。

企画院総裁　作戦の諸準備を打ち切る決定ありたる場合、部内を抑え得るや。
海・陸相　いやしくも決定すれば、それは大丈夫である。

だいたい以上のような激越な論議がたたかわされた上、鈴木企画院総裁によって、次のごとき申し合わせが記されることになった。


日米交渉においては、(イ)駐兵問題及びこれを中心とする諸政策を変更せざること、(ロ)支那事変の成果に動揺を与えざることを以《も》って外交の成功を収め得ることに関し、略《りやく》々統《りやく》帥部の所望する時期迄《まで》に確信を得ること。

右確信の上に外交妥結方針に進む、右決心を以《も》って進む間は、作戦上の諸準備は、これを打切《うちき》ること。

右に関し、外相としての能否《のうひ》を研究すること。(以上)

しかし、陸相が駐兵問題について譲歩する気配は見えなかったので、この荻窪会談はいっそう事態を切迫させる契機となったのである。

越えて十月十四日、近衛総理は閣議前、東条陸相を招いて二十分間懇談したのであるが、了解を得られず、あまつさえ、その閣議の席上、突然強硬な発言を陸相がなすにおよんで、事態はいよいよ急迫し、さらに十四日夜、東条陸相が鈴木企画院総裁を使いとして、近衛公に対し、東久邇宮殿下以外にこの時局を拾収し得る方はないと示唆してくるにおよび、ついに十六日近衛総理は、総辞職の挙《きょ》に出ることとなったのであるが、この十四日以来、総辞職に至るまでの数々の政界秘話は、次に詳細掲げる。

25　陸軍、近衛公の退陣を迫る

昭和十六年十月十二日、東京荻窪の近衛公爵邸における総理大臣と外相、陸相、海相ならびに企画院総裁等との、日米交渉問題に関する会談以来、政局は急転直下の方向をとってきた。

十月十四日朝、閣議前に、近衛公は約二十分間、東条陸相と単独の会談をして、「結局、日米交渉の成否は、中国からの撤兵問題に帰着すると思われる。そこで、名《な》を棄《す》て実《じつ》を取るという態度で、原則としてはいちおう撤兵を認めるということはできないものかどうか。支那事変が四年にわたって解決しない今日、さらに前途に見通しのつかない大戦争に突入することは何としても避けたいと思う」

と東条陸相の説得に努めたのであるが、

「撤兵ということは皇軍の崩壊を意味する。この際アメリカに屈《くっ》すれば、ますますつけあがらすことになるばかりであって、二、三年すればまた戦争ということになる。弱点は我にもあるが、彼にもあるのだ。総理の考えは悲観にすぎる」

と言って、会談は物別《ものわか》れとなった。

ところが、この会談直後の閣議において、陸相は突然紙片の原稿を読み上げたのである。

「陸軍としては外交交渉に反対というのではないが、今日の情勢においては同時に、戦争準備を進めざるを得ない。今日は一日の遷延《せんえん》をも許さないのである。外交交渉に必ず確信があるのなら、戦争準備は止めてもよいが、それは必ず交渉の成立することを条件とする。外相の見通しはどうであるのか」

と開き直った。これに対し豊田外相は、

「要するに撤兵が難点である。米国はわがほうの回答に満足していない。今後わがほうから回答するとすれば、この問題に直截簡明《ちょくさいかんめい》に答えなければならぬ。また仏印への日本軍の増駐も交渉延引《えんいん》の原因になっている云々」

と述べたのである。陸相は重ねて、

「撤兵問題は絶対に譲れない。撤兵を認めれば結局満州、朝鮮さえも危うくなる」と強硬な発言をしたので、従来から日米交渉の経緯を詳《つまび》らかにしていない他の大臣達は、何のことやら、わけがわからず、アッケにとられていたような始末であった。

当時、東条陸相は近衛公に対し「人間一生のうちには、清水《きよみず》の舞台から飛び降りることも必要な時があります」と言ったのに対し、近衛公は「それは個人のことであって、自分は二千六百年の国体と一億の国民を背負っている総理大臣として、そんな軽率なことはできるものではない」と答えている。

そして、近衛手記の中にも「乾坤一擲《けんこんいってき》とか国運を賭してとかは、壮快は壮快であるが、個人の場合と違い、いやしくも二千六百年無瑕《むか》の国体を思うならば、然《しか》く軽々《かるがる》しくできることではない。たとえ因循姑息《いんじゅんこそく》と言われても、自分はそんなことはできない。安全第一で百パーセント安全でなければ戦争は避けねばならぬ」と記している。

十月十四日の午後、武藤陸軍軍務局長が私を総理官邸に訪ねてきて、すこし切り口上で、「海軍の腹《はら》がどうも決まっていないように思う。そこで海軍が本当に戦争を欲《ほっ》しないなら、陸軍も考えねばならぬ。ところが海軍は、陸軍に向かって表面はそういうことは口にしないで、ただ総理一任だと言う。総理の裁断ということだけでは、陸軍部内を抑えることはとうていできない。しかし海軍が、この際は戦争を欲しないと公式に陸軍に言ってくれれば、若い連中も抑えやすい。海軍がそういうふうに言ってくるように仕向けてもらえないか」と申し入れてきた。

そこで私は、ただちに岡海軍軍務局長にこれを伝えたところ、岡氏は「海軍としては、戦争を欲しないなどと正式には言えない。首相の裁断に一任と言うのが精一杯のことである」と答えた。このことは、敗戦後、東京裁判でも問題になった点であるが、海軍が総理一任と言っても兵力量の決定は総理だけでできるものではない。日米戦争は、太平洋上の戦争である。しからば、総理一任という海軍の態度は責任逃れと言われてもいたしかたあるまい。

十四日夜には、企画院総裁の鈴木貞一氏が近衛公を訪れ、東条陸相からの重大なる伝言を持ってきたのである。

「その後色々聞くところによると、海軍が戦争を欲しないようである。それならば、それをハッキリ言ってくれたら、統帥部を抑えることもできる。海軍の腹が決まらないから、九月六日の御前会議の決定も根本的に覆《くつがえ》ることになるのである。そうなれば、この御前会議に列席した総理、陸海相、統帥部の総長は皆責任を免《まぬか》れないので、この際辞職して、練《ね》り直す以外に途《みち》はない。しかし陸海軍を抑えて、案の練り直しをやる力を持つ者は、宮様以外にはないと思う。自分として近衛総理には大変申しにくいことであるが、このために総辞職をして、宮様内閣を作る以外に途はないと思う。この場合の宮様は東久邇宮殿下だと思う。どうか東久邇宮を後継内閣に奏請《そうせい》することに尽力していただきたい……。これ以上総理に会っても、結局感情を害するだけであって、過去の高誼《こうぎ》を損することになるから、もうお目にかかって会談したくない」

と伝えてきた。

言うまでもなく、当時の帝国憲法の建前から申せば、明らかに内閣不統一・不一致であり、近衛総理は東条陸相から匕首《あいくち》を突きつけられたわけである、まさに総辞職を要求されたのである。

即時、近衛総理は私（内閣書記官長）を招いて、鈴木氏のこの東条伝言を告げて、善後策を講ずることになった。しかし、近衛公の心境は淡々《たんたん》たるものであった。かかる経過においても、必ずしも陸相に対し悪感情を持っているようには全然感ぜられなかった。とにかく巨人と言うに値《あたい》すると思う。

「海軍も反対、陛下も御反対の日米戦争を、陸軍はやろうと言う。実にわからない。敗《ま》けるに決まった戦争をやることは、私はどうしても賛成できない。しかし、東久邇さんは戦争反対でおられるし、この方なら陸軍を抑える可能性はあるから、一案だと思う。ここで東条の言うなりに、東久邇宮内閣を作って、戦争阻止はどうだろう」と冷静に語る近衛公であった。

私は、事《こと》ここに至ってはやむを得ざる一案であろうと賛成したので、翌十五日、近衛公は参内して陛下の御内意をうかがうことになった。陛下は「皇族が政治の直接衝《しよう》に当たることはどうであろうか。いわんや平和の時なら格別、戦争にでもなる恐れのある時は、なおさらのことと思われる。また近衛内閣と見劣《みおと》りしないよう内閣ができるかどうか」という御言葉だったらしい。

このことは、宮中から帰ってきた近衛公に早速聞いたことであるが、近衛公は、「陛下がこの際、『戦争になる恐れある場合』云々と仰《おつしや》ったが、やはり戦争することを考えておられるには驚いた。また、近衛内閣に劣らない閣僚が得られるかと申されたのにも驚いた。いくらでもなりたい大物《おおもの》がたくさんいますがね。戦争になっても……」と語りながら、近衛公の顔色には何か一抹《いちまつ》しそうなものが私には感じられた。

後年、近衛公は「結局、陸海軍が陛下を誤って戦争に持っていったのだと思う。戦争反対の陛下も日夜、陸海軍の者から、戦争は大丈夫、大丈夫と、おつぎ込まれになると、だんだんそういう方向にすこしずつ移り変わっていかれた」とツクヅク述懐していたことであった。

宮様内閣については、前述のように、陛下は必ずしも御反対でなかった。しかし、木戸内大臣は絶対反対で、「宮様に出馬を願うには、あらかじめ陸海軍の意見の一致していることが前提であるべきで、宮様に陸海軍の一致をはかっていただくなどということはまちがっている。また宮様は政治的経験もないし、そこで実権を陸相が握ることになって、万一《まんいち》戦争にでもなれば、直接の責任を皇室に負わせることになり、いわんや戦争に負けでもしたら、国民の批判の的《まと》となり、国体の問題にもなってくると思う」と言うのであった。

しかし、いちおう東久邇宮殿下の御意向も聞いてみようということで、近衛公は東久邇宮を訪ねることになったのであるが、当時はすでに政局が極度の緊張裡にあったので、朝から晩まで、新聞記者に取り囲まれている。この眼《め》を免れて、宮様を訪問するということは容易なことでなかった。そこで、ほとんど一度も使用したことのない総理官邸の日本間から、裏の崖《がけ》ぶちに出られるようになっている防空壕とも、抜け道ともつかないトンネルを通り抜けて、コッソリ近衛公は脱出する。私はその間、総理官邸の表のサロンに新聞社の人達を集めて、何か発表することにする。こういう工夫の下に、近衛公は密《ひそ》かに殿下とお目にかかることができたのである。

さすがの殿下も、組閣ということはだいぶ意外の様子であったらしく、その時の殿下の言葉としては、

「日米戦争は避けるように努めるがよい。また、私は皇族が首相になるのはなるべく避けるがよいと思う。しかし、もしあなたが、勇気をもって内閣を改造しても陸軍を抑えることができなかったなら、私が引き受けよう。あなたは気が弱くていけない。どうか勇気を出して、もう一度考え直してほしい」

と言われた。また、

「開戦を延ばすためなら半年くらいでよかろう。その間だけ、やってみるかなあ」

とも言われ、さらに、

「実は木村《きむら》〔兵太郎《へいたろう》〕（陸軍）次官が先刻やってきて、陸軍の一致した意見は、外交交渉見込みなしということにあるから、殿下もこのことをよくお含《ふく》み願いたいと言っていたのに、東条が自分に出てくれと言うのはすこしおかしいなあ」

東久邇宮稔彦王

1887～1990年。久邇宮《くにのみや》家に生まれ、東久邇宮家創設。陸軍士官学校、陸軍大学校卒業。のち陸軍大将。終戦後に首相を務め、皇籍離脱。写真は1933年、陸軍特別大演習に第2師団長として(右)。左は参謀総長・閑院宮《かんいんのみや》載仁《ことひと》親王

とも、近衛公に洩《も》らされたのであった。

当時、十月十日頃から陸軍省の軍務局（その頃、陸軍部内で政治面を担当していたところである）あたりでは、すでに近衛内閣崩壊必至《ひっし》と観測して、軍に都合のよい後継内閣の工作に狂奔《きょうほん》していたことは事実である。そして、当時郷里山口県に帰省していた岸信介氏（さきに小林一三商工大臣の下での商工次官を辞任して当時は浪人中であった）を東京に呼び戻して、内閣書記官長たらしむべく、政治の実情に通ぜしめたいと、軍務局の最高幹部で連絡していたことを、私は的確に私の情報係から報告を受けていたような事実もあった。

また、前述の木村次官の東久邇宮への申し入れも、鈴木貞一氏の陸相伝言とすこし矛盾するところがあり、あるいは東条と木村との間に何らかの連絡があったかとも思われるし、軍務局の動きなどを見れば、希望としては陸軍内閣、すなわち東条内閣以外になしと考えていたことも窺《うかが》われ、また木戸内府の宮様内閣反対、木戸内府の東条陸相信任（東条以外に当時、陸軍を抑え得る者は見当たらぬ、したがって日米戦争を欲しないなら、この陸軍を抑え得る東条を重用する以外に途《みち》なしとの考え方）、また鈴木氏の近衛公に対する陸相伝言において、近衛内閣の交替を要望していることなど考え合わせると、冷静に今日から思考してみても、どうもこの頃すでに東条内閣は着々実現に向かって進行しつつあったのではないかとも思われる（ちなみに近衛内閣において企画院総裁であり、近衛公と共に戦争反対を主張していた鈴木貞一氏は前記の通り、陸相の総辞職要求の伝言を近衛公に伝えた人であるが、東条内閣成立するや、留任して企画院総裁の地位にとどまり、四十日後には開戦の詔勅《しょうちょく》に署名したのであった)。

翌十六日朝、木戸内府は東久邇宮内閣反対を明確にしたし、陸相はすでに近衛公の退陣を求めてきているし、今は時の遷延《せんえん》を許さずと考え、ついに午前十時頃から近衛公は各閣僚を官邸の日本間に招いて、夕刻までに全部の辞表をとりまとめ、午後五時参内。辞表を捧呈《ほうてい》することになった。

元来、辞表は普通「一身上の都合」とか「健康上の都合」とか、ありきたりのことを書くことになっているが、私は内閣書記官長として、当時外部に公表し得なかった日米交渉のこと、また陸軍との関係などを明記し、後世史家の批評をまつべきものであると考え、詳細これらのことを辞表の中に書きとどむべきであると主張したが、近衛公は「それはよい思いつきです。あなたがその間の経緯は一番くわしいから、一つ起草してください」ということになり、私はかかる意味から心血《しんけつ》を注いで、この辞表文をしかも短時間に書き上げたのであった。今この辞表を改めて読み上げながら、感慨まことに無量なるものがある。その辞表は次の通りである。

臣《しん》文麿

曩《さき》に図《はか》らずも、三度大命を辱《かたじけの》うして内閣を組織するや、現下の国際政局に処《しょ》して、国家将来の伸長を期せんがためには、速《すみや》かに米国との友好関係を調整し、依《よ》って以《も》って支那事変の急速解決を図らざるべからずと確信し、米国政府に対し、全力を挙げて屢次《るじ》〔しばしば〕の交渉往復を重ね、大統領に対しては親しく両者会談の機を与えられんことを要望し、以って今日に及《およ》べり。

然《しか》るに最近に至り、東条陸軍大臣は、右交渉はその所望時期（概《おおむ》ね十月中―下旬）までには到底《とうてい》成立の望みなしと判断し、乃《すなわ》ち本年九月六日御前会議の議を経《へ》て、勅裁《ちょくさい》を仰《あお》ぎたる「帝国国策遂行要領中（三）の我《わが》要求を貫徹し得る目途《もくと》なき」場合と認め、今や対米開戦を用意すべき時期に到達せりと為《な》すに至れり。

熟《つらつ》ら惟《おもん》みるに、対米交渉は藉《か》す〔仮に与える〕に時日を以ってすれば、尚《なお》その成立の望みなしとは断《だん》ずべからざると共に、最《もつと》も難関なりと思考せらるる撤兵問題も、名《な》を棄《す》て実《じつ》を取るの主旨に依《よ》り、形式は彼に譲《ゆず》るの態度を採らば、今尚妥結の望みありと信ぜらるるを以って、支那事変の未だ解決せざる現在に於《おい》て、更《さら》に前途の透見《とうけん》すべからざる大戦争に突入するが如《ごと》きは、支那事変勃発以来、重大なる責任を痛感しつつある臣文麿の、到底忍《しの》び難《がた》き所《ところ》なり。

因《よ》ってこの際は、政府軍部協力一致その最善を尽《つく》して、あくまで対米交渉を成立せしめ、以って一応支那事変を解決せんとするは、国力培養の点より言うも、将又《はたまた》民心安定の上より見るも、現下喫緊《きつきん》の要事《ようじ》にして、国運の発展を望まば寧《むし》ろ今日こそ大いに伸《の》びんがために善《よ》く屈《くつ》し、国民をして臥《が》薪《しん》嘗《しよう》胆《たん》益々《ますます》君国のために邁進《まいしん》せしむるを以って、最も時宜を得たるものなりと信じ、臣は衷《ちゆう》情《じよう》を披瀝《ひれき》して、東条陸軍大臣を説得すべく努力したり。

これに対し陸軍大臣は、総理大臣の苦心と衷情とは深く諒《りよう》とする所なるも、撤兵は軍の士気維持の上より到底同意し難く、又《また》一度米国に屈する時、彼は益々驕《きよう》横《おう》の措置に出《い》で、ほとんど停止する処《ところ》を知らざるべく、仮令《たとい》一応支那事変の解決を見たりとするも、日支の関係は両三年を出でずして、再び破綻するに至ることも又予想せられ、且《か》つ国内の弱点は彼我《ひが》共に存《そん》するを以って、時期を失《しつ》せずこの際、開戦に同意すべきことを主張して止まず、懇談四度に及びたるも、遂《つい》に同意せしむるに至らず。

ここにおいて臣は遂に、所信を貫徹して、輔弼《ほひつ》の重責を完《まつと》うすること能《あた》わざるに至れり。これ偏《ひと》えに臣が菲《ひ》才《さい》の致す所にして、洵《まこと》に恐懼《きようく》の至りに堪《た》えず。仰《あお》ぎ願《ねが》わくば聖慮《せいりよ》を垂《た》れ給《たま》い、臣が重職を解《と》き給わむことを、臣文麿、誠惶誠恐《せいこうせいきようつつし》み謹《つつし》みて奏《そう》す。

昭和十六年十月十六日

内閣総理大臣　近衛文麿

26 東条内閣の出現

昭和十六年十月十七日午後一時十分から、三時四十五分まで、第三次近衛内閣総辞職にともなう後継内閣奏請についての重臣会議が開かれた。清浦圭吾《きようらけいご》、若槻礼次郎、岡田啓介、林銑十郎、広田弘毅、阿部信行《あべのぶゆき》、米内光政の元首相と原枢密院議長ならびに木戸内大臣が出席した。近衛公も出席することになっていたが、病気と称して出席を断《ことわ》らせた。

しかし、今回の政変においては、前後の経緯を明らかにしなければ、後継首班の奏請も困難であるので、その間の事情を詳細報告してもらいたいと、重臣会議開会直前に（近衛公が出席を断ったので）木戸内府から要求してこられた。そこで、この間の事情は、一番「君（富田）が詳しいから、一つ詳細に書いて提出してください」と、近衛公は電話でベッドから私に言ってきた。

総辞職でゴッタ返している総理官邸であったが、私はそこで書記官長室を中から鍵《かぎ》をかけ、交換台にはいっさいの電話を断ることにして、上着を脱いで、急ぎこの報告書の起草に取りかかったわけである。その時は稲田周一《いなだしゅういち》内閣書記官（現〔戦後〕侍従次長）の手助けで、私は鉛筆の走り書きで原稿を書き殴《なぐ》る。それを稲田さんに清書してもらう。そして、それをまとまった部分だけかためて、荻窪の近衛邸に持って行ってもらう。そして近衛公の了承を得たぶんから、タイプに打ってもらう。そして内大臣府へ届ける。こんなリレー式の顛末書《てんまつしょ》起草をやったことであった。

それでも、一時間足らずで書き上げたと記憶している。奇《く》しくも、私の内閣書記官長としてもっとも苦心した日米交渉の、その記録そのものも、私のもっとも苦労したものになったわけである。そんなわけで、この文書は私にとっては、まさに歴史的な文献であるので、以下、後段原文のまま掲げることをお許し願いたい。

前述のごとき事情のため、文章もきわめて不充分なことは申すまでもないが、後日、近衛公が米内海相に会った時、「あの報告書で、日米交渉の経過もはじめて詳細によくわかった。あなたが出席されるより、なるほどかえって良かったかもしれませんね」と言ったと、近衛公は私に話された。

私はその時、「あれはあまりに急なことで、書き終わった後で、頭がポーッとしました。内大臣府からは、もう重臣も集まって開会すると急が〔さ〕れるし、閉口《へいこう》しました。その代わり近衛公は希望通り、会議に出席されずにすんだのですから、どうしても一夕慰労《いろう》してもらう権利があります」と笑ったことである。

重臣会議では、どの出席者も日米戦争には反対だったので、後継首相については、この意味をもって、戦争反対の宇垣〔一成〕大将を推《お》す若槻氏の意見も出たし、岡田氏は「今回の政変は陸軍が倒したと見るべきもので、その陸軍に大命降下はどんなものか」という発言もあったが、次に述べるような趣旨で、木戸内府は、東条陸相を後継首班に強く推された。

要するに、「今日の陸軍を抑えなければ結局戦争になるのであるが、その陸軍を抑え得るものは東条以外にはなく、そしてその東条に戦争回避の勅命《ちよくめい》があれば、東条も日米交渉を再考するであろう。したがって日米交渉継続、戦争回避ということであれば、東条以外に適任者なし」という考え方であった。

結局、「戦争しない東条」ということで、重臣会議は東条総理大臣奏請を認めた次第である。この間の近衛公の心境については、巷間《こうかん》色々問題になっているが、近衛手記において、「東条陸相の奏請は、主として木戸内府の発議であったようである。しかしながら、内府が東条陸相を推《お》したのは、日米開戦のほうへ持っていこうという腹からではなかったようである。すなわち、両三日の東条陸相は、海軍の意向がハッキリせぬ以上は、一度全部御破算にして案を練り直すということも言っているくらいだから、陸相に大命が下っても、ただちに戦争に突入することはあるまい。ことに大命降下の際、何らか御言葉でも賜《たま》われば、陸相としてはいっそう慎重な態度を取るだろう、というのが内府の考えであったようだ……。

近衛内閣総辞職後開かれた重臣会議においても、これについて質問が出て、内大臣は以上の経緯を語り、重臣連は陸相に大命が降下しても、それがただちに日米開戦にはならぬという確言を得て、安心して東条大将奏薦に同意したということである。余が辞職後グルー（米国）大使に書簡を送り、余の辞職は必ずしも日米開戦と決定した結果ではなく、交渉の余地はなお存する旨を申し送ったのも、かかる事情ありしがためである」と述べている。

また、近衛公は東条推薦に積極的であったと見る人もあるが、私は、私の当時関係した前後の事情からして、近衛公は、東条首相ということについては消極的であったと思っている。

近衛公は総辞職に至った経緯からして、東条になれば戦争の危険は充分あると考えていた。そこで東久邇宮の名が出たのを幸い、宮様に持っていったが、これは成立しなかったので、次は及川海相を考えたのである。海軍は和戦《わせん》を定めるのは総理大臣だと言うのだから、海軍から総理が出れば、海軍が和戦を定めねばならぬ。これには私がもっとも賛成で、岡海軍軍務局長のところへ及川内閣説を持っていった。

すると岡氏は「絶対にそれは駄目だ。及川さんはまったく政治家ではないよ。そんなことは絶対によしてくれ」と泣かんばかりに言った。言葉通りにも取れるが、元来海軍は当時の困難なる外交情勢また対陸軍関係から、絶対に海軍が政治責任を負うようなことを避《さ》けたかったのであろう。いっぽう及川氏のことは、近衛公も木戸内府に説いたのであるが、木戸氏は「海軍では陸軍は抑えられぬ。また海軍が戦争回避に持っていこうとすれば、陸海軍衝突の内乱が起こるかもしれない」と述べて、反対されたようである。

これについて、木戸内府は、陛下から御言葉があれば、東条もそれに従って陸軍を必ず抑えると確信していたようで、結局戦争をやらないならばということで、重臣は木戸説に同意したわけである。したがって後に戦争となり、戦局きわめて不利となったとき、重臣達は、木戸氏のこの時の言質《げんち》にもとづき、木戸の責任きわめて重大であると非難したのもいわれなしとはしない。

さらに、近衛公は当時痔疾《じしつ》も非常に悪化して正座することにも堪えないようになっていたので、木戸内府の主張(戦争に持っていかない東条なればよろしい)に同調したというのが本当の腹ではなかったかと思われる。

しかし私は、今でも及川海相を首相にしたほうがよかったのではないかと思う。というのは、十一月下旬を過ぎると、南方洋上の作戦は月の関係、潮《しお》の関係で難しくなる。すなわち組閣してから二ヵ月くらいグズグズしておれば、開戦は事実上できなくなるのであるからして、仮にその後に陸海軍の衝突があっても(それもあったかどうか)すでに開戦の機会は逸《いっ》していることで、その間にまた工作も色々あり得たと思われる。引き延ばしの意味だけでも、及川首相ができていたならば、あるいは日米開戦を回避し得たかもしれぬと考えられるわけである。

かくして十七日午後三時半、東条陸相は宮中に召《め》されて大命が降下され、及川海相もその直後に召されて、東条に対すると同様、「陸海軍、その協力をいっそう密《みつ》にすることに留意せよ」との御言葉があった。

さらに木戸内大臣は、陛下の御命令として、

「ただ今陛下より陸海軍協力云々の御言葉があったことと拝察するが、なお国策の大本《おおもと》を決定されるについては、九月六日の御前会議にとらわれることなく、内外の情勢をさらに深く検討し、慎重なる考究を加《くわ》うることを要するとの思し召しである」

と伝達したのである。

東条内閣成立後、僅々《きんきん》五十日あまりにして大戦争となり、また緒戦の快勝も後続せず、わが軍が次第に追いつめられて、退却を重ねる戦勢となってきた時、なぜ「近衛公はあの時もっとがんばって、第三次近衛内閣を投げ出さず、東条陸相を更迭《こうてつ》してでも、戦争回避に出なかったのか、またそのことは戦争反対であられた陛下に御了承願えたと思うが」という意見の人も多く出てきたのである。

それについて、私も敗戦の色濃くなってきたとき、東条内閣成立の悪かったことと共に、「あの時、近衛公が今すこしがんばって陛下に奏上して東条を更迭し、日米交渉を継続できな

かったでしょうか」

と述懐したときに、近衛公は、

「陸軍大臣よりも海軍大臣ですね、問題は。山本五十六大将（当時連合艦隊司令長官）なら、日米戦争を回避し得たかもしれません。海軍大臣に山本氏を持ってこなかったのは、日本のために残念でしたね。

それから陛下のことだが、陛下はもちろん平和主義で、あくまで戦争を避けたい御気持ちであったことはまちがいないが、自分が総理大臣として陛下に、今日、開戦の不利なることを申し上げると、それに賛成されていたのに、明日御前に出ると『昨日あんなにおまえは言っていたが、それほど心配することもないよ』と仰せられて、すこし戦争のほうへ寄っていかれる。また次回には、もっと戦争論のほうに寄っておられる。つまり、陸海の統帥部の人達の意見が入って、軍のことは総理大臣にはわからない。自分のほうが詳しいという御心持ちのように思われた。したがって、統帥について何ら権限のない総理大臣として、唯一の頼みの綱《つな》の陛下がこれでは、とてもがんばりようがない。また仮に戦争反対派の小畑敏四郎（中将）や真崎甚三郎（大将）を陸相にしても、殺されれば後は続かないし、木戸は寺内《てらうち》〔寿一《ひさいち》〕、阿部（大将）に近く、東条を信用して、小畑、真崎を嫌っている。陛下も、皇道派をだいたい御信任にならない。こういう状態では、自分の手の施《ほどこ》しようもなかったのだ」

と近衛公はシミジミと語った。

もちろん、公自身の弁解ということも多分《たぶん》にあるが、当時の近衛公の心境をうかがえぬこともないではない。

十月十九日、私が内閣書記官長辞任、そして貴族院議員に勅選《ちょくせん》せられた挨拶《あいさつ》のため、宮中に、木戸内大臣をお訪ねしたとき、木戸内府は、

「陛下は、近衛はどうもがんばりが足りないねと仰《おっしゃ》っていた。十六日昼、東条が来たので色々話をしたら、まだまだ日米交渉についても継続の意思はあるようだったので、今すこし経過を見たらと思っていたのに、その時すでに近衛は朝から閣僚の辞表をとりまとめつつあるということで、いかんとも仕方がなかった。すこし早まったように思われる」

との話であった。

どうも、東条氏の木戸内府に対する態度と、近衛公に対する言動との間には、確かに多少の幅《はば》があったように思われる。

これは近衛内閣総辞職、東条内閣成立直後の話であるが、鈴木貞一氏は近衛内閣の企画院総裁であって、物資の面から戦争反対論であったし、東条内閣などには入らぬと私達にも強く言っていた人であったが、東条内閣に留任して、後には開戦に署名することになった。当時、鈴木氏は近衛公に電話をしてきて、「東条氏からぜひにと懇望《こんぼう》されるので留任することにしまし

た」ということであったが、当時私が武藤陸軍軍務局長に翰長辞任の挨拶に行って聞いた話であるが、「なぜ鈴木なんか残ったんだ。東条さんにこのことを尋ねたところ、鈴木はたぶん留任しないだろうと思ったが、儀礼的に電話で話したら、二つ返事で引き受けたので、ちょっと閉口しているのだとのことだった」と言うのである。

こんな例は、他にもいくつかある。今まで近衛公を支持して日米交渉、日米開戦反対を切言《せつげん》していながら、このようなありさまである。当時の近衛公の言葉を借りれば、「人の心などあてになるものではないですね」。

27　第三次近衛内閣総辞職顛末書

私の執筆にかかる、重臣会議に提出した日米交渉経過ならびに総辞職顛末書は、次のごときものである。

（第一）政府と陸軍との見解相違点

一、「御前会議の決定」に付《つ》いて

本年九月六日御前会議において決定を見たる「帝国国策遂行要領」に依《よ》れば

(二)、前号外交交渉に依り十月上旬頃に至るも尚《なお》要求を貫徹し得る目途《もくと》なき場合においては直《ただ》ちに対米（英蘭）開戦を決意す。

とあり、これに対し陸軍側は十月上旬頃の対米交渉の状況を判断すれば、既《すで》に「我が要求を貫徹し得る目途なき場合」に立ち至りたるものとなし、従《したが》って少なくとも十月中旬—下旬頃には開戦の決意をなすべきは、御前会議決定に基《もと》づく当然の帰結なりと主張す。これに対し政府側においては現在の交渉状態は必ずしも「目途なき場合」とは断じ得られざるのみならず、米国との往復文書、其《その》他各種の情報に依《よ》れば、交渉妥結の希望は米側においても相当有之《これあり》、只其間《ただそのかん》誤解疑惑（例《たと》えば十月上旬頃よりの北部仏印に対する陸軍部隊の少数宛《ずつ》の逐次《ちくじ》増強——右は固《もと》より条約に準拠して行なわるるもの——）乃至《ないし》第三国の離間中傷又《また》は国際情勢殊《こと》に欧州戦争の推移見守り、米国国務省極東部内強硬反日分子の運動等ありて、大統領及びハル長官等の真意が常に蔽《おお》われおる事情等をも考慮し、藉《か》すに尚《なお》時日を以《も》ってすれば今日の提示条件を以ってするも、必ずしも成立の見込《みこ》なしとは考えられず、況《いわ》んや後述するが如《ごと》く、陸軍側において条件緩和（撤兵問題に帰着す）をなさば、今日においても成立の見込ありと思考せり。又《また》陸軍側においては、今日の統帥部の要求に基づき、開戦の決意時期は、御前会議決定の如く、十月上旬を理想としたるも、十月中旬万已《や》むを得ずとするも下旬迄《まで》には、これを決定せられたく、然《しか》らざれば戦争遂行上、非常なる不利を招くとなし、従って十月中、下旬の時期を厳守せんとするものなることは、特に注意を要する点なり。

二、対米交渉上の難点（特に撤兵問題）

対米交渉は尚その途上に在《あ》り、彼の真意必ずしも未だ全的に明瞭にせられたりと考えられざるも、今日までの所《ところ》、難点として残されたるものは概《おおむ》ね次の三点に要約せらる。

一、支那における撤兵駐兵の問題。

二、日独伊三国条約に対する日本の態度。

三、太平洋地域における通商無差別の問題。

而《しこう》して右三点も結局は撤兵駐兵問題に懸《かか》り居《お》り、従って対米交渉の唯一の難関は撤兵問題なりといい得べし。而して陸軍側の撤兵問題に関する主張を要約するに、米側に我が提示せる日支和平条件は極《きわ》めて寛大なるものにして、非併合無賠償なり。然《しか》るに支那内地における実情は、共産主義的並《ならび》にその他の秩序撹乱《かくらん》運動ありて、右は日支両国の安全の脅威となるものにして、日支両国民の安居楽業《あんきょらくぎょう》の為《ため》にも、経済開発の為にも是非共《ぜひとも》、これが共同防衛の為、一定地域に必要期間駐屯せざるべからず、而して右必要駐兵以外の軍隊は事変解決に伴《ともな》い撤退するも可《か》なりと主張するものにして、右主旨よりすれば、駐兵は絶対的要件なり、従って右駐兵を第一原則とし、右駐兵こそ支那事変の唯一の成果なりとす。従って右駐兵をなさず、撤兵を原則とするが如きことは到底《とうてい》軍の容認し難きところにして、駐兵は軍の心臓なり。これなくんば軍に敗戦観を与え、軍の士気《しき》は到底維持すべからずとなすものなり。然るに一方《いっぽう》米側の撤兵問題に関する真意はなお未だ必ずしも明確ならず、従って我《わが》提示条件も今後藉すに日を以って交渉すれば、これを貫徹せしむること必ずしも不可能なりとは考えられざるも、今日までのところは彼の主張と思考せられる重点は概ね次の如し。

一、原則として撤兵を日本側が認むること（従って駐兵問題は此《こ》の原則を認めたる上の事なり。尤《もっと》も駐兵を承認するや否《いな》やは今日のところ必ずしも明確ならざるも、従来の交渉の経緯に徴《ちょう》すれば、一切駐兵を認めずというには非《あら》ざる如く考察せらるる節《ふし》あり）。

二、撤兵に関する日本の誠意を確《たしか》めたきこと、例えば十月十三日若杉駐米公使とウェルズ国務次官との話合《はなしあい》中「『ウ』は要するに夫《そ》れは日本の誠意如何《いかん》に懸《かか》る次第にして、日本が誠実に撤兵するの意向ならば、其《そ》の履行《りこう》に付いては話合の仕方もあり得べし云々」乃《すなわ》ち政府側としては撤兵問題に付いては、

(二)今暫《しばら》く藉すに時日を以って交渉を継続すべきこと。

(二)駐兵の必要、駐兵を原則とすべきは勿論《もちろん》なれ共《ども》、本問題が万一《まんいち》交渉成否の最後の鍵となるならば、寧《むし》ろ名《な》を捨て実《じつ》を取るの主旨に依《よ》り、形式は彼に譲《ゆず》りて即《すなわ》ち撤兵を原則として認め、駐兵の実をとるの工夫をすることとしては如何。

との見解を持するものなり。

三、開戦に関する見解

陸軍としては、米英等の凍結令《とうけつれい》実施以来軍需物資（殊に石油）の輸入はほとんど全《まった》く不可能となりたる今日、このままにして推移せんか所謂《いわゆる》ジリ貧状態となり、足腰たたざる状態となりたる秋《とき》、米が不正不当なる威圧を加え来《きた》るも、到底これに抗《こう》する事能《あた》わず、自存自衛を脅《おびや》かさるるも又起《た》つ能わざるの秋来《きた》らん。然らば今日において多少の危険は存《そん》するも、国民一致団結国難突破の意気を以って当《あた》らば、凡《およ》そ弱点は我にもあれば、彼にもあり、決《けつ》して心配するが如き事なく、今日は只《ただ》断あるのみなりとなす。又支那事変の解決を米の橋渡しに依ってなす場合、余《あま》りにも寛大なる条件を以ってする事は、支那の侮日《ぶにち》を深め、一応《いちおう》事変の解決を見るとも両三年を出《い》でずして再び第二次の支那膺懲《ようちょう》を必要とするに至るべしという。これに対し、総理大臣としては支那事変の未だ解決せざる現在において、更《さら》に前途見透《みとお》しのつかざる大戦争に突入するが如きは、支那事変勃発以来重大なる責任を痛感しつつある者として、到底忍《しの》び難きところなり。

凍結令実施後における軍需物資の貯蔵の漸減《ぜんげん》は所謂ジリ貧状態を呈《てい》すべきも軍需物資中、最《もつと》も懸念せらるる石油獲得に付いていえば蘭印を攻略するも、破壊乃至《ないし》石油護送等の問題を考えれば、一、二年後において果《はた》してわが所望の量を期待し得るや否《いな》や、却《かえ》って戦争をなす代《かわ》り、物資労力を動員して人造石油増産を図らば、昭和十八年末迄《まで》二五〇万トン、十九年中には四〇〇万トンを生産し得ること必ずしも不可能ならず。今日は四年以上にわたる支那事変により、国力も消耗《しようもう》され、民心も稍弛緩《ややしかん》の風《ふう》あり、この秋にこそ臥薪《がしん》嘗胆《しようたん》の心組《こころぐみ》をもって、傷つかざる海軍力を擁《よう》しつつ一応、ともかく支那事変を解決せしめ、徐々に国力の培養を計るべきなりと確信す。

四、海軍側の見解

海軍側の見解は概ね次の如く考えらる。今日は外交交渉にてあくまでやって行《い》くか、又は戦争を決定するか二途何《いず》れを取るやの関頭《かんとう》に立てるものというべし。そこで外交でやるならば、外交一本槍であくまで貫《つらぬ》かねばならぬ。外交でやり徹《とお》す確信なかるべからず。外交交渉をやりつつ、二、三ヵ月してから外交交渉見込なきをもって戦争に移らんとしても、それは不可能である。しかも外交によるべきか、戦争すべきかは政府の定めらるべきものなるをもって、右するも左するも、一つに総理大臣の判決に俟《ま》つというに在《あ》り。なお海軍側の間に戦争はなるべくこれを避《さ》くべきものにして、外交交渉により対米関係を調整し得ることに最善を尽《つく》すべきなりとの意見、相当強く行なわるることを付言す。

(第二) 対米外交交渉の経過

本年四月中旬ハル国務長官は野村大使に対し、所謂《いわゆる》「日米諒解案」なるものを提示し、「両国間の関係は左記の諸点に付き、事態を明瞭にし又はこれを改善し得るにおいては、著《いちじる》しく調整し得べしと考える」と述べ

(一)、欧州戦争に対する両国政府の態度
(一)、支那事変に対する両国政府の関係
(一)、両国間の通商
(一)、太平洋の政治的安定に関する両国政府の方針

等の事項に付き、詳細提示し来《きた》れり。右米側提案に対し、五月中旬政府統帥部連絡協議の上、日本側修正案を回答せり(四月下旬松岡外相の独伊より帰国することあり、回答案検討に相当の時日を要したり)。

六月下旬右に対し米側は更に修正案を提示し来《きた》る。時偶々《たまたま》六月下旬独蘇《どくソ》〔ソ連〕開戦に伴い、国際情勢はいよいよ深刻となり、且つ支那事変遂行の必要上、七月我方《わがほう》は条約に基づき、南仏印に平和進駐をなせり、然るに米国はこれに対し、凍結令等を発動するに至り、日米関係は緊張を見るに至れり。日本は七月中旬、米側の六月下旬案に対する回答を発送したるも、野村大使がこれを米側に提案するに至らずして、第二次近衛内閣は総辞職することとなれり。

八月上旬に至り、第三次近衛内閣は対米外交交渉を飽《あ》く迄《まで》も成立せしむべき意図を以って、ルーズベルト大統領と近衛総理と両首脳者が会談し、依って日米間の友好関係の回復、支那事変に関する話し合《あい》、及び世界平和に付いての懇談をなさむことを提議し、八月下旬には近衛「メッセージ」を大統領に送れり。九月六日御前会議に於《おい》て、「帝国国策遂行要領」の決定を見たり。右は外交的措置に依り飽く迄も対米（英）問題を解決し支那事変を処理せんとしたる主旨にして、戦争手段に出ずるは外交交渉の見込《みこみ》全然なき場合に限らるるものなることは、当時の会議前後の経緯に鑑み、明《あきら》かなるところなり。

九月上旬、両者会談促進の意図を以って、右会談の基礎となるべき事項に付き、我方より提案す。さらに九月二十日に至り、米側の従来の提案及我方の主張を一切とりまとめ、米に提示す。これに対し十月二日「覚書」を米は我方に送付し来る。右覚書に関し、彼に交渉成立の誠意なく、従って成立の見込なしとする意見と、尚《なお》成立の見込なしとは断じ得られず、従って尚交渉を継続し乃至《ないし》交渉条件に多少の緩和をなすべしとの意見両立するに至れる次第なり。（以上）

かくて、新たに成立した東条内閣においては、東条総理大臣が陸軍大臣を兼任すると共に、さらに国内治安の総元締《そうもとじ》めとして、内務大臣をも兼任し、いわゆる強力なる構《かま》えで、憲兵と警察をもって、内外をにらみつけるような感じがあったのである。新内閣は連日連絡会議を開催し、十一月五日には次のごとき御前会議の決定を見るに至った。

その要旨は、

一、現下の危機を打開し、自存自衛を完了するため、対米英戦争を決意し、甲乙両案に基《もと》づき、日米外交交渉により打開を図ると共に、その不成立の場合の武力発動の時期を、十二月初頭と定め、陸海軍は作戦準備をする。尤《もっと》も開戦の決意は改めて行なう。

二、独伊との提携強化を図り、又《また》武力発動の直前に、泰《タイ》と軍事的緊密関係を樹立する。

三、対米交渉が十二月初頭までに成功すれば、作戦準備を停止する。

いわゆる「一面平和交渉、一面戦争準備」という建前《たてまえ》であった。また、この決定にもとづき、野村大使に対し甲乙両案を送り、いっぽう野村大使を補佐する意味で来栖〔三郎〕大使をアメリカに派遣することにもなったのである。

甲案

懸案の三問題につき、わが主張を左の通り緩和す。

(一)、通商無差別問題

日本政府は無差別原則が全世界に適用せらるるに於《お》ては、太平洋全域即《すなわ》ち中国に於ても、本原則の行なわるることを承認す。

(二)、三国条約の解釈及び履行問題

我方《わがほう》に於て自衛権の解釈を、濫《みだ》りに拡大する意図なきことを、更《さら》に明瞭にすると共に、三国条約の解釈及び履行に関しては、従来縷々《るる》説明せる如《ごと》く、帝国政府の自《みずか》ら決する所《ところ》に従って行動す。

(三)、撤兵問題

A、中国に於《お》ける駐兵及び撤兵

支那事変のため支那に派遣せられたる日本軍隊は、華北《かほく》及び蒙彊《もうきょう》の一定地域及び海南島《かいなんとう》に関しては、日支間に平和成立後所要期間駐屯すべく、爾余《じよ》の軍隊は、和平成立と同時に、日支間に別に定めらるる所に依《よ》り撤兵を開始し、治安確立と共に二年以内にこれを完了す。

註——所要期間につき、米国側より質問ありたる場合は、概《おおむ》ね二十五年を目途とするものを以《も》って応酬す。

B、仏印に於ける駐兵及び撤兵

日本政府は、仏印の領土主権を尊重す。既《すで》に仏印に派遣せられおる日本軍隊は、支那事変解決するか、又《また》は公正なる極東平和確立するにおいては、直《ただ》ちにこれを撤去す。

なお四原則については、これを日米間の正式妥結事項中に包含《ほうがん》せしむることは、極力回避するものとす。

乙案（米国側において、甲案に難色を示した場合の応急措置案）

（一）、日米両国は何《いず》れも、仏印以外の東南アジア及び南太平洋地域に、武力的進出をなさざることを約す。

（二）、日米両国は、蘭印においてその必要とする物資の獲得が保障せらるるよう、相互に協力するものとす。

(三)、日米両国は、相互に通商関係を、資産凍結前の状態に復帰すべし、米国は所要の石油の対日供給を約す。

(四)、米国は、日支両国の和平に関する努力に、支障を与《あた》うるが如き行動に出《い》でざるべし。

(五)、日本は日支間和平成立するか、又は太平洋地域における公正なる和平成立する上は、現に仏印に派遣せられおる日本軍隊を撤退す。日本は本諒解成立せば、現に仏印に駐屯中の日本軍を北部仏印に移駐す。(以上)

この甲乙二案は、十一月五日御前会議決定と同時に、ただちにアメリカ側と交渉に移さるることとなったが、同時に十一月二十五日が交渉の期限であることも、野村大使に電報されたのであった。

来栖大使は十一月十五日ワシントンに到着し、十七日にルーズベルト大統領、十八日にハル国務長官と会談して、甲案を提示したが、もとよりその了解を得るに至らず、その間、日本政府からは、叱責《しっせき》に近い回訓もあり、両大使は「米国が応諾《おうだく》しないなら、交渉決裂するもいたしかたなし」との東条政府の指令にもとづき、二十日、乙案を提出することになったのである。

世上《せじょう》、わが国内外共に、東条内閣は組閣当初から日米交渉妥結の意思なく、ただ格好をつけていたにすぎないと言う者もあるが、それは誤解であって、とにかく、陛下の御言葉に従い、日米外交交渉につき、最後の努力をいたしたことは事実であったし、また野村・来栖両大使が交渉成立のため、最後の努力をしたこともともとよりのことであった。ただ、この段階に至って、アメリカ国務省は全然日本の誠意を認めず、また日本のいかなる約束にも信《しん》を置かなかったことも事実である。

ハル長官のごときは、その回顧録において「来栖は、野村とは正反対の人間のように思われた。彼の顔つきにも態度にも、信頼や尊敬を呼ぶものがなかった。私ははじめからこの男はうそつきだと感じた……来栖のワシントン派遣は二つの目的を持っていた。第一はあらゆる圧力と説得とを用いて、われわれに日本側の条件を受諾させることであり、第二は、それが失敗した場合、日本の攻撃準備ができるまで、会談でわれわれを引きずっておくことだった……」と、悪意に満ちた曲解を記しているのである。

かくして刻々《こくこく》、日米関係は破局に向かって進行していたのであるが、十一月二十六日、ハル国務長官から野村・来栖大使に渡された、いわゆる「ハル覚書〔ハル・ノート〕」の提示に至るまでの間、米国側においても一定期間の休戦ないし暫定協定というようなことも、考慮されていた様子である。しかし、これも曲折の一つにすぎなくなって、ついに致命的な「ハル覚書」

となって現われたのである。それは要約すれば、次のごとくである。

ハル覚書

一、両国政府は、日米並びに英帝国、中国、和蘭《オランダ》、ソ連及び泰《タイ》国間に多辺的不可侵協定を締結するに努力す。

二、両国政府、日米並びに英、蘭、支、泰各政府間に、仏印の領土保全を尊重し、それに脅威を齎《もた》らすべき事態発生せば、それに対応すべく必要なる措置を執《と》るための、共同協議を開始し、又《また》仏印における通商上の均等待遇を維持すべき協定の締結に努力す。

三、日本は中国及び仏印

日米会談

1941年11月17日、ルーズベルト大統領との会談に向かう野村吉三郎駐米大使(左)、コーデル・ハル国務長官(中)、来栖三郎駐米大使

より、全陸海空軍及び警察力を撤退す。
四、両国政府は、重慶《じゅうけい》政府以外の中国における如何《いか》なる政府若《も》しくは政権をも支持せず。
五、両国政府は、団匪《だんぴ》〔義和団〕事件議定書に基《もと》づく権利並びに居留地権を含む中国における一切《いっさい》の治外法権を放棄し、他国政府も同様の措置を執るとの同意を得べく努力す。
六、両国政府は、最恵国待遇及び貿易障壁の軽減に基づく通商協定締結のための交渉を開始す。
七、両国政府は、資産凍結を撤回す。
八、両国政府は、ドル、円比率安定の計画に同意し、その資金を設定す。
九、両国政府は、何《いず》れも第三国と締結したる協定は、本協定の基本意図たる、太平洋地域を通じての平和の確立維持と、衝突するが如《ごと》く解釈さるることなきに同意す。
十、両国政府は、他の諸国をして、本協定の政治上、経済上の基本的諸原則に合意し、これを実際に適用せしめるが如く勧誘すべし。(以上)

この覚書は、日本にとっては、最後通牒《つうちょう》と認めらるるべきものであり、まさに四月以来の両国外交を破局に追い詰めるものであった。ことに、(三)に中国・仏印からの無条件撤退要求、(四)は満州国ならびに汪《おう》政権を認めないことになる。(九)は三国同盟の廃棄を要求するに等しいものであった。

しかし、ハル長官は「日本の宣伝はわれわれの覚書を歪《ゆが》めて、最後通牒だと言いくるめようとした。これは全然うその口実を使って国民を騙《だま》し、軍事的略奪を支持させようとする、日本一流のやり方であった」と言っている。立場を異《こと》にすれば色々の考え方があるものである。

もっとも、この点については、ビアード教授はその著書において「事実、大統領もハルも、日本がこれを受諾するなどと考えたのではあるまい。これは戦争への序曲であったことが明らかである……」と述べている。

また、東京裁判でインドのパル判事は「真珠湾《しんじゆわん》攻撃の直前に、米国国務省が、日本政府に送ったと同じような通牒を受け取ったら、モナコ王国やルクセンブルク大公国でさえも、米国に対し鉾《ほこ》を取って立ち上がったであろう」と述べているし、またクレーギー英国大使も「ハル覚書の内容は、開戦後はじめて知って驚いた。通牒は法外な条件を含んでいた。少なくとも日本人の気持ちを理解している者なら、交渉の決裂を招来するくらいのことはわかっていたはずだ」と言っている。

ハル覚書については、このように色々の見方もあろうが、日本政府がこれを最後通牒として取り扱うことになったことは事実であった。

当時、私はもちろん野《や》にあったが、二十七日、この覚書の内容を陸軍の某関係者から情報として知らせてくれたので、ただちに近衛公に電話連絡をした。近衛公もさすがに驚いて「そこまでアメリカは強くなってしまったのか」と言っていたが、またすぐに、木戸内府に事《こと》の真否《しんぴ》を問い合わされたところ、木戸氏もまだ知っておらず、大変驚いた様子で「すぐ政府に聞き合わしてみる。今までは何も聞いていない」ということであった。

まさに、ハル覚書は日米戦争の前夜を創り出すものだったのである。

28 真珠湾攻撃

十一月二十六日、わがほうに提示されてきたハル国務長官のいわゆる「ハル覚書」は、日本に対する米国の最後通牒と解《かい》せらるべきものであったが、陛下はこれによって、日米交渉が最悪の事態に陥ることを憂《うれ》えられ、最後の決意をなされるにつき、さらに重臣会議を召集して、その意見を徴《ちょう》せられることになった。

この会合は、十一月二十九日午前九時から午後四時までの長時間にわたったが、近衛公は

「経済断交のままでも戦争なしで進み、後図《こうと》を策《さく》したらどうか」と開戦に反対したが、東条首相は「やはりそれではジリ貧を免《まぬか》れないから、開戦に決意したのである」と答弁した。若槻・岡田両氏も物資面で心配し、政府の説明に納得しないと述べ、平沼氏は民心の引き締めに努力を要望し、米内氏は「ジリ貧を避けようとしてドカ貧にならぬよう」と警告。ただ、林銑十郎（陸軍大将）と阿部信行（陸軍大将）が政府支持の態度を表明したのであった。

次いで十二月一日、御前会議が開かれ、十一月五日決定にもとづく対米交渉がついに成立に至らないで、米英蘭に対し開戦することを決定され、米国に対しては、ハル覚書の受諾不可能な旨の覚書を出すことになった。

いっぽう日本海軍の旗艦赤城《あかぎ》をはじめ、戦艦比叡《ひえい》、霧島《きりしま》、航空母艦加賀《かが》、飛龍《ひりゅう》、蒼龍《そうりゅう》、瑞鶴《ずいかく》などを含む機動部隊は、十一月下旬には、千島《ちしま》列島の単冠港《ひとかつぷわん》に到着していた。そして、この強力な機動部隊は十一月二十六日ハワイに向けて同地を出発していたのである。もっとも、万一外交交渉が妥結したら、いつでも引き返すことを命令されていた。

他方十二月六日、ルーズベルト大統領は最後の段階が来たと見て、午後九時、天皇へのメッセージを発送した。そして、この最後に「余が陛下に書《しょ》を致すは、この明らかなる危局に際し、陛下におかれても余と同様に、暗黒を一掃《いっそう》するの方法に関し、考慮せられんことを希望するがためなり。余は陛下と共に、日米両国民のみならず、隣接諸国の住民のため、両国民間の伝統的友誼《ゆうぎ》を回復し、世界におけるこの上の死滅と破壊とを防止するの、神聖なる責務を有することを確信するものなり」と言っている。

ル大統領の天皇あてメッセージは十二月八日午前零時四十分、東郷外相が木戸内府に電話し、グルー大使がこの陛下あて米大統領の電報を持参してきたが、いかがいたすべきかと尋ねてきた。木戸氏はそこで、陛下は深夜でも拝謁を許されると答えたので、東郷外相は首相の同意を得た上、深夜に参内、拝謁して大統領の親電を報告した。しかし、それから一、二時間後には、真珠湾攻撃が始まっていたわけで、この親電は日米戦争防止の役には立たなかったこととなる。

これが、だいたい十一月二十六日から十二月八日に至るまでの、日米両国の最後の動きであった。しかし、今日明らかになったことは、日米両国ともこの間には、もう交渉妥結の空気はすこしもなく、ただひたむきに破局へ驀進《ばくしん》していたということである。

ついに十二月八日、運命の日が来た。真珠湾攻撃の日が来たのである。

当時米国のほうでは、日本からの野村大使あての電報は、七日（米国時間）朝八時半頃までに全部傍受され、解読されていた。日本側の回答通告が午後一時と指定されていることもわかっていたのである。午後一時の意味については、結局一時か一時すぎに、太平洋中の米国施設のいずれかに向かって、日本が敵対行動をとるという意味だというに解釈は一致した。

そこで、マーシャル陸軍参謀総長はスターク海軍軍令部総長に電話し、相談の上、各地前《ぜん》哨《しょう》基地に警告を発した。その中でマーシャルは「午後一時日本は、実質上最後通牒に等《ひと》しきものを提示しつつあり」と言っている。しかし手間取ったので、これがハワイのショート司令官に届いた時は、もう日本の攻撃が始まっていたのである。

日本の攻撃は、ホノルル時間七日午前七時五十分、ワシントン時間午後一時二十分に始められた。野村大使は、暗号の解読とタイプで手間取ったため、国務省に行ったのは二時であった。そこで二十分待たされ、ハルに手交されたのは二時二十分で、真珠湾攻撃開始後一時間、コタバル上陸後二時間半たっていた。

ハルは日本の通告を読み、野村・来栖両氏に、

「私は過去九ヵ月にわたる会談で、ウソをついたことは一度もない……私の公職在任五十年間に、これ以上劣悪《れつあく》な虚偽《きょぎ》と歪曲《わいきょく》に満ちた文書を見たことはない。これほど劣悪極《きわ》まる虚偽を言い得る政府が、世界にあるということは、今日まで思いもおよばなかった」と述べた。

スチムソン陸軍長官もその日記で、

「今や日本人は、ハワイでわれわれを直接攻撃することにより、すべてのことを解決してくれた。余の最初の感じは『救われた』という感じであった。優柔不断はこれで終わった。危険はわが全国民を団結せしめるような形でやってきた云々」と記している。

ルーズベルト大統領も十二月八日、議会に「戦争状態」の宣言を要求したが、その際、真珠湾攻撃をもってまったくの「奇襲」であり、「騙《だま》し打ち」であると強調したのであった。

真珠湾攻撃がはたして「騙し打ち」であったかどうか、これについては、東京裁判においても種々の証人や材料が出されたことであるし、また真珠湾事件に関する米国内の三回にわたる調査委員会の経緯ならびに結論においてもわかるように、必ずしも「騙し打ち」とは断言できないのみならず、当時の各種証言から考えても、日本からの通告を攻撃前に手交するという方針は、疑いの余地はなかったようである。

ただ、通告と攻撃との間をなるべく縮《ちぢ》めようとの意図はあったようだし、日本の外務省にも在米大使館にも、種々事務上の手違いがあって、事実上は攻撃後に手交されることになった。しかし、それは無通告攻撃の計画の結果であったとは言えないものである。さらにまた、米国当局が正式通告の前にすでに、傍受電報でこのことを全部承知していたことは、今日明白な事実となっている。

十二月八日、近衛公は真珠湾攻撃の戦果を勇《いさ》ましく軍艦マーチにつれて報ずる「大本営発表」を箱根《はこね》の別邸で聞いた。日米交渉に心血を注いだ近衛公。日米戦争にあくまで反対であった近衛公。それは感情でもなければ、意地でもない。とうてい勝ち目のない日米戦争の最後は、日本の悲惨な、徹底的な敗北以外にないことを恐れたがためである。

しかし真珠湾攻撃の大勝利や、南支那海における英艦プリンス・オブ・ウェールズ号の撃沈など、緒戦の成功は、真相を知り得ない多くの日本国民をして狂喜せしめ、最後の勝利まで約束するかのごとく思わしめたことであった。

そして、一面こういう空気が、日米交渉の中心人物であり、日米開戦に反対であった近衛公に対する非難攻撃となっていったことは、当然の推移であったかもしれない。もっとも、「近衛は反戦主義者である。敗北主義者である」と宣伝することによって、大東亜戦争の意義を宣《せん》揚《よう》し、国民の士気を鼓舞《こぶ》したいと思う人達の意識的な宣伝と、悪意なしにこれに付和雷同《ふわらいどう》した国民とは、この際にも区別されなければならないと思う。

明けて昭和十七年一月一日、年賀のため宮中に参内した近衛公の帰宅を、荻窪邸に待っていた私に対し、近衛公は、本当にうんざりしたというような言葉つきで、

「今日の宮中は真珠湾攻撃礼賛《らいさん》で持ち切りだった。岡田大将（啓介海軍大将、日米戦争に反対だった人）さえ、杯《さかずき》を重ねて、大変な勢いだった。やっぱり岡田も軍人ですね。そして言うには、山本（五十六連合艦隊司令長官）はやっぱりえらいよ。末次（海軍大将）でも、真珠湾攻撃をやらせたら、航空母艦はすこしは残しておいたろうに。山本は全部をこの作戦にぶちこんでしまった。山本はポーカー（トランプの一種の遊び）の世界的名手じゃったが、奴はポーカーの手を真珠湾に使いおったのだ。と大変な御機嫌で、それを取り巻く老人たちが、何もわからず

にお太鼓《たいこ》をたたいていた。不愉快でしたね。低級ですね。この調子じゃ、最後まで行ってしまうかもしれませんよ」

とシミジミ言うのであった。

当時、ゾルゲ事件という国際スパイ事件があった。これは、あたかも第三次近衛内閣総辞職の当日、十月十六日に検挙が始まった事件で、ドイツ人ゾルゲを中心とする国際共産党のスパイと連絡を取って、日本の政界上層部のスパイをやっていた尾崎秀実《おざきほつみ》（元朝日新聞記者、後死刑となる）が、近衛公の側近と言われる風見章、西園寺公一《きんかず》、犬養健諸氏と親近関係にあり、日本政府の極秘情報がソ連に流されていた。近衛公も、尾崎を特に近づけていたというのである。陸軍あたりでは当時、第三次近衛内閣の辞職は、この検挙に関係があるとさえ、デマを飛ばしていたのである。それが伝わり伝って「近衛は赤《アカ》だ」「日米戦争反対もそのせいだ」とさえ、噂《うわさ》される始末であった。

しかし、近衛公と尾崎との関係は「二人限りで会ったことはなく、他の多くの人達と一緒に二回ほど会った程度である。また、自分くらい共産主義絶対反対の者はないのに、この事件くらい不愉快なことはない」と、近衛公にしては珍しく気にしていた。後にこの事件は起訴され、公判に移されたが「法廷に立つことだけは、どうしてもいやだから何とか、あなた代わって出廷してください」と、私に嘆願する近衛公であった。

それで、私も色々奔走して、近衛公の代わりに私が出て証言することで、勘弁《かんべん》してもらった。私の公判廷の証言はきわめて簡単に終わったのであるが、その報告に行ったら、近衛公はいかにもホッとしたような顔つきで、私に心から感謝されるようなふうであった。

思うに、ずいぶん物事にルーズな近衛公ではあったが、こと皇室に関しては絶対というところが真底《しんそこ》にはあった。したがって、この立場からして、天皇制反対の共産主義は絶対に容《い》れないというのが、近衛公の心境であったように思われる。そこで、こともあろうに、その共産主義者に国家機密を洩《も》らしていたなどということは、とうてい堪えられなかったのである。

また、東条の憲兵政治からも、敗戦主義の近衛公は終始監視されていた。東条内閣の続く間、近衛公にも私（富田）にも、憲兵の尾行がついていた。はじめのうちは、そのほうでは専門の私も気づかなかったのであるが、細川護貞氏（近衛公の女婿）から注意されて気をつけてみると、まさに尾行がついている。これには私も驚いた。近衛公の尾行は、後には堂々と荻窪の邸の曲《ま》がり角の家の一室を借りて、昼夜交代して見張りまでしている始末となった。

ある時、近衛公が木戸内府を訪ねる時に、やはり自動車の後を見ると、憲兵の自動車が尾《つ》いてくる。一度ガンとやってくれと近衛公は言われるので、私はこちらの自動車を時々停《と》める。停めると、あちらの自動車も停まる。そこで、曲がり角でスピードを出すようにして曲がってから、停めて待った。あちらでも知らずに急いで曲がってきた。そこで私は車から降《お》りて「誰の命令で尾いているのか。近衛公と知って尾いているのか」と尋ね出したら、急にスピードを出して逃走してしまった。そのおかげで、その時は尾行しないで［されないで？］、木戸邸に行くことができたのであった。一つのお笑い話である。

ついでに憲兵の話であるが、その後二度、私は近衛公の代わりに憲兵隊本部に呼び出された。一度は、ヒュー・バイアスの『敵国日本』という書物の一部を近衛公が翻訳されて、これをタイプに打ち、東久邇宮様など数人に配付した件で、これは重臣でなかったら検挙されるぞと脅《おど》かされ、ただちに破棄してくれと命令された。承知したと言ったが、残り五部ほどは焼却せずに大事に保管することにした。

今一度は、近衛公がさるところに時々通われることにつき、「どこへ行かれても、それは無粋《ぶすい》なことは言わないが、それも徒歩で行くなれば格別。戦時中に血の一滴にも比《ひ》すべき統制配給のガソリンを消費して、そんなところへ行くのはどうかと思う。重臣として不謹慎ではないだろうか。貴公どう思われる。また近衛公の敗戦主義思想はこの際、ぜひやめてもらいたいものだ」と言うのである。

憲兵はこんなつまらないやり方で、近衛公の終戦努力を牽制《けんせい》しようとしたのである。

29　東条の憲兵政治

東条内閣は昭和十六年十月十七日の組閣から、昭和十九年七月十八日の総辞職に至るまでおよそ二年九ヵ月、かなり長期の政権担当であった。しかし、権勢に迎合する者や陸軍はじめ米英撃滅論者は別として、その発足当時から、政治的にはいかにも子供臭《くさ》い、力ずくいっぽうの、気障《きざ》な浅薄《せんぱく》な内閣であって、それにもかかわらず、かくも長期政権たり得たのは、ひとえにその時代が「戦時下」であったということと、強力な陸軍という背景があったからである。

戦争反対論者はもちろんのこと、東条施政に対し、すこしでも批判的な者に対しては、濃淡はあるが、圧迫が加えられたのである。それは憲兵であり、すでに陸軍の手先になって唯々《いい》諾々《だくだく》走り回らされていた特高《とっこう》〔特別高等〕警察であったのである。

かかる空気のうちに、近衛公やその側近に対しては、前にも述べた通り、憲兵の圧力と尾行がいっそう強化された。岡田啓介海軍大将、若槻礼次郎元首相、米内海軍大将等も、やはり同じ運命に置かれていた。

また、東条施政の幼稚《ようち》にして気障なことも、また異常なるものがあった。東条首相兼陸相兼内相は早朝、戦時体制下における市民活動の激励御視察とあって、築地《つきじ》の魚河岸《うおがし》に午前四時に乗馬姿で突如出現する。その日の夕刊に、戦時宰相の記事は写真と共にデカデカと報道される。もちろん、首相秘書官から前もってこの視察は各新聞社に連絡せられ、その上なるべく大きく取り扱われるように指令が出されていたわけである。ちなみに、こういう新聞紙が今ではこの東条氏を封建的、軍国主義的と罵《のの》り、総評《そうひょう》〔日本労働組合総評議会〕と日教組《にっきょうそ》〔日本教職員組合〕とに拍手を贈るのである。実に時代の移り変わりのはなはだしさを思わされる。

戦時宰相は、オープンカーで市街を通行になる。振り返る市民に対しては挙手の礼、まさに日本製ヒットラーである。東条夫人は有名な賢《けん》夫人とかで、政治、軍事にも嘴《くちばし》を入れるとか、蔣介石夫人宋美齢《そうびれい》に対し、人呼んで東《とう》美齢と申し上げた。

この首相は、北海道へも視察と戦意高揚のために出かけた。当時道庁の部長であった私の友人に後から聞いた実話であるが、札幌《さっぽろ》市内でも、やはりお得意の早朝民情視察をやってゴミ箱のフタをあけて、その中に卵の殻《から》があったところ、何というもったいないことをしているのか、戦時意識の高揚が足らぬとて、随行《ずいこう》の市長はシッタされる。全市の小・中・女学校生徒の連合ラジオ体操を挙行し、首相に視閲《しえつ》してもらったところ、その指揮者であった体操の一《いち》先生が、全部の生徒参集の前で東条さんからどなりつけられた。それというのは、この先生が全生徒の白い服装と区別すべく、新調の黒のシャツを着けていたのが、この戦時下、物の足らないときに新調とはもっての他というわけであった。
また、遺族の子供たちが二列に駅前で並んで、首相の到着を出迎えた。温情あふるる東条さんは、一人一人の頭をなでて歩いた。二列であったことと、子供の人数のあまりにも多かったことが、あとになってお目玉頂戴《ちょうだい》の原因ともなったという。実に、哀《あわ》れにも悲しく低劣な気《き》障《ざ》な宰相ぶりであった。

東条英機

1884〜1948年。陸軍士官学校、陸軍大学校卒業。のち陸軍大将。陸軍航空総監等を経て、第2次・第3次近衛内閣で陸相。開戦時の首相。東京裁判でA級戦犯となり、刑死。写真は首相官邸にて

この間にも、ラジオの大本営発表は、時々予定の番組放送が中断されて、軍艦マーチと共に、特報として大戦果を公表した。しかし今から思えば、真珠湾の緒戦以来、僅々《きんきん》半年、昭和十七年六月五日の南方洋上ミッドウェー大海戦のわが大敗北を契機とし、緒戦の勝利はどこへやら、戦果の放送は、実は常に戦敗の証明だったのである。

しかし木戸内大臣は、この東条首相の弁護者であった。それは一つには、自分が他の重臣達の反対を押し切ってたてた総理大臣ということもあったかもしれないけれども、またいっぽう、内府の重職にある者として、いやしくも戦時下の現在、首相の地位にあるものを非難するというようなことはもっとも慎《つつし》むべきものとされたことも想像にかたくないが、このことは、近衛公をして「東条のすこし悪口を言うと、木戸が苦《にが》い顔をする。逆に東条は政治家として近来、非常に成長してきたなんて言うんだから、とてもお話になりません」と嘆息せしめていた。

しかし、戦況はかかる間にも、次々に悪くなるばかりで、昭和十八年二月九日には、有名なガダルカナル島からわが陸軍は撤退しなければならぬようにまでなった。非常な犠牲を払って。それにもかかわらず、当時、貴族院の予算総会の秘密会で、私が貴族院議員として聞いた陸軍の説明は、これを「転進《てんしん》」と称し、その昔賤《しず》ヶ岳《たけ》七本槍の転進は、大勝利の原因となったと付け加えるほどの心臓と欺瞞《ぎまん》であった。当時、議員にして心あるものは、こんなことでいいのかと驚いたことである。

東条政権下における近衛公は、政府との関係においても、また木戸内府との関係においても、けっして愉快なものではなかった。しかし、陸海軍の戦況の真相は私が連絡係となって、陸軍については酒井《さかい》鎬次《こうじ》中将等から、海軍については高木《たかぎ》惣吉《そうきち》少将等から聞いていたので、ツンボ桟敷《さじき》どころか、「総理のときよりも真相が早くよくわかる」とさえ言われるくらいに情報通であった。

また、国内政治の面においても、あらゆる階層の者が、中には陸軍に迎合する者さえも暮夜《ぼや》密かに、近衛公の門を叩いて、真相を知らせにきてくれたので、国内外の動きを敏感に知り得る態勢であった。さらに昭和十八年秋には、細川護貞氏（近衛公の女婿）が高松宮殿下の情報連絡係となるにおよんで、九重《ここのえ》の奥深き宮中のことさえも、よくわかることとなっていた。

近衛公はかねてから頑固《がんこ》な痔疾《じしつ》に悩んでいたので、空襲の激化しない、今の間に手術しておいたほうがよかろうというわけで、昭和十七年十月中旬から十二月下旬までと、十八年十一月

近衛の書

1942年の揮毫《きごう》。当時の心境を記したものという

から翌十九年二月はじめまでと二回にわたって、東大の大槻《おおつき》外科に入院された。また京都、富山、高野山《こうやさん》等にも時々旅行されるし、ことにもっとも気に入っていた軽井沢には、夏季はもちろんのこと、十一月寒くなってからも逗留《とうりゅう》されることがあって、表面は悠々自適《ゆうゆうじてき》という格好であった。

しかしこの間、近衛公はすこしも停滞していなかった。前述の通り、内外の情勢に通じ、終戦の機会と秘策を常に念頭に置きながら、他方、読書と思索に余念がなかったのである。「富田君は禅《ぜん》をやられるが、私はどうも宗教には入れない。私にはやはり哲学が向いている」と言って、今は忘れてしまったけれども、難しい「死」に関する哲学の英書を翻訳しながら、「出来上がったら、君にも見てもらいますよ。なかなか翻訳というものは難しいものですね」などと言う近衛公であった。こういう時の近衛公は実に若々しく生き生きとして、澄《す》み切った思想家近衛文麿でもあった。

また、こういう間に、自ら筆をとって「支那事変について」「三国同盟について」また「日米交渉について」という長文の回想録を残したのである。近衛公は元来頭も冴《さ》えていたが、文章もまたきわめて流麗《りゅうれい》で、今日になっては、実に公私共、貴重な文献である。

この間にも、東条政権の悪政は募《つの》るいっぽうである。国内各方面の反感はますますさかんになってきたが、本人の東条首相は無反省で、ついには強暴にさえなってきた。頭がどうかしているとさえ、巷間《こうかん》に伝わるほどになってきた。さすがの木戸内府も、サイパン島失陥《しっかん》前後から東条氏を見放すようになった。

当時、昭和十九年はじめのある日、近衛公は私に対し、

「とうとう木戸も東条に愛想をつかした。木戸が軍事情勢などについて、東条に真相をただすと東条がキッとなって、そんなことをどこから聞かれたか、容易ならぬことだ、国防保安法にひっかかることだなんて言うので、何を言うか、内大臣として、国の大事を聞いて何が悪いのか、あんまりのことを言うなと、どなってやったら東条の奴、謝《あやま》りおった……と言っていた。木戸の気のつくのが遅すぎましたよ」

と言われたこともある。

しかし、東条氏は必死になって、戦局ならびに政局の退勢《たいせい》の挽回《ばんかい》に努めた。そして昭和十九年二月二十一日には、杉山陸軍・永野海軍の両総長を辞めさせ、自らは首相兼陸相の他に参謀総長をも兼ねるところまで上がってしまったのである。この当時、終戦後アメリカ占領軍の下に活躍したある有名な日本の憲法専門家は、この東条の参謀総長兼任をもって、もっとも大日本帝国憲法の趣旨に合致するものであると、毎日新聞に堂々と論文を載《の》せたことを、私はまざまざと今日まで覚えている。

東条政権はかくて峠をとっくに越していたのであるが、本人だけでまだ空回りをしていたの

である。そのころ、近衛公は次の内閣として、小林躋造海軍大将を総理大臣兼海軍大臣に、小畑敏四郎陸軍中将を陸相、真崎甚三郎陸軍大将を参謀総長にして、粛軍《しゅくぐん》をやろうとする計画も進めたことがあるし、いっぽう岡田、平沼、若槻氏等東条政権に批判的な重臣達四人だけで極秘に、東条内閣をいかにすべきかを謀議することとなったのである。

しかし当時、近衛公は、なお一挙に終戦内閣に持っていくことは難しいから、中間内閣くらいのところだという意見で、国民には気の毒だが、今すこし東条内閣を続けさせて、爆撃の洗礼を受けないと、なかなか終戦に対し国民の踏ん切りはつかず、それをやろうとすれば、弱いの、敗北主義のと言うに決まっているという見通しであった。

これに対し、酒井鎬次、細川護貞、高村坂彦諸氏ならびに私は猛烈に反対し、即時終戦内閣に持ち込むこと、それには宮様を総理大臣にする以外に途《みち》なしと信じ、高松宮または東久邇宮を考えて、極力進言していたのであった。

東条氏は今や死《し》に者狂《ものぐる》いであった。この頃になると意気消沈《いきしょうちん》、沈痛の面持《おもも》ちで、顔面蒼白《がんめんそうはく》、自殺のおそれありとさえ、東条に近い人達は言うくらいになっていた。それだけに、いっぽうにおいて気狂いじみた憲兵政治で、中野正剛氏の自殺もこの頃であったし、名士《めいし》にして東条反対の者には、どしどし「名誉の召集令状」が出されて、南方遠く戦線に放り出されるものも続出して、まさに恐怖政治の様相を呈《てい》してきた。

この事態を憂《うれ》うると共に、国家国民のため、この東条内閣の一日も早く倒れんことを念願した、前記細川、高村、富田は連日、多いときは一日に二回も近衛公に直談判《じかだんぱん》して、東条内閣打倒、和平内閣早急樹立に邁進《まいしん》してもらうことを進言したが、公はなかなかに腰を上げなかった。

その頃、高松宮も心配されて、細川護貞氏に、

「東条のは一種の恐怖政治だから、何をやるかわからない。二・二六〔事件〕の経験を逆用して、宮城を近衛兵《このえへい》で取り囲むかもしれない。まあそんなこともあるまいが、ほかに政権でもできることになったら承久《じようきゆう》の乱だね」

と言われた。そこで細川氏は、

「そういう時には、恐れながら、殿下は中大兄皇子《なかのおおえのおうじ》におなり遊ばす決心が必要と存じます」

と申し上げたのである。

この夜、鎌倉材木座《かまくらざいもくざ》の細川邸から平塚《ひらつか》の拙宅へ電話があり、「極秘、戸外のどこかで会いたい」と連絡があったので、いつもよく細川氏と憲兵の尾行をまいて密談していた、藤沢《ふじさわ》駅前から三丁ほどの距離にある、遊行寺《ゆぎようじ》坂下の小橋で落ち会うこととし、この橋上で涼《すず》むような格好をしながら、細川氏はその日のお昼の高松宮との話の模様《もよう》を伝え、「わが国を救うため、あなたも、命を投げ出して東条誅伐《ちゆうばつ》に力を貸してください。高松宮様にもやっていただきます。

私も命がけでやります」と声涙《せいるい》共にくだる話をされたときは、細川護貞という人は、平素はきわめて穏やかであるが、どこにこんな強い気性《きしよう》が蔵《ぞう》されていたのか。さすがに細川家の血統は争えぬものと深く感銘したことであった。

かくて昭和十九年六月下旬、ようやくにして東条首相も秘書官をして、松平〔康昌〕内大臣秘書官長に辞意を洩《も》らしてきたが、これはなお情況偵察であったらしく、七月十七日午前〇時二十分木戸内府を訪ねて「陛下と内府の御注意にもとづき、統帥の確立と海相の更迭を断行する。内閣改造は最小限にする」と述べ、陛下に上奏して、海相を野村直邦《のむらなおくに》大将・参謀総長梅津《うめづ》美治郎《よしじろう》大将を公表してしまったのである。

しかし、内閣強化、乗り切りの意味で、絶対必要としていた米内光政海軍大将からはハッキリと入閣を断《ことわ》られたのと、その後開かれた重臣会議において「この難局を切り抜けるには、人心を新たにすることが必要である。国民全部が相和《あいわ》し相《あい》協力し、一路《いちろ》邁進する強力なる挙国一致内閣を作ることが必要と考える。内閣の一部改造のごときは、何の役にも立たないと思う」という申し合わせを決め、これを木戸内府から陛下にも伝奏してもらうことにした。

ここでついに七月十八日朝、東条内閣も総辞職をすることになった。しかし、その最後の閣議において、東条氏は「自分はサイパンの責任を負うて辞職するつもりであったが、国内にバドリオ（〔昭和十八年〕イタリアの降伏したときの宰相）がいるので躊躇《ちゆうちよ》した。而《しこう》して、今日のことはみな重臣の陰謀である。したがって敗戦の責任は挙げて重臣にある」と憤激し、このことを総辞職の政府声明として発表すると意気込んだが、この戦時下において、外国にそんなことが聞こえては悪かろうとて、各閣僚に止められて発表できなかったいきさつがあった。思えば大東亜戦争勃発以来、東条政権の治下《ちか》悪夢続きの三年近い歳月であった。

30 終戦処理と国体護持

執拗《しつよう》に政権しがみつきを策した東条内閣も、国内外の形勢はいかんともしがたく、ついに昭和十九年七月十八日、総辞職することとなり、ただちに後継内閣の首班を選考すべき重臣会議が開かれることとなった。この会合では、近衛公も従来の例を破って、よくしゃべった。同席した岡田啓介大将は「近衛もなかなかよく物を言った。支那事変以来いい加減なところのあった自分の政治や、その結果について色々考えたに違いない」と批評している。

米内氏が後継首班として寺内〔寿一〕元帥の名を出したところ、近衛公は「東条内閣はなぜ倒れたかというと、陸軍が不評を買い、人心が離反したからだ。人心を一新するには、陸軍が従来の態度を変える要《よう》がある。十数年来、陸軍の一部に左翼思想があり、今日軍官民《ぐんかんみん》にわたって連絡をとり、左翼革命を企《くわだ》てるものがある。これは敗戦以上の危険で、自分は敗戦よりも左翼革命を恐る。敗戦は皇室国体を維持できるが、革命はそうでないからだ。この点から見て、陸軍大将の選任は重大である」と言い、この観点からして寺内で大丈夫かと問い質《ただ》す勢いである。近衛公も、いよいよ時局の窮迫《きゆうはく》したことを考え、きわめて積極的に発言してきたことが理解される。

そして寺内の他に、宇垣一成、梅津美治郎、畑俊六、小磯国昭《こいそくにあき》などの名前が出た。寺内元帥については、東条が参謀総長としての立場から「苛烈《かれつ》な第一線の総司令官を一日でも空にすることは許されない」と述べたので、この重臣会議は結局、小磯朝鮮総督を呼ぶことに落ち着くことになった。

しかし、当時近衛公は、小磯氏では物足りなく感じていたので、米内氏（元首相、海軍部内には絶大なる信望があった）を加えてはどうかと思って、木戸内府にも平沼氏にも諮《はか》って同意を得、米内氏も、総理は困るが海相ならば引き受けるということで、二十日午後五時、小磯・米内両氏を宮中に召され「卿等《けいら》協力内閣を組織せよ」との大命が下ることになったのである。

このように、近衛公は従前と異なり、組閣にも非常に活発に動いたのであるが、組閣直後、私に組閣の経過を話したうちに「東条が陸相に留任することを固執《こしつ》したので、陸軍部内がだいぶもめた。小磯も実は自分が現役に復《ふく》して陸相を兼ねるつもりであったが、これを取り止めて、結局、杉山を持ってきて妥協したというのだ。海軍は米内の現役復帰でよろしいけれども、陸軍は旧態依然で、杉山のロボットでは何ら期待できないことになってしまった。重臣会議の考えとまったく違ってしまった」と述べた。

東条は陸相の事務引き継ぎの際「自分が辞めるとバドリオが出ると思って心配したのだが、小磯大将で安心した」と言い、予備役編入を願い出たりしたが、これは、現地に派遣されるのを何よりも恐れたからだとさえ、普通には言われている。

当時、細川護貞氏に、高松宮殿下は「東条が内地に残っていると必ず将来、禍《か》をなすだろうが、現地へ出すことはできなかったものかね」と仰せられたそうである。

東条英機という人は、キチョウメンな一面はあったが、頭の下がるような人格の人ではなかった。この頃の話である。私が小畑敏四郎陸軍中将（東条氏の不遇時代に、よくその面倒を見られたそうだ）を訪ねたとき、小畑氏は、当時の陸軍のホープと言われていた将星達の批評をして、「山下奉文《やましたともゆき》は未だ偉いのか、偉くないのかわからぬところである。阿南《あなみ》〔惟幾《これちか》〕は平均点八十点。ところが、東条はどの科目も五十点以下で、ことに人格は三十点以下です。これがよくまあ、よりによって、この大戦争下の総理となり、陸相、参謀総長を兼ねるというのですから、日本はよくよく不運だと思いますね」としみじみ述懐されたことを、私は今もよく覚えている。

近衛公は前述した通り、政治的にも最後の御奉公のつもりでようやく活発に動いてきたが、またいっぽう軽井沢にもよく往復し、京都、米沢《よねざわ》、新潟などにも旅行するというありさまであった。

これは、この頃から戦局はますますわがほうの不利を増大し、十九年十月十八日、敵はレイテに侵攻してきた。十月二十九日には、神風《しんぷう》特攻隊というものが全軍に布告される。十二月に入るや、本土各地にB二十九の爆撃が始まった。そして昭和二十年一月、敵はルソン島に上陸してきた。かような戦局は、いっそう憲兵隊をして、和平派たる近衛の監視を厳重にせしめるということになったので、近衛公としては、いっぽうにおいては政局を和平に近づけようと積極的に努力すると共に、他方この憲兵隊や右翼の煩《わずら》わしさを避けたいという気持ちも多分にあったようである。

また連合国の日本処理案、特にわが国体の問題については、非常な関心を持ち、その研究を始めていた。そして「御上《おかみ》には最悪の場合の御決心もあると思う。恐れ多いことだが、その際は、単に御退位ばかりでなく、仁和寺《にんなじ》とか大覚寺《だいかくじ》にお入りになり、戦没将兵の英霊を慰《なぐさ》められるのも一《いち》方法かと思うし、また申すも憚《はばか》られることだが、連合艦隊の旗艦に召されて、艦と共に戦死していただくことも、これこそが本当のわが国体の護持《ごじ》ではないかとも思う」。一夜遅く更《ふ》けるがままの室の内で、蒼白《そうはく》の顔面、決然とした面持《おもも》ちで語る近衛公を、私は今思い浮かべる。

口で国体護持を言うはやすし、しかし重臣のうち、何人が、この近衛公のように真剣に、陛下の身になって具体的に敗戦の暁《あかつき》の皇室の御立場、御態度を考えた者があるであろうか。後にわかったことであるが、京都に旅行された際、仁和寺に詣《まい》り、仁和寺の法主《ほうす》であった宮様のことについて、悉《ことごと》しく色々質問していたが、それも、この国体護持探究の一つの便《よすが》であった。

いっぽう、木戸内大臣に対する非難は強くなってきた。辞任を要望する声もだいぶ出てきた。そして、その後任には必ず近衛公の名が出てくるのであった。ことに木戸内府が、戦局重大化したにもかかわらず、陛下を一人占めにして、皇族や重臣達と陛下との接触をも阻害しているのはけしからぬという声が、次第に高まってきた。

かかる空気の裡《うち》に、ようやくにして、重臣が個別的に天機奉伺《てんきほうし》〔天皇のご機嫌をうかがうこと〕という名目で拝謁することになった。二月初旬から平沼、広田、近衛、若槻、岡田、東条、牧野《まきの》〔伸顕《のぶあき》〕の順で拝謁したのである。近衛手記によると、

「大戦の前途の見通しについて、人々皆多少見るところを異《こと》にしていたが、だいたいサイパン失陥後はいよいよ、いかんということになってきた。木戸内府はまだその時分は、そこまでハッキリしていなかったが、二十年春頃から大いに動き始めた。余は東条に内閣を譲って以後、

実は陛下に本年二月まで拝謁しなかった。これについては木戸と東条が、われわれの見るところを陛下に申し上げることを、極力防止したのであるが、いっぽうから言えば、責任の地位にある者以外の者が、あまり陛下に接近し、雑音をお耳に入れることもまた、明治時代の経験に鑑み、妥当でないとの考えも成り立つわけであり、陛下御自身も、責任者以外の者の意見はお聴《き》きにならぬ御方針のようであった……」。

この近衛公の上奏文は、公自身が和紙八枚に自筆で書いたもので、候《そうろう》文《ぶん》の態《てい》になっているが、上奏の際はもちろん、普通の口語体で述べたのである。なお、この原稿については、拝謁二、三日前、私も呼ばれて意見を求められ、この上奏文の内容に全然同感であることを述べ、異常な感激と、その上奏後の反響に非常な期待を持ったものであり、この上奏こそ、後世に残る見識《けんしき》と決意であると、私は確信している。以下、その全文を掲げる。

昭和二十年二月十四日近衛公の拝謁上奏内容

敗戦は遺憾ながらもはや必至なりと存《ぞんじそうろう》候。以下この前提の下に申述《もうしの》べ候。

敗戦は我《わが》国体の瑕瑾《かきん》たるべきも、英米の与論は今日までのところ、国体の変更とまでは進みおらず（勿論《もちろん》一部には過激論あり、又《また》将来いかに変化するやは測知し難し）、従《したが》って敗戦だけならば、国体上はさまで憂《うれ》うる要《よう》なしと存候。国体護持の立前《たてまえ》より最《もっと》も憂うべきは、敗戦よりも、敗戦に伴《ともの》うて起《おこ》ることとあるべき共産革命に候。

つらつら思うに我国内外の情勢は、今や共産革命に向《むか》って急速度に進行しつつありと存候。即《すなわ》ち国外においては、ソ連の異常なる進出に御座《ござ》候《そうろう》。我国民はソ連の意図は的確に把握《はあく》しおらず、かの一九三五年人民戦線戦術、即ち二段革命戦術採用以来、殊《こと》に最近コミンテルン解散以来、赤化《せきか》の危険を軽視する傾向顕著《けんちょ》なるが、これは皮相且《か》つ安易なる見方と存候。ソ連は究極において、世界赤化政策をすてざることは、最近欧州諸国に対する露骨なる策動により、明瞭となりつつある次第に御座候。

ソ連は欧州に於《おい》て、其《そ》の周辺諸国には、ソビエット的政権を、爾余《じよ》の諸国には、少なくとも親ソ容共政権を樹立せんとし、着々その工作を進め、現に大部分成功を見つつある現状に有之《これあり》候《そうろう》。ユーゴーのチトー政権は其の最も典型的なる具体表現に御座候。ポーランドに対しては、予《あらかじ》めソ連内に準備せるポーランド愛国者連盟を中心に新政権を樹立し、在英亡命政権を問題とせず押切《おしきり》候《そうろう》。ルーマニア、ブルガリア、フィンランドに対する休戦条件を見るに、内政不干渉の原則に立ちつつも、ヒットラー支持団体の解散を要求し、実際上ソビエット政権に非《あら》ざれば、存在し得ざる如《ごと》く強要致し候。イランに対しては、石油利権の要求に応ぜざるの故《ゆえ》を以《も》って、内閣総辞職を強要致し候。スウェーデンがソ連との国交開始を提議せるに対し、ソ連はスウェーデン政府を以って親《しん》枢軸的なりとて一蹴《いっしゅう》し、これがため外相の辞職を余儀《よぎ》なくせしめ候。占領下のフランス、ベルギー、オランダに於ては、対独戦に利用せる武装蜂起団と、政府との間に深刻なる闘争が続けられ、且つこれら諸国は、何《いず》れも政治的危機に見舞われつつあり、而《しこう》してこれら武装団を指導しつつあるものは、主として共産系に御座候。ドイツに対してはポーランドに於《お》けると同じく既《すで》に準備せる自由ドイツ委員会を中心に、新政権を樹立せんとする意図なるべく、これは英米に取り今日《こんにち》頭痛の種なりと存ぜられ候。

ソ連はかくの如く、欧州諸国に対し、表面は内政不干渉の立場を取るも、事実においては極度の内政干渉をなし、国内政治を親ソ的方面に引きずらんと致《いた》し居《お》り候。ソ連のこの意図は、東亜に対してもまた同様にして、現に延安《えんあん》にはモスクワより来《きた》れる岡野《おかの》〔進《すすむ》＝野《の》坂参三《さかさんぞう》〕を中心に、日本〔人民〕解放連盟が組織せられ、朝鮮独立同盟、朝鮮義勇軍、台湾先鋒隊《せんぽうたい》と連絡、日本に呼びかけ居り候。

かくの如き形勢より推《お》して考うるに、ソ連はやがて日本の内政に干渉し来《きた》る危険充分ありと存ぜられ候（即ち共産党公認、ドゴール政府・バドリオ政府に要求せし如く共産主義者の入閣、治安維持法及び防共協定の廃止等々）。翻《ひるがえ》って国内を見るに、共産革命達成のあらゆる条件、日々具備せられて行《い》く観《かん》有之候。

即ち生活の窮乏、労働者発言権の増大、英米に対する敵愾心昂揚《てきがいしんこうよう》の反面たる親ソ気分、軍部内一味の革新運動、これに便乗する所謂《いわゆる》新官僚の運動、及びこれを背後より操《あやつ》りつつある左翼分子の暗躍等に御座候。

右の内《うち》特に憂慮すべきは、軍部内一味の革新運動に有之候。少壮《しょうそう》軍人の多数は、我国体と共産主義は両立するものなりと信じ居るものの如く、軍部内革新論の基調もまたここにありと存じ候。皇族方の中にも、この主張に耳を傾けらるる方ありと仄聞《そくぶん》いたし候。職業軍人の大部分は、中《ちゅう》以下の家庭出身者にして、その多くは共産主義的主張を受け入れ易《やす》き境遇にあり、又彼等は軍隊教育において、国体観念だけは徹底的に叩《たた》き込まれ居るを以《も》って、共産分子は国体と共産主義の両立論を以って、彼等を引きずらんとしつつあるものに御座候。

抑々《よくよく》満州事変、支那事変を起《おこ》しこれを拡大して遂《つい》に大東亜戦争にまで導《みちび》き来《きた》れるは、これら軍部内の意識的計画なりしこと、今や明瞭なりと存候。満州事変当時、彼等が事変の目的は国内革新にありと公言せるは、有名なる事実に御座候。支那事変当時も「事変永引《ながび》くがよろしく、事変解決せば国内革新はできなくなる」と公言せしは、此《こ》の一味の中心的人物に御座候。

これら軍部内一味の者の革新論の狙いは、必ずしも共産革命に非ずとするも、これを取《とり》巻《ま》く一部官僚及び民間有志（これを右翼というも可《か》、左翼というも可なり、所謂右翼は国体の衣《ころも》を着けたる共産主義なり）は、意識的に共産革命にまで引ずらんとする意図を包蔵《ほうぞう》しており、無智単純なる軍人、これに躍《おど》らされたりと見て大過《たいか》なしと存候。この事は過去五十年間軍部、官僚、右翼、左翼の多方面に亘《わた》り交友《ゆう》を有せし不肖《ふしょう》が、最近静かに反省して到達したる結論にして、この結論の鏡にかけて、過去十年間の動きを照《て》らして見る時、そこに思い当《あた》る節々頗《すこぶ》る多きを、感ずる次第に御座候。

不肖は、この間に三度まで組閣の大命を拝したるが、国内の相剋《そうこく》摩擦を避けんがため、できるだけこれら革新論者の主張を容《い》れて、挙国一体の実《じつ》を挙げんと焦慮せる結果、彼等の主張の背後に潜《ひそ》める意図を十分看取《かんしゅ》する能《あた》わざりしは、全《まった》く不明の致す所《ところ》にして、何とも申訳無之《もうしわけこれなく》、深く責任を感ずる次第に御座候。昨今戦局の危急を告ぐると共に一億玉砕《いちおくぎょくさい》を叫ぶ声、次第に勢を加えつつありと存候。

かかる主張をなす者は、所謂右翼者流なるも、背後よりこれを煽動《せんどう》しつつあるは、これによりて国内を混乱に陥《おとしい》れ、遂《つい》に革命の目的を達せんとする共産分子なりと睨《にら》み居り候。

一方において徹底的米英撃滅《べいえいげきめつ》を唱《とな》う反面、親ソ的空気は次第に濃厚になりつつある様《よう》に御座候。軍部の一部には、いかなる犠牲を払いても、ソ連と手を握るべしとさえ論ずる者あり、又延安との提携を考え居る者もありとのことに御座候。以上の如く、国の内外を通

じ共産革命に進むべき、凡《あら》ゆる好条件が日一日と成長しつつあり、今後戦局益々《ますます》不利とも
ならば、この形勢は急速に進展致すべくと存候。

戦局への前途につき、何らか一縷《いちる》でも打開の望《のぞみ》ありというならば格別なれど、敗戦必至の前提の下に論ずれば、勝利の見込なき戦争をこれ以上継続するは、全く共産党の手に乗るものと存候。随《したが》って国体護持の立場よりすれば、一日も速《すみやか》に戦争終結の方途《ほうと》を、講ずべきものなりと確信仕《つかまつりそうろう》候。戦争終結に対する最大の障害は、満州事変以来今日の事態にまで時局を推進し来《きた》りし、軍部内のかの一味の存在なりと存候。彼等は既に戦争遂行の自信を失いおるも、今までの面目上、飽《あ》くまで抵抗可致者《いたすべき》と存ぜられ候。

もしこの一味を一掃せずして、早急に戦争終結の手を打つ時は、右翼左翼の民間有志、この一味と響応《きようおう》して国内に大混乱を惹起《じやつき》し、所期の目的を達成し難《がた》き恐れ有之候。従《したが》って戦争を終結せんとすれば先《ま》ずその前提として、この一味の一掃が肝要《かんよう》に御座候。この一味さえ一掃せらるれば、便乗の官僚並びに右翼、左翼の民間分子も、影を潜むべく候。蓋《けだ》し彼等は未だ大《だい》なる勢力を結成し居らず、軍部を利用して野望を達せんとするものに他ならざるが故《ゆえ》に、その本《もと》を絶《た》てば、枝葉《えだは》は自《みずか》ら枯《か》るるものなりと存候。

尚《なお》これは少々希望的観測かも知《し》れず候えども、もしこれら一味が一掃せらるる時は、軍部の相貌《そうぼう》は一変し、米英及び重慶の空気或《あるい》は緩和するに非ざるか。元来米英及び重慶の目

標は、日本軍閥の打倒にありと申し居るも、軍部の性格が変《かわ》り、その政策が改《あらたま》らば、彼等としても戦争の継続につき、考慮する様になりはせずやと思われ候。それはとも角《かく》として、この一味を一掃し、軍部の建て直しを実行することは、共産革命より日本を救う前提先決条件なれば、非常の御勇断をこそ望ましく奉存候《ぞんじたてまつりそうろう》。（以上）

この上奏に対して、陛下は「梅津参謀総長は、日本が和を乞《こ》うときは、必ずや天皇制廃止を要求してくるがゆえに、国体も危《あや》うい と申しているが、この点をどう思うか」とのお尋ねがあり、これに対して近衛公は「グルーその他米国首脳部の考え方は、皇室抹殺論までは現在のところ行っていないと思います」と答えた。

また、粛軍問題について「陸軍にどんな者がいると考えておるか」とのお尋ねに対し、近衛公は「真崎甚三郎、小畑敏四郎、石原莞爾《いしはらかんじ》、宇垣一成、阿南惟幾」諸氏の名前を挙げた。近衛公は今日の場合、皇道派以外に（それでも結局敗戦にはなるであろうが）、一日も早く終戦に持っていき、同時に国体護持をはかり得るものはないと考えていたのであるが、皇道派をあまりお好みになっておらぬ陛下の御心持ちも忖度《そんたく》して、皇道派以外の人の名前も出したのである。はたして陛下は「真崎は前に国家社会主義を強調していた」「小畑は満井佐吉《みついさきち》（元中佐）におどかされて何とも処置し得なかったのだよ」と仰せられたそうである。

前にも縷々《るる》述べたように、近衛公は、終戦への途《みち》は最善でなくとも、現在求めらるる唯一の途は、皇道派の起用以外には考えられないと信じていただけに、陛下のこの御言葉を聞いて「とうていも自分の考えは行なわれない。日本は結局最後まで行くことになるかもしれないと思う」と、いかにも残念そうに語ったことであった。

31　終戦前夜の政局

小磯内閣は昭和十九年七月二十日の発足以来、早くも半年以上を経過した。その間、戦局はわが国にとってますます不利となり、昭和二十年二月七日には米軍はすでにマニラに入り、さらに二月十九日は硫黄島《いおうとう》に上陸するような事態に立ち至った。いっぽう、B二十九による本土爆撃は二月頃から本格化し、わが国大小の都市は次々にその犠牲となっていった。

この間、小磯内閣は組閣当時からの予想通り、戦果を挙げることはもとよりできないし、さりとて終戦に持っていくような勇気と能力も無く、ただ小磯首相が議会の壇上で、「米軍をおびき寄せて、わが波打際《なみうちぎわ》でこれを撃破し、本土に上陸する敵に対しては、われ一億玉砕の意気をもって、皇国を護《まも》ることあるのみ」と怒号する程度であった。当時、小磯国昭氏の人となりを、昔からよく同氏を知っている人から、次のように聞いたことである。

「小磯という人はちょっと目先《めさき》の見えるオッポチュニスト（機会主義者）である。第一次世界大戦後、社会主義が流行《はや》り出した時、陸軍で一番マルクスを論じ、社会主義理論をまくしたてたのは同氏であったし、その後十数年、わが国内に日本精神、国体明徴が唱え出されるとなるや、今度はまた、すっかり神がかりになって、朝から晩まで、神《かむ》ながらの道を説く人である。とても真物《しんぶつ》とは思われない」と言うのであった。

酷評だとは思うけれど、あるいは一面の真理を示しているかとも思う。筆者など、昭和十三年頃（私の長野県知事時代）、当時拓務大臣であった小磯氏から、地方長官会議の席上、拓務行政はそこのけで「神ながらの大道」を長々《ながなが》と小磯大臣から承って、うんざりしたものである。

東条内閣に続いて、こんな内閣ができたのはやはり日本の悲しい運命であった。昭和十九年夏、小磯内閣成立早々、内務大臣の大達茂雄《おおだちしげお》氏が近衛公を訪れて、「戦争は絶望だ。小磯には何の確信もない。こんな内閣は一日も早く倒して、和平内閣を作らねばならん」と言いにきたことも思い合わされる。

四月一日、米軍は沖縄本島に上陸した。小磯首相は、この頃、国務と統帥を一致さすための大本営内閣ということを考えていたし、また自ら陸相を兼任することも企《くわだ》てたが、いずれも成功しなかった。また、繆斌《ミョウヒン》問題（同年三月、重慶との和平工作の意味で、南京政府考試院《こうしいん》副院長であった繆斌を日本に招こうとしたが、このことで陸・海・外の議がまとまらず、小磯首相は窮地に陥ったのである）の責任も追及されるという情勢になってきたので、ついに四月五日午後、急に崩《くず》れるように総辞職することになった。

後継首班を選考する重臣会議は、即日午後五時から八時まで開かれた。近衛、岡田、平沼、若槻の間では、すでにだいぶ以前から、小磯の後は終戦内閣のつもりで鈴木貫太郎海軍大将ということに、だいたい思想統一ができていたので、席上鈴木氏は、「軍人が政治に出るのは国を亡《ほろ》ぼすものであると考えるし、また自分は耳も遠いから」とて辞退されたが、結局、同氏に落ちついた。

ところが東条氏は、陸軍を主体にしなければならないと言って畑俊六陸軍大将を推薦し、その上、

「国内が戦場になろうとする現在、よほど注意されぬと陸軍がソッポを向く恐れがある。陸軍がソッポを向けば内閣は崩壊する」

と、とんでもない発言をした。そこで、岡田啓介大将はすかさず、

「この重大時局の大国難《だい》に当たり、いやしくも大命を拝したる者に対し、ソッポを向くとは何事か。国土防衛は誰の責任か」

と、東条氏をきめつけるような場面もあった。

組閣の大命は同日午後十時、鈴木貫太郎海軍大将に降下した。木戸内府は「忠誠一途《いちず》の鈴木氏は大命に接すれば、その性格上、とうてい拝辞できなかったのである。重臣らが時局の実情を話し、それとなく国策転換の要を説いたので、鈴木氏もよく了解し、自分の使命もまったくそれ以外にないと言って引き受けた」と、極東軍事裁判における供述書に述べている。

鈴木氏は何の野心もなく、したがってまた何の準備もなく組閣したので、最初はずいぶんとまどわれたらしく、そこで岡田大将が、これを助けるため、自分の女婿の迫水久常《さこみずひさつね》氏を書記官長に就《つ》けたりしたので、実質は岡田内閣だと言われたり、また革新官僚をはびこらせる内閣だという非難も相当強かった。ことに鈴木大先輩を誤らせたくないと思っていた海軍の人達は、組閣の人事などで大変な心配を抱き、高木惣吉海軍少将など、特にこのことで近衛公の協力、忠言を望むと言いに来るような一幕《ひとまく》もあった。

いっぽう鈴木内閣成立の四月七日、奇《く》しくもわが海軍の残存艦隊は、沖縄へ行く途中、敵空軍の集中爆撃によって九州沖に全滅してしまった。また、ソ連は四月五日付けで日ソ中立条約の廃棄を通告してきた。もっとも、この条約の効力は、この通告後なお一年間は当然存続することになっていた。とにかく、まったく四面楚歌《しめんそか》の日本となった。

ところがこの四月十五日、吉田茂《よしだしげる》（終戦後の首相）、岩淵辰雄《いわぶちたつお》（政治評論家）、殖田俊吉《うえだしゅんきち》（後の法務院総裁）諸氏が憲兵隊に拘引《こういん》されるという事件が起こった。同時に、大磯《おおいそ》の自宅で病床にあった原田熊雄氏も、憲兵隊によって軟禁状態において自宅で取り調べられるし、樺山愛輔《かばやまあいすけ》伯爵（日米協会会長）やら、小畑敏四郎陸軍中将（反東条派）も家宅捜索を受けることになったのである。

この事件は、俗に「バドリオ事件」とも言われているが、結局、わが国内の和平派、終戦派を弾圧せんとするもので、その端緒《たんしょ》は、前号〔項〕記述の昭和二十年二月十四日の近衛公上奏の内容が各方面に洩《も》れたのは、挙国的な抗戦態勢を崩すもので、敗戦主義だというのであって、要するに、その主目標は和平派の中心人物・近衛にあったのである。こういう意図で、この検挙を行なったのは、東条系の東京憲兵隊特高課長高坂《こうさか》〔武夫《たけお》〕中佐の仕業《しわざ》だった。

近衛公はこの検挙があってから後数日、木戸内府を訪ね、

「憲兵がしきりに、私の上奏文について何かごそごそやっているようだが、どういう意図を持ってこういうことをやるのか、自分には理解ができないから、直接、阿南陸相に会見して問い質《ただ》してみたいと思う。自分は重臣として御上《おかみ》の御召《おめ》しにより、また御上の御言葉に従い、率直に自分の所見を申し上げたまでのことであって、その時は御上から何の御咎《とが》めもなかったのに、今憲兵などにその上奏内容を調べられるいわれはないと思う。こんなことでは、今後重臣としての責任を果たすこともできないから、この際位階勲等《いかいくんとう》いっさいを拝辞する決心である」

と述べたので、内府も驚いて、近衛公が直接阿南に会う前に、内府自身が阿南によく聞いてみるから、いちおう近衛公と阿南との直接会談は思いとどまってほしいということであった。

しからば、その真相はいったいどうなのか。近衛公は、あの上奏のメモを木戸内府と吉田茂氏に渡したことは事実であるから、まずこの二人のいずれかがスパイされたことになる。

近衛公上奏のときは、木戸内府一人が侍立《じりつ》していたので、岩淵、殖田氏らは木戸が梅津参謀総長に上奏の内容を洩《も》らし、それが憲兵に知れたのだと疑っている。木戸氏はこれを否定して、後に軍に確かめたら、吉田の宅を家宅捜索したとき出てきたのだと言っていた、と言っている。当時、憲兵は近衛、吉田、私（富田）にまで常に尾行をつけており、また吉田氏の宅の縁《えん》の下にまで入り込んでいたと言われており、さらに吉田家の書生の中にスパイが入り込んでいたことも、今日明瞭になっているようなわけで、とにかく吉田氏宅で上奏メモを手に入れたことは、確かなようである。

この事件の起こる前、私の親しい友人である西内雅《にしうちただし》氏（当時陸軍省思想班長）が「吉田茂という人はどういう人物ですか。だいぶ問題になっているのですがね」ということであったので、私は「近衛公がもっとも信頼している外交官の一人で、直情径行《ちょくじょうけいこう》、正直で誠意のある愛国者である。一度会ってよく懇談をしてほしい。戦争の早期有利解決を考えていることは、近衛公と同様だけれども、それだからといって、わが国に不利な言動を執るような人では絶対にない。どうか、憲兵隊のわからずやどもの犠牲にならないようにしてください」と申したことである。

西内氏も、一度それでは吉田氏に会って話も聞き、御注意もしたいということであったので、早速、私は当時三宅坂《みやけざか》にあった吉田邸に同氏を訪れて、「憲兵にだいぶ、あなたはにらまれているようですから、陸軍省で憲兵指導の立場にある西内班長に一度会って、よく話し合われたらどうですか」と申し入れた。

ところが、吉田氏はご承知の通りの頑固《がんこ》さで「あなたのご好意はありがたいが、私は別に悪いことをしているとは思わんので、憲兵にお辞儀をするのは許してください」というような次第で、ついに西内氏との会談は実現しなかったのであるが、後に吉田さんが検挙されてから、たびたび西内氏に、私からその釈放を頼んだことであった。

最近たしか昭和三十二年秋、吉田氏にお会いして、談《だん》たまたま吉田さんの著述にかかる『回顧録』の内容におよび、当時の阿南陸相だけが吉田氏釈放の原動力ではなくて、むしろ一番直接の関係者、西内班長の陰《いん》になり陽《よう》になり庇護《ひご》によるところ多いことを話したところ、吉田氏はぜひ会ってお礼を申したいということで、一日《いちじつ》西内氏と同道《どうどう》、吉田さんを訪れ、その当時の懐旧談《かいきゆうだん》に耽《ふけ》ったことである。

当時の憲兵隊の方針は、少なくとも最初は近衛目標であり（したがって富田も当然この中に入っていた）、そのために、まず吉田氏ら三名の拘引《こういん》ということになったのである。

ところが、吉田氏は「自分は外交官を天職と心得ている。外交官というものは、軍人と異なり、戦争が起これば一日も早く有利に終戦することを考えなければならないので、私もそのため働いているものだ。もしこれが悪いというのなら、どうでもしてもらいたい」というような趣旨で、がんばり徹《とお》したらしい。当時、西内氏も、吉田氏の堂々たる態度には憲兵隊でも心ある者は敬服しているということであった。

いっぽう、近衛公を検挙するなどということは、直《じき》にこれが海外に洩《も》れるものであるから、わが国内で重臣近衛でさえ、和平運動を始めたということになり、かえってわが国のために不利を招くことになるというような結論となって、旁々《かたがた》吉田氏らも厳重戒告《かいこく》で数十日の拘留の後、釈放ということになった。六月頃になっていたかと思う。

近衛公は吉田氏釈放の報告を聞き、非常に喜び、且《かつ》は公爵自身におよばなかったことにも大いに安心して、とにかく私に「吉田君を大磯の別邸にお見舞いとお祝いに行ってきてください。私も近々おうかがいします。しかし憲兵がおって吉田家を監視しているのではないだろうか」と言われた。

私は早速、吉田さんを大磯に訪ねて、お見舞いを申したことである。顔や首筋に白い薬を塗《ぬ》りつけておられたが、至極《しごく》元気な吉田さんであった。すこしも、平常と違うところがなかった。そして「えらい目に遭《あ》いましたよ。一番閉口したのは南京虫《なんきんむし》で、これこの通り。政治的には別に何も悪いことはしていないので、結局出したんでしょう」と意気軒昂《いきけんこう》たるものがあった。

後年の吉田茂氏の総理大臣としての頑固《がんこ》さ、ワンマンはけっして、付け焼き刃ではなく、この戦時、憲兵隊によって毒殺されるかもしれないような状態においても、平然として、所信を曲《ま》げない臣《しん》吉田茂なのである。陸軍さかんなれば、これに迎合し、軍の勢威衰《おとろ》えれば、時流に便乗してこれをたたくというような、そこいらあたりにウジョウジョしている便乗一途の政治家とは、確かに品格が違う。

私はそんなわけで、この時から吉田茂氏を筋《すじ》を通す政治家として信頼もし、尊敬もしているのである。したがって傲慢《ごうまん》だとか、短気だとか、それもけっして良いこととは言えないけれども、政治家として、もっとも必要な節義《せつぎ》を守り、利害を顧《かえり》みないということにおいて、私は今後といえども吉田氏を尊敬し続けていきたいと思っている。

鈴木内閣は、鈴木首相も米内海相もそして陸軍大臣の阿南氏も、おおむね終戦に持っていく気持ちのあることは、おたがいが心の底で了解し合っているような状況であった。しかし、当時のきわめて悪くなった戦局下において、しかも一億玉砕で固まっている陸海軍全般の空気の中で、ハッキリと和平終戦のコースに持っていくことを打ち出すということは、なかなか難事《なんじ》中の難事だった。

こういう空気の中で六月八日、軍の要求によって、御前会議は開かれた。政策転換（すなわち和平）のための御前会議になるかと期待されたが、結果は陸軍の強硬論に押されて、徹底抗戦の決定になってしまった。

この御前会議の後で、重臣会議が開かれたが、総合計画局長官秋永《あきなが》〔月三《つきぞう》〕陸軍中将より、国力判断の上から戦争継続不可能という報告をした。そこで若槻氏は、こんな戦争継続不可能というような情勢にもかかわらず徹底抗戦するという御前会議の決定はいったいどういう意味かと聞いたら、鈴木総理は卓《たく》を叩いて、意外にも「理外《りがい》の理《り》ということがある。徹底抗戦で利なくば死あるのみ」と強硬な発言をした。

木戸内府がそこで会議終了後、別室で鈴木首相の真意を質《ただ》したところ、鈴木氏はニヤリと笑いながら「実は自分も終結を考えている」と言った。鈴木総理は最後までこういう硬軟いずれか、わけのわからぬ言動で和平派、抗戦派双方を一喜一憂《いっきいちゆう》させたのであった。

この時、近衛公が木戸内府に会ったら、木戸氏は真剣に「御前会議で海相が終戦のことを言い出すかと思っていたが、いっこうに言い出さなかった。この上は自分がやらねばならぬ。しかし、それをやれば殺されるだろうが、あとは頼む」と決意を表わして語ったということである。まさに終戦直前の、息づまるような政治の様相だったのである。

木戸日記によれば、六月に木戸内府は時局収拾策を起草した。その要旨は、「まず軍部から和平を提唱して、次いで政府が方策を決定し、それで交渉するのが正道《せいどう》であるのだが、これは現在とうてい望めず、待っていれば時機を失《しっ》し、ドイツと同じ運命に陥り、皇室の安泰、国体の護持という至上の目的すら達せられぬ恐れがあるので、きわめて異例で畏《おそ》れ多いことだけれども、天皇の御勇断をお願いし、親書を奉《ほう》じて仲介国と交渉するほかないとし、米英と直接交渉も一策だが、交渉上のゆとりを取るため、ソ連に仲介を依頼しよう」というのであった。

戦争の終結を、ソ連の仲介によって求めようという構想は、かくのごとくにして生まれきたのである。

32 「戦争終結」への木戸構想

昭和二十年六月九日、木戸内大臣は前号〔項〕に述べた通り、異常の決意をもって、ソ連の仲介により、大東亜戦争を終結すること、またこれがため、異例なことではあるが、天皇の御勇断を乞《こ》い、その親書を奉じて仲介国ソ連と交渉する以外に途《みち》なしと存ずる旨を、陛下に拝謁して上奏した。

陛下はかねてから、空襲激化の今日、衣食住を奪われて困窮する国民大衆のことを、日夜もっとも心配なされていたので、木戸内府のこの進言にはいたく御満足で、すみやかに実行せよと仰せられた。

しかし、当時の一億玉砕論と、戦況や食糧、兵器などについて、ウソの宣伝だけしか知らされていなかった一般国民のことではあるし、他方、本土決戦を呼応し続けてきた軍部、ことに陸軍部内の情勢は、この木戸構想を実施するについて、然《しか》く簡単にゆくものではなかった。

まず六月十三日、木戸内府は、参内した鈴木総理と米内海相にこのソ連仲介案を話したところ、両人とも全然同感であることがわかった。また首相、海相は今まで、おたがいにはたして和平の意思が相手にあるのかないのか疑心暗鬼《ぎしんあんき》だったのであるが、今はじめて「そうだったのか」と改めて相手を理解し、信頼し合うという仕儀《しぎ》となった。

次に六月十八日、阿南陸相が木戸内府を訪れた際、木戸氏からこの戦争終結の話を持ち出したところ、陸相は、予想通り「敵が本土作戦を行なう時、一大《いちだい》打撃を与えて、しかる後、終戦に導くべし」との意見を述べたのである。しかし、木戸氏から色々その不利なることを説かれ、結局渋々《しぶしぶ》ながら同意した。陸軍以外でも、平沼枢密院議長のごときは「和平を口にする者は徹底的に取り締まれ」とさえ言っていたのであるが、これも木戸氏は六月二十五日、種々説得して了解させることになった。

こういう順序、経過で六月二十二日午後三時、最高戦争指導会議の構成員全員の召集となり、この会議の席上、陛下から、

「戦争指導については、先に御前会議にて決定を見たが、他面戦争の継続についても、この際従来の観念にとらわれることなく、すみやかに具体的研究を遂《と》げ、これが実現に努力するよう望む」

との御言葉があった。首相、海相ならびに外相は、

「仰せの通りであります」

と奉答したが、梅津参謀総長は、

「異存はないが、実施には慎重を要する」

と申したので、陛下が、

「慎重を要することはもちろんだが、そのため時機を失《しっ》することはないか」

とお尋ねになると、結局、梅津総長も、

「速いことを要する」

と申し上げることになったのである。

近衛公はこの間ずっと小田原《おだわら》におおむね滞在して、常に木戸内府、米内海相、東郷外相等と

も連絡をとり、事態の推移を見守りつつ、時々これらの人達にも早期終戦の方途につき、進言していたのである。

ことに終戦について、もっとも反対の恐れのあるのは陸軍であるが、このほうは木戸内府の機微《きび》な工作に俟《ま》つこととし、海軍については米内海相と充分連絡をとることが、終戦のため、きわめて必要であるとの近衛公の考えからして、しかも近衛、米内の両人が直接面談することは、微妙な時局柄、かえって色々問題も起こりやすいというので、当時軍令部出仕《しゅつし》であり、高松宮様付きでもあり、ことに米内海相の片腕でもあった海軍少将高木惣吉氏と私（富田）とが、密かに縷々《るる》会談して、米内海相と近衛公との緊密な連絡をはかることが最良の方法だろうということになった。

たまたま高木少将は茅ヶ崎《ちさき》の中海岸《なか》在住で、私は平塚居住ということも、大変好都合であった。そこで、近衛公は米内海相と昵懇《じっこん》の原田熊雄氏に書簡を送り（この手紙は近衛公が認《したた》められ、これを私が原田氏の許《もと》に持参した）、高木・富田連絡のことを、米内氏に了解するよう取り計らってくれということになった。

その時の書面の内容を、原田氏から私は見せてもらったが、書中、特に未だに私の印象に強く残っている辞句は「過般《かはん》宮中において、米内海相と会談せし際、海相が『特攻隊の編成によって、多くの前途有為《ゆうい》な青年をみすみす、出《い》でて再び帰らぬ戦闘に送ることは、海軍大臣として罪慚死《ざんし》に値《あたい》するものである。今こそ私（米内）は一命を賭《と》して、戦争終結のことを成し遂げねばならぬ。これによってこそ、はじめて幾多の英霊に見《まみ》えることができると思う』と過日《かじつ》申されし時、小生は目頭《めがしら》自ら熱くなるを覚え申し候《そうろう》。小生（近衛）も日米戦争に反対しながら、微力はついにこれを阻止し得ず、今日の事態に立ち至らしめたることは、重臣の一人として上《うえ》陛下に対し奉《たてまつ》り、下《した》は国民大衆に対し、深く責任を感ずるものに存じ候、一日もすみやかに戦争を終結せしむるに努むることこそ、最後の御奉公と存じ候云々」ということであった。

また、〔一〕これが早急実現のため、高木・富田両君を煩《わずら》わし貴下と緊密なる連絡を執《と》り、本旨達成のため全力を傾注いたしたい〔二〕というのであった。

当時、原田氏は脳血栓《のうけっせん》再発のため、いつも病床に就《つ》いていたが、この書面を見て、涙をポロポロこぼしながら、これを拭《ぬ》ぐおうともせず「近衛

高木惣吉

1893〜1979年。海軍兵学校、海軍大学校卒業。海軍省教育局長時代に東条英機暗殺計画を立案。その後、米内光政海相、井上成美次官より終戦工作の密命を受け、尽力。終戦時、海軍少将

もここまで決心してくれたか。また米内をそれほどまでに買ってくれるようになったか。この二人さえガッシリ手を握れば、日本は救われる。終戦は必ず早急にできる。憲兵監視のうるさいなかで、君もお気の毒ではあるが、ぜひ奮発して、この重大なる連絡係を務めてください」と言われた。私も当時の情景を忘れることはできない。

もちろん、以前から高木少将とは御懇意に願っていた私ではあったが、こういう趣旨の下に、特に原田氏から米内海相へとりなされることもあったので、爾来《じらい》、たびたび茅ヶ崎の高木氏宅を訪れた。

憲兵につけられるおそれもあり、空襲や警戒警報で汽車もバスも不規則になっていたので、私はよく平塚の自宅から自転車に乗って、海岸道路を走りながら、高木氏を訪問したことであった。自転車で行くと二十分はかかった。その頃はすでに夏季に入っていたので、座敷に上がると、汗が止まらぬくらいに出た。克明な高木氏のお話を（高木氏は重要事項は細かくノートに記しておられた）、私もノートするごとにポタポタ汗が紙の上に落ちるのをどうすることもできなかった記憶がある。

六月三十一〔三十?〕日から近衛公は軽井沢に行かれたが、七月十二日、重臣会議列席のため帰京することになり、夕方ひさびさで私に会いたいという軽井沢からの電話であった。そこで私は、箱根入生田《いりうだ》の近衛邸で午後四時頃から待機していた。

近衛公は確か、五時頃自動車で東京から入生田へ帰ってきた。そして、すぐ応接間の粗末な籐椅子《とういす》にぐったりと寄りかかって、しかもいたく緊張した面持《おもも》ちで、次のように話されたのである。

「えらいことになりましたよ。いよいよあなたにも助けてもらわねばなりませんよ。今日午後一時すぎ重臣会議の席上、首相秘書官が紙片をもって鈴木総理の許に口を寄せたと思ったら、耳の遠い総理は、大声で私に向かって『近衛公爵、宮中からお召しです』と言ったので、第一に東条など、ギョットして総理を見つめていた。自分は国民服なのでと言ったが、そのままでよいから、至急参内せよとのことである。三時に防空壕からお出ましになった陛下に拝謁した。陛下は終戦につき、私の意見をお求めになったので、私は『最近陸軍からたびたび人がきて、戦争遂行の可能なことを説明いたしますが、その数字が正しいものならともかく、いっぽう海軍の説明を聞きますと、必ずしも信頼を置くことはできません。民心《みんしん》は高揚せられず、御《お》上《かみ》にお縋《すが》りして何とかならないものかとの気持ちが横溢《おういつ》し、また御上をお怨《うら》み申すごとき言説《げんせつ》すら、発見されるありさまでございます。この際すみやかに終結することが必要と存じます』と申し上げた。すると陛下は『ソ連に使してもらうことになるかもしれないから、そのときはよろしくたのむ』と仰せられた。自分（近衛公）は元来ソ連を信用しないもので、したがって、こともあろうに、このソ連に終戦の仲介を頼むなどということには反対なのであるが、防空壕からお出ましになって、お粗末な仮謁見所で、いつもきちんと整えられているお髪《ぐし》も乱れ、お顔色も青ざめ、いたくおやつれになっておられる陛下の御様子を拝すると、もう何も言えなくなってしまって〔……。〕三国同盟締結の際（昭和十五年九月）陛下から今後苦楽を共にせよとの御言葉をいただき、その後、陛下日夜《にちや》の御苦労を拝察いたします時、何とも申し訳なく存じておりました。陛下の御命令とあれば、スターリン、チャーチル、トルーマン、いずれも世界的な人物で、これと折衝《せつしょう》することは容易なことではないと存じますが、身命《しんめい》を賭《と》して参ります。ソ連の仲介による終戦など、私は今まで考えてもおりませんでしたので、いかなる条件でソ連に仲介を頼むか、これから至急研究いたしまして、改めて拝謁いたしたいと存じます。しばらく御猶予を願います』と申し上げて、わずかに十分くらいの拝謁で、お引き受けして退下《たいげ》しました。すぐその後で、木戸に会って『ひどいじゃないか。ちょっと拝謁前に事《こと》の内容くらい耳打ちしてもよかったではないか』と言ったら、木戸は『僕が言っては、君がなかなかうんと言うまいと思ったから、陛下から直接御言葉があるようにしたのだよ』と言ってました。ソ連を私は信用しない。かねてから終戦の呼びかけなら、むしろ米英に対してやる。それは直接にするか、スイス・スウェーデンまたはバチカンなどを通じてやるかと思っていたのですが、あの陛下の御様子を拝しては、もう何も言われなかった。また木戸も、とにかく終戦のためここまで努力して持ってきてくれた。あの本土決戦・一億玉砕の強硬な軍部を抑えて、その面子《メンツ》も立てつつ、和平に持っていくには、とにかく中立国ソ連に仲介をたのむということより他に手はなかったかもしれない。そんなことを考えてお引き受けしたのです。そこで早速ソ連への仲介条件起草ですが、あなたの意見はどうですか」

とのことであった。そこで私は、

「今度の仲介条件には軍事的な面、たとえば武装解除、撤兵、占領軍問題等々が多いことでもあるし、また遠方の人では連絡にも困りますが、幸いこの入生田（箱根の近衛邸近隣）に住んでおられる、酒井鎬次（陸軍中将）氏に起草をお願いしてはどうですか。酒井さんなら、かねてから早期終戦を強調しておられたし、本当のわが国軍の現状も知悉《ちしつ》しておられるし、この人以外に私は適任者なしと思います。ただ問題は、酒井さんも、ソ連をもっとも信頼されない人であるので、ソ連の仲介そのことに強い反対があるかもしれません」

と答えたのである。

近衛公は、とにかく私から酒井さんによく事情を話して頼んでみてくれないかということになった。そこで即時、私は近くの酒井邸を訪問した。夕食をすませて、涼《りょう》を入れながら、それでも何か読書をしていた酒井氏は「何ですか関白さん、また何か無理を言い出しましたか」というようなことで、私は今聞いてきたばかりの話をして、仲介案起草の大任を引き受けてもらうように頼み込んだのである。

ところが私の想像通り、はたして酒井氏は「近衛公という人は、好《よ》いところもあるのだが、いつも肝心《かんじん》のところで誤《あやま》りをする人だ。ソ連に仲介とは何事ですか。自分は絶対反対だ。君も平常の主張と違うじゃないか。近衛公も悪いが、君はもっと悪い。近衛公に思い止まらせなさい。陛下にも木戸にも御忠告をしなさい」と大変な剣幕《けんまく》であった。

そこで、前後の事情やら、陛下の御苦悩の様子、軍部内の情勢等、さすがの近衛公もお引き受けする以外に道なしと思われてのことで、この機を逸《いっ》すれば、また終戦のチャンスは延《の》ばされ、国民大衆の災禍《さいか》はいっそうひどくなると陳弁《ちんべん》これ努めた。私と酒井氏との会談は、二時間にもおよんで、しかし、ようやくだいぶ酒井氏の激高《げきこう》も鎮《しず》まり、とにかく一晩考えさせてもらおうと言われたので、私もほっとしたことであった。早速引き返して、近衛公にこのことを報告し、いっぽう酒井氏には明日改めて訪問する旨を告げて、私はその夜遅くようやっと最終の上り列車で平塚へ帰ることができた。

私はその翌日昼すぎ、再び酒井氏を訪ねた。が、すでに酒井氏は仲介案を綺麗《きれい》に起草されていた。何でも六時間で昨夜から書き上げたそうである。早速、近衛公のところへ、その仲介案を持って酒井氏に行ってもらった。そこで、近衛・酒井両人で（私はわざと遠慮して同席しなかった）五、六時間論じ合って、色々修正を加えて仲介案は出来上がった。

「要綱」と「解説」に分け、「要綱」は近衛公が陛下とじきじきにお話しして御璽《ぎょじ》をいただくことにし、「解説」のほうは木戸内府の了解を得て木戸氏の印《いん》をもらうことにした。その要綱ならびに解説は、次〔項〕の通りである。

33 対ソ仲介交渉

前号〔項〕に述べた通り、近衛公から委嘱《いしょく》を受けた酒井鎬次氏はソ連不信の念を抱《いだ》きつつも、近衛公の陛下に対する至誠《しせい》の念と、大東亜戦争早期終結のためという名分《めいぶん》に感激して、ソ連に対する仲介交渉案を一夜のうちに書きまとめ、さらにこれにつき、六時間にもわたって近衛公と二人、膝詰《ひざづ》めで論議し合い、ついに「和平交渉の要綱」なるものが次の通り、出来上がったのである。

和平交渉の要綱

一、方針

（一）、聖慮《せいりよ》を奉戴《ほうたい》しなし得る限り速《すみや》かに戦争を終結し、以《も》って我《わが》国民は勿論《もちろん》世界人類全般を、迅速《じんそく》に戦禍より救出し、御仁慈《ごじんじ》の精神を内外に徹底せしむることに全力を傾倒す。

（二）、これがため内外の切迫《せっぱく》せる情勢を広く達観し、交渉条件の如《ごと》きは前項方針の達成に重点を置き、難《かた》きを求めず、悠久なる我国体《わがこくたい》を護持することを主眼とし、細部《さいぶ》については、他日の再起大成《さいきたいせい》に俟《ま》つの宏量《こうりょう》を以って、交渉に臨《のぞ》むものとす。

（三）、ソ連の仲介による交渉成立に極力《きょくりょく》努力するも、万一《まんいち》失敗に帰《き》したる時は、直《ただ》ちに米英との直接交渉を開始す。その交渉方針及《およ》び条件に就《つい》ては、概《おおむ》ね本要綱に依《よ》るものとす。

二、条件

（一）、国体及び国土

（イ）、国体の護持は絶対にして、一歩も譲《ゆず》らざること。

（ロ）、国土に就ては、なるべく他日の再起に便《びん》なることに努むるも、止《や》むを得ざれば固有本土を以って満足す。

（二）、行政司法

（イ）、我国古来《こらい》の伝統たる天皇を戴《いただ》く民本《みんぽん》政治には、我より進んで復帰するを約《やく》す。これが実行のため、若干《じやつかん》法規の改正、教育の革新にも亦《また》同意す。

（ロ）、行政は右の趣旨に基《もと》づき、帝国政府自らこれに当《あた》るに努むるも、止むを得ざれば、彼我《ひが》協議の上《うえ》一部の干渉を承諾す。

（三）、陸海空軍軍備

（イ）、国内の治安確保に必要なる最小限度の兵力は、これを保有することに努むるも、止むを得ざれば、一時完全なる武装解除に同意する。

（ロ）、海外にある軍隊は現地に於《おい》て復員《ふくいん》し、内地に帰還せしむることに努むるも、止むを得ざれば、当分その若干を現地に残留せしむることに同意す。

（ハ）、内地にある軍隊は、（イ）項に関するものを除《のぞ》き、他を悉《ことごと》く速かに復員す。

（ニ）、兵器、弾薬、軍用艦船、航空機は（イ）項に関するものを除き、これを廃棄又《また》は提出することに同意す。

（四）、賠償及び其他《そのた》

（イ）、賠償として、一部の労力を提出することには同意す。

（ロ）、条約実施保障のための軍事占領は、成《な》るべくこれを行なわざることに努むるも、止むを得ざれば、一時若干軍隊の駐屯を認む。

（五）、国民生活

(イ)、窮迫《きゆうはく》せる刻下《こつか》の国民生活保持のため、食糧の輸入、軽工業の再建等に関し、必要なる援助を得るに努む。
(ロ)、国土に比《ひ》し人口過剰なるに鑑《かんが》み、これが是正《ぜせい》のため必要なる条件の獲得に努む。

三、休戦と平和との関係
(一)、本要綱の諸条件は、なるべくこれを休戦条約に包含《ほうがん》せしむることに努むるも、先《ま》ず速かに休戦を成立せしめ、国民を戦禍より救うの必要上、止むを得ざれば、その一部を平和会議に移すことに同意する。
(二)、右の場合、前諸項条件中重要なるものに関しては、少なくとも好意ある保障を取り付《つ》くるに努む。

解説
一、目的
余は飽《あ》くまでも聖慮を奉《ほう》じ、本交渉を纏《まと》めんとする決意を以って、出発せんとする。これを以って別紙要綱につき、聖断《せいだん》を仰ぎ度《た》き所存なるところ、余《あま》りに細部に亘《わた》り聖断を仰ぐは、恐懼《きょうく》に堪《た》えざるを以って、別紙要綱の細部につき両人の解釈を一致せしめ、所期の効果を発揮せんとする。

二、方針について

一の（二）につき、

要綱は条件の下限を明らかにしあり、勿論交渉に当《あた》りては、成《な》るべく有利なる条件を取付《とりつ》くるに努むるも最悪の場合には、この線に踏み止《とど》まらんとするものなり、然《しか》るに国内一部の方面においては、これらに関し反対の起《おこ》ることなきを保障し難《がた》し。然れども既《すで》に六月の経験に徴《ちょう》するも、一度聖断下《くだ》らば、これを統一し得ることに確信を得たるを以って、この点特に木戸《きど》侯〔爵〕の力に期待するものなり。

一の（三）につき、

ソ連の仲介による交渉失敗せば、直接米英と交渉せんとする所以《ゆえん》は、由来余はソ連の仲介を、必ずしも有利なりとは考えあらざるも、国内の情勢上敢《あえ》て異見《いけん》を立てざりしものなり。さればソ連との交渉に失敗せば、聖慮貫徹の必要上、直ちに米英との直接交渉に移らんことを、強く主張せんとす。故《ゆえ》に聖断を得ば、予《あらかじ》めこれがため必要の準備を整えたる上《うえ》出発したし。而《しこう》してその条件は概ね本要綱によるも、情勢によりては若干条件の低下を要《よう》することあるべし。

三、条件について

(一)の(イ)

国体の解釈については、皇統を確保し天皇政治を行なうを主眼とす。但《ただ》し最悪の場合には御譲位も又止むを得ざるべし、この場合においても、飽くまで自発の形式をとり、強要の形式を避《さ》くることを努む。これがための方法については、木戸侯において予め研究して置《お》かれたし。

(一)の(ロ)

固有本土の解釈については、最下限沖縄、小笠原《おがさわら》島、樺太《からふと》を捨て千島《ちしま》は南半部を保有する程度とすること。

(二)の(イ)

若干法規の改正とは、止むを得ざれば、憲法の改正以下、反民本的法令に及ぶこと。

(二)の(ロ)

彼我協議の上一部の干渉とは、恐らく先方にはリストあるべきも、我国内事情に通ぜざるため誤りあるべきを以って、脱漏《だつろう》を補足する等の口実により協議を求め、これに該当せざるものは誠意を以って説明し、これを思い止まらしむる等のことをいう。

(三)の(イ)

治安確保に必要なる兵力とは、戦後国内情勢に鑑み必要なる武装せる軍隊の意にして、その名称、所属官衛等については、敢て名目上の主張をなさざる考えなり。

(三)の(ロ)

若干を現地に残留とは、老年次兵は帰国せしめ、弱年次兵は一時労務に服せしむること、等を含むものとする。

四、休戦と平和との関係について

(二)について

好意ある保障とは、例えば休戦条約の前文にその意味を挿入するか、或《あるい》は別に非公式文書に依る言明を取り付くるか、或は会議議事録にその意味を記録する等、各種の方法あるべし。(以上)

ソ連に仲介を頼み、これによって大東亜戦争を終結に導こうとしたことについては、今日では、それがソ連の中立条約違反、騙し打ちによって、見事《みごと》失敗した事実からして、世上《せじょう》多くの非難が浴びせられているが、当時の政情下においてはやむを得ざる最後の方途であったように思われる。ことに、特派使節たるべき近衛公がソ連不信であるし、仲介案起草者の酒井氏もソ連仲介依頼反対であったのである。これも宿命であろう。

そこで、前号〔項〕と多少重複するところもあるが、近衛公が、女婿細川護貞氏に七月十五日頃「ソ連仲介に関する経過要旨」の筆記をさせられているので、これをここに掲げることとし、ソ連仲介問題の経緯をいっそう明らかにしたいと思う。

「従来、東郷外相は広田（弘毅、元首相、外相）を通じ、マリック駐日ソ連大使と交渉中であったが、これは三段階に分かれており、第一段階はソ連の参戦防止、これはソ側の明言により一先《ひとま》ず目的を達す。第二は現在進行中のもので、日ソ両国が東洋平和維持のため、相互に支援するとの趣旨の下に、長年（二、三十年）にわたる不侵略協定を締結する。第二にその基礎として『満州の中立化、具体的には大東亜戦後満州からわが国は撤兵する。第三には大東亜戦はソ連が石油を供給すれば、ポーツマス条約規定の漁業権を放棄する。第三には大東亜戦争によりてわが国が占領した地域については戦後領有の意図はない。第四にはその他ソ連の希望する事項については何なりと交渉に応ずる用意がある』というのが、広田の提案である。これは広田があまり抽象的なことのみ言うので、マリック大使から『もっと具体的なことを言ってもらいたい』との要求に接して出したものである。佐藤《さとう》（尚武《なおたけ》駐ソ）大使は訓令にもとづき、七月十日にロゾフスキー外務次官、十一日にモロトフ外相に面会し、この提案の返事を要求しているが、いずれも『マリック大使から詳細な内容が来《き》次第返事する』という答えであった。そして佐藤大使も、これにはすこぶる気乗り薄《うす》であった。

そこで第三段としては、仲介の話があったが、従来のような外務省の行き方では、とても駄目だということになった。

さて十二日、重臣会議の直後、宮中から御召しがあり、国民服のまま参内し、拝謁申し上げたところ、陛下は現戦局につき、非常に御心配遊ばされており、『ロシアに行ってもらうことになるかもしれない』との仰せであったし、大変御困りの御様子に拝察申し上げたので、その場で御受けした。宮中を退下して、ただちに首相官邸で総理と外相とに一緒に会見したが、総理は従来の外務省の交渉のやり方に反対で、もっと『直截《ちょくせつ》簡明《かんめい》にやらねば駄目だ』と言い、特使御派遣のこと、御親書を奉じて行くことを、即日打電

佐藤尚武

1882〜1971年。東京高等商業学校（現・一橋大学）卒業後、外務省入省。駐ベルギー大使、駐フランス大使等を経て、林銑十郎内閣で外相。戦争末期に駐ソ大使。戦後は参議院議員となり、同議長も務めた

することを外相に伝えた。外相は『はじめ特使のことを打電し、相手の顔色を見て、御親書のことを言ってやっては』との意見を述べたが、総理は『外相は先の交渉を七月までには、まとめると言いながら、未だ解決を見ず、今また顔色を見てからと言われるが、顔色等わかるものでない』と言い、外相もようやく打電を了承した。十二日夜打電、モスクワ十三日朝着電報には御言葉として、

天皇陛下におかせられては、今次《こんじ》戦争が交戦各国を通じ、国民の惨禍《さんか》と犠牲とを日々増大せしめつつあるを御心痛あらせられ、戦争がすみやかに終結せんことを念願せられおる次第なるが、大東亜戦争において、米英が、無条件降伏を固執する限り、帝国は祖国の名誉と生存とのため、いっさいを挙げて戦い抜くほかはなく、これがため、彼我《ひが》交戦国民の流血を大《だい》ならしむるは、まことに不本意にして、人類の幸福のため、なるべくすみやかに平和の克服せられんことを希望する。

とのことを、そのまま、露骨《ろこつ》に翻訳して示すことを命じた。また別にモロトフ外相あてに佐藤大使の書簡を添《そ》え、

陛下が特に近衛公爵を御差遣《さけん》遊ばさるるは、従来の交渉と全然性質を異《こと》にし、陛下直接の思《おぼ》し召《め》しによるものである。

旨を付け加えた。これをモロトフ出発前、少なくも主義上の回答だけでももらいたい。

と言ってやった。この電報を十三日午後五時、モロトフに通達したところ、十三日深更《しんこう》に至り返事あり。

スターリン、モロトフがベルリンに向け出発するため、回答は遅延するであろうと言ってきた。

佐藤大使は従来の交渉にはすこぶる不熱心であったが、この思し召しを体《たい》しての特使には我意を得たという意味の電報をよこし、熱心になってきた。そこで大使はなおこの上ベルリンとも連絡をとり、なるべく早く返事をもらいたい由《よし》申し込んだ。ベルリン会談は約二週間の予定であるとのことである。このとき佐藤はモロトフ外相に宋子文《そうしぶん》との会談のことを尋ねているが、モロトフは明確な返事をしない。ただ『国境の問題もある』と言う程度で『たいしたものではない』との印象を受けたと。また通信によれば宋は結末を見ずして重慶に帰った。これは、わが国にとっては一つのよい材料であろう。

十五日夜、松本《まつもと》（俊一《しゅんいち》）外務大臣は入生田に〔近衛〕公を訪問して左の点を質《ただ》した。

政府の最高六人会議で外相が発言して『随員には陸海軍の大物が行くこと』を主張したが、この際、陸軍が戦争をしているというようなことを敵側で言っていることだから、その必要はない。むしろ少将級ではいかがとのことになった。公はどう思うかとのことであったので、同意の由を伝えた。また訓令の内容については、未だ何も決定していないが、やはり陸軍に問題があるようだ『あまりきちんとした訓令ではどんなものだろう』とのことであったから『窮屈《きゆうくつ》なものは困る』こと、外相がそうならぬよう、六人会議をリードしてもらいたい由を伝えた。『自分（公）は陛下にお目にかける案を作っているが、これを外相だけには御目にかける』との問答をした」

以上、細川筆記の内容である。

この随員のことであるが、近衛公は当然、酒井鎬次氏を首席随員にと希望したが、これに対し、陸軍が強く反対をした。酒井氏は和平派反戦派だと言うのである。結局、八名程度にするということで、外務二（松本次官、宮川《みやかわ》〔舩夫《ふなお》〕ハルピン総領事）、陸海各一（高木惣吉海軍少将、松谷《まつたに》〔誠《せい》〕陸軍大佐）、富田健治、松本重治、細川護貞と、およそ内定することになった。それから、近衛公は、出発が決まれば、酒井氏の随員たることを押し切ると言っていた。私は極力、それを主張した。

ところが、肝心のソ連側では、七月十六日から開かれるポツダム会談にスターリンやモロトフが出かけたので、返事が遅れる口実になった。十八日夜ロゾフスキー外務次官から佐藤大使にあてた書簡では、日本の申し入れは何ら具体的提議を含んでいない。特派使節の使命が何であるかも不明確で、ソ連としてこれに対し、確たる回答をなすことは不可能だと言ってきた。

そこで二十三日、わがほうから「近衛はソ連の仲介で米国との講和を依頼に行くこと。条件は行ってから話す」という趣旨の返事を出したのである。爾来《じらい》、近衛公をはじめ一同は、いつでも出立《しゅったつ》できるよう待機していた。

当時われわれ近衛公の側近連中は、入生田の公爵別邸で、とぐろを巻くか、そうでなければ、同じ入生田で、近くに住んでおられた酒井将軍の寓居《ぐうきょ》に、よくお邪魔したものである。ある時は、近くを流れる早川《はやかわ》の渓流に将軍ともども水浴びをしたことも、今は思い出である。酒井さんから「皆の奴、わしのうちを供待《ともま》ち部屋とまちがえやがってあつかましいもんだ。ガヤガヤよくしゃべくるが、日本のためには何一つ役に立たん。もう二度と来てくれるな」「それとも貸席料《かしせきりよう》をうんと寄こせ」と戯談《ぎだん》まじりに怒鳴られたことも覚えている。

こうして毎日毎夜、ソ連からの近衛特使入ソ受諾の返事を、今か今かと待ち焦《こ》がれていたのであった。また、自然に仲介案の内容、ソ連のこれに対する態度の予想等が論議せられて尽くることがなかったのが実情である。まことに、終戦直前の息づまるような焦燥の日々であった。

この間にも、米軍による日本国内の空襲はいよいよ強化せられ、未空襲の都市が次々に毎日毎夜爆撃、焼夷弾《しょういだん》の洗礼を受けていった。七月十六日の夜八時頃、当時私の住んでいた平塚市にも警戒サイレンとほとんど同時に空襲があった。平塚市は当時人口およそ八万で、東海道線の北側に広大な海軍火薬廠があった。市街地も、この北部に集中していた。線路の南側海岸寄りは、大部分松林でおおむね別荘住居地帯である。そこで日常の逃避訓練では、平塚空襲の時は、この南部海岸地帯に逃げろというのであった。

ところが、十六日の焼夷弾空襲は、まず南部の海岸別荘地帯から始められた。そこで、この地帯に向かって北部から逃げて来た住民、したがって多くは老幼婦女子は、空襲の中心地帯にたたかれるために来たような格好になって、道路上、翌朝には至るところ、死骸が横たわるという惨状を呈した。私の友人の老母は、未婚のその娘さんと一緒に、皆と同様、海岸地帯に逃げていった。ところが、空襲最中の地帯に入ったわけで、ついに焼夷弾の一発は、この老婦人の大腿部《だいたい》を貫通し、数時間の後、十七日未明、命を失った。そしてこの時、手を取って一緒に歩いていたお嬢さんは、カスリ傷一つ受けなかったのである。

私の宅も三発、焼夷弾を受けたが、あたかもこの年、五月二十五日東京大空襲の時、東京麴町の私の宅が焼失した際、消火の経験を持つ女中二人が、平塚宅へ焼け出されてきていたので、必死に防火に努めてくれた。私は庭先の防空壕の中で「消しに出るのはやめろ。危険だからやめろ。家は焼けてもかまわんのだ」と、どなるだけであったが、これらの女中さん達は、元気一杯、日頃の訓練と経験を生かすのはこの時とばかり、焼夷弾の雨と降る中を二階、浴場とかけ回って約一時間敢闘して、しかも怪我《けが》もなく、消火してしまったのである。

近所には焼け落ちた家が多かったし、もし私の平塚宅も焼けていたなら、道路上で死んでいたなら、なおさらのこと。今頃は、私も家人も路頭《ろとう》に迷っていたかもしれない。回想するだに、人間の運命というものは、一寸の差、一秒の違いであるような気がする。

平塚市はこの空襲で八割を焼かれたと言われている。そして、一番目標になると思われた火薬廠はたいした空襲を受けなかったことも、日米両国には、色々な意味で、力の差があったように思う。その平塚は今すさまじく復興して、空襲直後のあの惨憺《さんたん》たるあとかたもない。

私は当時、あたかも近衛公から、ソ連行きの随員たることを要請されていたので、二人の息子は学徒動員で出征していたし、女中さん達もそれぞれ郷里へ帰ってもらうこととし、家内と一人の身寄りのない家政婦さんと二人を、箱根湖尻の友人伊藤《いとう》邸に預け、ここと富士屋《ふじや》ホテルとを転々し、平塚宅は平塚警察署長に頼んで、独身署員二十数名の合宿所にしてもらうことになった。

そして現今、私は思い出多いこの平塚宅に住んでいる。というよりは、住まわせていただいているという感謝の気持ちである。東京とはかなり隔《へだ》たっており、不便なこともあるが、こういう経緯からして、私はこの家を去ることがつらく、また永遠に離れることはできないであろう。

34 終戦の詔勅下る

前に述べた通り、ソ連の仲介によって大東亜戦争を終結させせようという陛下の御考え、またこの仲介依頼のための特使として近衛公をソ連に派遣することに関して、ソ連の要求に応《こた》え、七月二十三日、わがほうからは詳しくモスクワに電報を打ってやったのであるが、荏苒《じんぜん》ソ連の回答はなされず、そしてこの間、アメリカの空襲は激化され、いたずらに日本側が焦燥するのみであった。

そして、ついに昭和二十年七月二十六日、連合国による「ポツダム宣言」が発せられることになった。この宣言の中には、日本に対する「条件」が記されてあるから、「無条件」というものでないと説く人もあるが、それは自己欺瞞《ぎまん》であって、畢竟《ひっきょう》「無条件降伏」を求めた宣言と言うべきであろう。ただ注目すべきは、ソ連がこの時はまだ宣言に参加していなかったことで、言うまでもなく、当時、日ソ両国はなお中立条約の締盟国だったのである。

このポツダム宣言に対して、首相ならびに外相は、しばらくソ連の出方を見て処理したいと

鈴木貫太郎

1868〜1948年。海軍兵学校、海軍大学校卒業。のち海軍大将。連合艦隊司令長官、軍令部長等を経て侍従長、枢密院議長を歴任。1945年4月に首相に就任。写真は同年7月28日、ポツダム宣言に対し「黙殺する」と答えた記者会見

いう考えであった。ところが、二十七・八両日にわたって行なわれた最高戦争指導会議や、政府統帥部の連絡会議では、強硬論が勝ちを制し、鈴木総理も、記者会見において、ハッキリ、この宣言を「黙殺」することに決めたと述べ、この談話は大きく新聞に報道された。そしてこれがまた、連合国側において、ポツダム宣言を日本は「拒否」したものと受け取られ、後になってソ連参戦の口実をも与える因《いん》となったのである。

近衛公はソ連の回答がいっこうに来ないので、いちおう七月下旬好きな軽井沢に行くことになったが、それでも東京のことが気になるので、八月四日にはまた入生田に帰ってきた。そしてソ連仲介回

答のこと、ポツダム宣言のことなどについて、集まった側近達と種々話し合ったことであるが、その際、酒井鎬次氏はソ連は回答をよこすまいという意見であり、近衛公はソ連は結局参戦するだろうと見ていたことは、今から考えて正しい見通しであった。

そして昭和二十年八月六日、ついに原子爆弾は広島に投ぜられたのである。もちろん当時は強力な新型爆弾という程度にしかわからなかったが、日を重ねるにつれ、広島周辺の恐るべき惨害、そしてそれが、歴史上未だかつて経験せざりし原子爆弾の投下によるものであることがおいおい判明してきた。

広島の原爆投下によって、事態は窮迫してきた。八月八日、近衛公は小田原を発《た》ち東京に出て、木戸内府と会見。原子爆弾の惨害、ならびにその後の政局につき、詳細に聞くことができた。そのとき木戸内府は、陛下もこの惨害の報告をお聞き遊ばされて、いよいよ非常の御決心をなされている。今は猶予《ゆうよ》することなく終戦に向かうべきものだと、並々《なみなみ》ならぬ決意のほどを洩《も》らされたことも、後に近衛公からわれわれは聞いたことであった。

いっぽう、当時モスクワに駐在していた佐藤大使は、六日ベルリンから帰ってきたモロトフ外相に面会を申し込んだが、八日午後五時に会うというモロトフの返事であった。そこで八日定刻、佐藤大使が行くと、モロトフ外相は、大使の用件を聞きもしないうちに、突如、対日参戦の宣言を読み上げた。

「ヒットラーのドイツの敗北および降伏後においては、日本だけが戦争を継続する唯一の大国となった。日本軍の無条件降伏に関する、米、英、支の七月二十六日の要求を、日本は拒絶した。よってソ連に対する日本政府の調停申し入れは、まったくその基礎を失った。日本の降伏拒否に鑑み、連合国はソ連に対し、侵略に対する戦争に参加して、もって戦争終結を促進し、犠牲者の数を減少し、かつ急速に平和の回復に資《し》するよう提案してきた。ソ連政府は、その連合国に対する義務に従い、右の提案を受諾し、七月二十六日の連合国宣言に参加した。ソ連政府はそれが平和を促進し、各国民をこれ以上の犠牲と苦難とから救い、日本をして、ドイツが嘗《な》めたごとき危険と破壊を回避せしめる、唯一の手段だと考える。よってソ連は、明《みょう》八月九日から日本と戦争状態に入る旨を宣言する」

かくて八月九日未明、ソ連が満州に怒濤《どとう》のごとく侵入してきた時、日本政府にはまだ佐藤大使からソ連参戦の報告を受け取っていない状況であった。陛下をはじめ木戸内大臣、近衛公、そして鈴木総理も、一日千秋《いちじつせんしゅう》の思いで、待っていた和平仲介の回答の代わりに、ソ連は不意打ちに、わが国に宣戦の通告を突きつけてきた。もちろん、この時はなお、日ソ中立条約はさらに一ヵ年間有効に存在していたのである。

そして、ソ連はこの背信な、騙し打ちとも言うべき侵略行動によって、満州、樺太はもとより、日本固有の本土たる南千島や北海道の一部であるハボマイ、シコタンにまで侵入占拠し、戦後十四ヵ年今日に至ってなお、これを返還しようとせざるのみか、八月九日の侵略的武力行動によって、これら地域にいた日本軍人はもとより、多くの日本民間人を捕虜とし、公私の資産を略奪し、婦女子を凌辱《りょうじょく》して、テンとして恥じないのである。かかる不信なるソ連に対し、日本人であるならば、永久にその事実を忘れることはできないはずである。

八月九日朝、陛下は木戸内大臣を召《め》されて、原子爆弾の広島投下と、今またソ連の宣戦により、戦争終結は一日も忽《ゆるが》せにすべきでないから、その促進方につき、鈴木総理と至急懇談するようとの御言葉であった。

さきにも述べた通り、六月初旬以来、戦争終結のため陛下の思し召しを体して日夜肝胆《かんたん》を砕《くだ》いた人は、何と言っても木戸内大臣をもって、第一等とする。私は近衛公が終戦後、よくこう言われたことを覚えている。「木戸の内大臣としての功罪については、人各々《おのおの》見方もあるだろう。が、あの強硬な軍部の徹底抗戦、一億玉砕論を抑えて、これを終戦に持っていくことができたのは、何と言っても木戸一人の功績と申すべきである。この功績は、木戸の色々の功罪を償《つぐな》ってあまりありと私は信じている。私は最後までこの意味において、木戸を弁護する」と言っておられた。

近衛公は九日朝、荻外荘でこのソ連参戦を聞いたのであるが、かねて見通してもおり、別に驚くこともなく「陸軍を抑えるには天佑《てんゆう》であるかもしれない」と言って、宮中に木戸内府を訪ねた。

あたかも午後一時、別室で最高戦争指導会議が開かれていたが、（一）皇室の確認、（二）自主的撤兵、（三）戦争責任者の自国においての処理、（四）保障占領をしないこと、の四条件をもって、ポツダム宣言を受諾するという説と、天皇の地位を変更しないということの他は、無条件で受諾しようと主張する説とに分かれて、なかなか決定が困難をきわめていた。

政府としても、午後二時から、閣議を開いて、国力から見た戦争の見通しについて討議した。東郷〔茂徳〕外相は天皇統治権確認の他、無条件降伏を主張し、米内海相らもこれに賛成した。が、阿南陸相だけは「本土決戦の段階に入れば、いちおうは敵を撃退できよう。その後は必勝の見込みは立たぬが、しかし必敗というわけでもない。決然戦えば、死中《しちゆう》に活《かつ》を得る公算《こうさん》も生ずるだろう」という強硬意見で、前の四条件を固執した。安倍《あべ》〔源基《げんき》〕内相、松坂《まつざか》〔広政《ひろまさ》〕法相がこれに同調したと言われている。

かくて、終戦処理はこの段階に至って、また停頓状態となったので、木戸内府はこの上は御前会議を開いて、御聖断を仰ぐ以外に道なきことを、鈴木総理に強く説いた。そこで九日午後十一時五十分、御文庫附属室の地下防空壕で、歴史的な御前会議が開かれることになった。

まず東郷外相から、皇室と天皇統治大権の確認のみを条件にして、ポツダム宣言を受諾すべきだと述べたが、阿南陸相は四条件を付《ふ》すべきだと反論した。東郷外相説には米内海相、平沼枢相〔枢密院議長〕が同意したが、梅津参謀総長と豊田《とよだ》〔副武《そえむ》〕軍令部総長が陸相を支持して、議論は尽きなかった。時にすでに午前二時になっていた。そこで、鈴木総理は「議を尽くすことすでに数時間、なお議は決せず。しかも事態は遷延《せんえん》を許さない。かくなる上は、はなはだ畏れ多いことだが、聖慮をもってこの会議の決定としたい」と述べ、陛下の御前に参進した。

陛下は総理が元の座に帰るよう仰せられ、やや体を起こされた後、「それでは自分が意見を言うが」とて、わが国力の現状、列国の情勢など顧《かえり》みる時は、これ以上戦争を継続することは日本国を滅亡せしめるのみならず、人類をいっそう不幸に陥《おとしい》れるものであるから、この際堪《た》えがたきを忍《しの》んで、戦争を終結させたいとの趣旨を仰せられ、外相の原案に賛成だとお述べになった。陛下はまた陸海軍将兵、戦死傷者、およびその遺族のことにつき、仁慈の御言葉があり、さらに陸海軍の計画と実際との間に、喰い違いの多かったことにも御言及があった。

このような稀有《けう》の形で、ようやくにして会議は結論を得たのであった。そこで八月十日、米・支に対してはスウェーデンを通じて、戦争の継続による惨禍から、人類を免《まぬか》れしむるため、すみやかな戦闘の終結を祈念せられる天皇の大御心《おおみこころ》に従い、数週間前にソ連に平和回復の斡旋《あっせん》を依頼したが、不幸にして結実を見なかったことを述べた上、

「帝国政府は七月二十六日ポツダムにおいて、米、英、支三国により発表せられ、爾後《じご》ソ

連の参加を見たる、共同宣言に挙げられたる条件中には、天皇の国家統治の大権《たいけん》を変更するの要求を包含しおらざることの了解の下に右宣言を受諾す」

という要旨の電報が発せられたのである。

十日午後一時、重臣会議が開かれ、そのあと引き続き、陛下は宮中において、重臣を召され一人一人の意見を徹《てっ》せられた。平沼、若槻、岡田、近衛、広田、東条、小磯諸氏らが言上したが、いずれもだいたい宣言受諾に異議なき旨申し述べた。ただ東条だけは、自分には意見もあるが、聖断が下った以上、やむを得ぬと言い、陸軍をサザエの殻《から》にたとえ、殻を失ったサザエはその中味も死ぬものだと述べ、武装解除が結局国体の護持をも不可能にする旨を申し上げたと言われている。

いっぽう、同十日午後五時、近衛公は東久邇宮を訪ねて、無条件受諾を進言している。そして同六時、待機していた私（富田）と細川氏と二人で霞山《かすみやま》会館で夕食を共にし、そのあと、連合国側の反響を聞こうということで、真っ暗闇の中を三人で内務省、外務省、放送局等を歴訪したが、どこもカラッポで人一人、宿直の者も見つからない体《てい》たらくであった。敗戦前夜の、うら淋しい静寂さであった。

ところがこの帰途、車内に聞いたラジオでは、阿南陸相が全軍に訓示したことを伝えていた。陸相は「事《こと》ここに至る、また何をか言わん。断平神州《しんしゆう》護持の聖戦を戦い抜かんのみ。たとえ草を食み、土を齧《かじ》り、野に伏《ふ》すとも、断じて戦うところ死中自ら活あることを信ず」とあったので、われわれは驚いた。

これでは、ソ連に対し宣戦でもしたかのごとき調子に聞こえるので、陛下の思し召し、御前会議の決定にも反するではないかということで、近衛公は自動車をそのまま木戸内府の私邸に駆られた。私は暫時《ざんじ》、外で待っているほうがよかろうということで、真っ暗な赤坂《あかさか》の電車道の横丁で、道端の小石に腰をうち下ろしながら、約三十分間、夜空を眺めながら近衛公らの日米戦争に反対されたいきさつやら、緒戦の戦果、そして敗戦を目前に控えた今日今夜、打ち越し方を追想して、思いは走馬灯のように千々《ちぢ》に回転するのであった。星のきれいにまたたく真夏の夜であったことも、ハッキリ今に記憶している。

会談を終えて出てきた近衛公の話によると、木戸内府もこの陸相談話は初耳で驚いたらしく、早速、侍従武官長に電話をかけて、陸相に善処方を求むべく注意されたとのことであった。また一日も早く終戦に導くべきで、そのため自分の一命は捧《ささ》げるつもりでいるとの決意を内府から聞いてきた。大丈夫だ、さすがは木戸だと近衛公は非常な喜びようであった。

連合国の回答は、正式には八月十三日朝、届いた。これはスイス政府を通じて、米、英、ソ、支を代表し、日本政府へ伝達方を申し入れたもので、

一、降伏の時より、天皇及び日本国政府の国家統治の権限は、降伏条項の実施のため、その必要と認むる措置を執《と》る連合軍最高司令官の、制限の下に置かるるものとす。
二、天皇は、日本政府及び日本の大本営に対し、ポツダム宣言の諸条項を実施するため、必要なる降伏条項署名の権限を与えられ、且《か》つこれを保障することを要請せられ、又《また》天皇は、一切《いっさい》の日本陸海空軍官憲及び何《いず》れの地域にあるを問わず、右官憲の指揮下に在《あ》る一切の軍隊に対し戦闘行為を終止し、武器を引渡《ひきわた》し、及び降伏条項実施のため、最高司令官の要求することあるべき命令を発することを命ずべきものとす。
三、日本政府は、降伏後直《ただ》ちに俘虜《ふりよ》及び被抑留者を、連合国船舶に速《すみや》かに乗船せしめ得べき、安全なる地域に移送すべきものとす。
四、日本政府の確定的形態は、ポツダム宣言に従い、日本国民の自由に表明する意思により決定せらるべきものとす。
五、連合国軍隊は、右宣言に掲げられたる諸目的が完遂せらるるまで、日本国内に留《とど》まるべし。

というのであった。

ところが、この第一項の「制限の下に置かるるものとす」という点と「国民の自由に表明する意思により」というのが問題になり、軍部がとみに硬化してきた。平沼枢密院議長も十二日午後、木戸内府を訪ねて、これでは承認できないと言ってきた。陛下はこの朝、外相に「それでよい」と仰せられているし、鈴木総理は前に連合国の回答に満足していたのに、平沼氏の法律論を聞いてから、すこし動揺してきたのである。

当日午後の臨時閣議でも、またこれが問題になってきた。そこで東郷外相は夕刻、木戸内府を訪《おとな》うて事態の悪化を訴えたのである。いっぽう、松本俊一外務次官からも、湯河原《ゆがわら》滞留中の近衛公に至急上京して総理、枢密院議長を説得してほしいと連絡してくるありさまである。近衛公もかかる事態、ことに鈴木総理の心境動揺に対しては、もっとも心配した。

元来、鈴木貫太郎氏の誠忠無二《せいちゅうむに》なることについては、まず何人も異存はない。また鈴木内閣によって、大東亜戦争の終結が実現したことも事実である。かの最後には、自暴自棄とも言うべき一億玉砕論の風靡《ふうび》していた陸海軍部を抑えて、これらの強硬分子からは鈴木総理は徹底抗戦派であると随喜《ずいき》期待せられ、いっぽうでは近衛はじめ重臣達はもちろんのこと、米内海相、東郷外相などにも、総理の真の腹は、和平終戦にあるのだと信ぜさせたり、今また平沼氏の反対があると硬化してみたり、寔《まこと》にハタの者こそ、ハラハラするやり方である。

しからば、鈴木総理のこのヨロメキは、大石内蔵助《おおいしくらのすけ》の吉良上野介《きらこうずけのすけ》を油断させた手口であったのであろうか。私はこのことにつき、鈴木氏の知己であり、また私の信用している人につき、その後もたびたび質《ただ》してみたことであった。

が、結論はけっして内蔵助ではなくして、ただ一介の武人、誠忠一途の武士であって、結局、陛下ならびに木戸内府の意向に沿って、忠実にその御意思通り終戦を成し遂げられたものというのが、真相のようである。言《げん》を換えて言えば、身命を捧げて君国《くんこく》に奉《ほう》ずる誠心が、この困難な終戦を成し遂げられた所以《ゆえん》であるということになる。また見方を変えるなれば、鈴木総理が和平、終戦の政策をハッキリと持たなかったことが、実は終戦を成就《じょうじゅ》せしめたとも言い得るのではなかろうか。

そこで、同じ心配をした木戸内府は十二日夜、特に鈴木総理と会見し、戦争継続の不可なることを説いて「これを受諾して万一《まんいち》国内に動乱が起こったなら、われわれが生命を捨てればよい。この際惑《まど》うことなく受諾を断行しようではないか」と言ったら、鈴木氏も力強く「やりましょう」と答えたので、木戸内府は首相に関する限り大丈夫という確信をもって、その後一路《いちろ》終戦に邁進《まいしん》することになったようである。このことは、最近私も、木戸さんからハッキリ聞いたことである。

しかしこの間に、統帥部硬化の事態も誘致《ゆうち》されていたのであった。十三日早朝、阿南陸相は木戸内府を訪ね、連合国の回答を認めれば日本は亡国となり、国体護持も不可能となるから、このままでは承認できないと言ったので、木戸氏はこれを強く反駁《はんばく》し、この期《ご》におよんで確たる理由もなしに拒否すれば、陛下は世界から馬鹿か狂人のごとく批判を受けられることになるだろうと、陛下の堅《かた》い御決意のほどを説いたが、陸相は承服しなかった。

いっぽうこれに関し閣議も開かれたが、首相のほか十五名の大臣のうち、十二名は先方の回答でよいという意見。三名（阿南陸相、安倍内相、松坂法相）は不満足で、むしろ玉砕論を唱えたのである。こんな次第で、当時は混沌として、陸軍にはクーデター的空気さえ醸《かも》し出されてきた。

この日、近衛公はかかる情勢を憂慮し、小田原から上京しようとしたが、小田原への艦載機の来襲投弾で、一時箱根に引き返したが、機上よりする機銃掃射を受け、退避を繰り返しつつ、十三日午後三時半ようやく東京に出て、木戸内府を訪うことになった。また近衛公は別に細川女婿をして、鈴木総理に書簡を送り、この際形式や文字に拘泥《こうでい》せず、大局から国家を救うべきことを説いた。これは八月十四日のことであった。

事情かくのごとく窮迫してきたので、木戸内府は、陛下によって、政府閣僚と最高戦争指導会議の構成員と連合の御前会議召集を願い、一気に終結を下命していただくほかないと力説し、鈴木総理も同意したので、十四日午前十一時頃から、この御前会議は開かれることになった。陸海両総長と陸相は、先方の回答ははなはだ不満で、国体護持も困難に思われる。もし改めて問い合わせることができないなら、むしろ戦争を継続して死中に活を求めるに如《し》かずと、各々声涙《せいるい》共に下る論述であった。

これに対し陛下は、他に意見がないなら、自分が言う、卿《けい》らはどうか自分の意見に賛成してほしいとて（高木惣吉氏『終戦覚書』による）、

私の意見は去る九日の会議で示したところと少しも変わらない。わが問い合わせに対する先方の回答は、あれでよろしいと思う。天皇統治権に対し疑問があるように解《かい》する向きもあるが、私は外務大臣の見解《けんかい》通りに考えている。私の戦争終結に対する決心は世界の大《たい》勢《せい》とわが国力判断によっている。私自らの熟慮検討の結果であって、他から知恵をつけられたものでない。皇室と国土と国民がある限り、将来の国家生成《せいせい》の根幹は充分であるが、彼我の戦力を考え合わせるときは、この上望みのない戦争を続けるのは、全部失う惧《おそ》れが多い。

私の股肱《ここう》と頼んだ軍人から武器を取り上げ、また私の信頼した者を戦争犯罪人として差し出すことは、情において洵《まこと》に忍《しの》びない。幾多の戦死者、傷病者、遺家族、戦災国民の身の上を思えば、これからの苦労も偲《しの》ばれて同情に堪《た》えない。

三国干渉の時の明治大帝の御決断にならって、かく決心したのである。陸軍の武装解除

の苦衷《くちゆう》は充分わかる。事《こと》ここに至っては、国家を救うの道はただこれしかないと考えるから、堪《た》えがたきを堪え、忍びがたきを忍んで、この決心をしたのである。今まで何も聞いていない国民が、突然この決定を聞いたら、さぞかし動揺するであろうから詔書でもなんでも用意してもらいたい。あらゆる手を尽くす。ラジオ放送もやる。

と、純白の手袋をはめられた御手で、眼鏡を拭《ぬぐ》われ、また御涙しきりに落つる両方の御頬《ほお》を、御拭い遊ばされつつ仰せられた。並いる者、ただ声を挙げて嗚咽《おえつ》、慟哭《どうこく》するのみであった。かくして陛下の御聖断により、ここに国家的決断は下されたのである。

そこで政府は早速、終戦の手続きを始めたのであるが、ここに至ってなお、陸軍が妨害して連合国への受諾を打電させない。ようやくのこと発電されたのは、午後十時を過ぎていた。そして、日本国民として忘れられない終戦の大詔《たいしよう》は、午後十一時に渙発《かんぱつ》されたのであった。

陛下は宮内省の一室で放送の録音を遊ばされた。その頃から、近衛師団に不穏《ふおん》の空気ありとの情報があったが、はたせるかな十四日夜半、近衛兵はその長官たる〔森赳《もりたけし》〕師団長を殺し、その命令書を偽造して持っていた畑中《はたなか》〔健二《けんじ》〕中佐の指揮する六百余名の者が皇居を包囲し、宮内省に乱入し、通信施設を占領遮断《しやだん》し、陸下御放送の録音盤を奪取しようと捜索し、木戸内府や石渡〔荘太郎〕宮内大臣を捕《とら》えようとした。

また、他の一隊は鈴木首相、平沼枢相、木戸内府の邸を襲撃し、放火などした。録音テストを終わって退出しようとしていた下村《しもむら》〔宏《ひろし》〕情報局総裁らは捕えられて監禁されたが、木戸、石渡氏は宮内省の地下金庫室に匿《かくま》われて難《なん》を免れた。外部との連絡は、たまたま海軍武官府から海軍省への直通電話が一本だけ安全だったので、それでようやく連絡がとれた。東部防衛司令官田中静壱《たなかしずいち》大将は、このとき自ら鎮圧に乗り込んで、叛乱《はんらん》将校を説諭し、十五日午前八時頃には鎮静に帰することができた。

のち、田中大将は、部下よりかかる叛乱者を出したるの責任を痛感して自刃《じじん》された。この田中氏は私の警保局長、内閣書記官長時代から御昵懇《じっこん》に願っていた方で、立派な典型的武人と申すべき大将であった。惜《お》しい方である。録音盤も幸《さいわ》いにして無事であった。

阿南陸相は十五日早朝、自刃された。この人も立派な誠忠の武人であった。強硬なる陸軍を背景に、いっぽうでは陛下の和平への思し召し、さては彼我《ひが》戦力の大差、勝ち目も薄《うす》いこの戦争をどう指導していくか、悩みに悩まれたことは察するにあまりある。胸中密かに終戦への機を狙っていたので、ただの玉砕論者、強硬論者ではなかったように思われる。

「大罪を謝す」と書して自決していった阿南氏の胸中には、はたしていかなる感懐《かんかい》があったことであろうか。阿南氏は表面強硬な態度を取っていたが、心中では終戦に賛成だったのだ。ただ主戦論の強い陸軍をどうして混乱なく終戦に導くかを考えながら、苦心していたのだと言う人が多い。

これに比べて、この苦衷の一かけらだに持ち合わさずして、陸軍さかんなれば軍に迎合し、敗戦すればひたすらに軍部攻撃をなすことによって、自分の平和主義であることを敵に認めさせたいと努めた終戦直後の多くの日本の政治家は、まさに罪
慚死《ざんし》に値《あたい》するものではなかろうか。

昭和二十年八月十五日正午、陛下自らマイクの前に立たれて、終戦の詔勅が全国に放送されたのである。一億国民文字通り、まさに泣く。

私は十四日夜、湖尻《こじり》の家族疎開先に泊まり、翌十五日朝早く山を降りて、あたかも正午、入生田の酒井鎬次氏宅に、上京の途次、少憩《しょうけい》させていただいて、この御詔勅の放送を酒井氏御夫妻と共に聴《き》く。断腸《だんちょう》の思い、ただただ嗚咽あるのみ、悲涙《ひるい》、頬をつたうをどうすることもできなかったのである。

おわりに——父・富田健治の職務と、その思い出

父の仕事や性格について、私が明瞭に意識するようになったのは昭和九年、小学三年生の頃である。この年、父は大阪府の警察部長になっていた。体重八〇kg、柔道五段。主に警察畑を歩き、かなり激しい性格で旺盛な闘争心を有していた。また、当時の内務官僚一般がそうであったように、強大な人事権を持ついっぽう、これに伴う強い責任感を自らに課す人であった。以下、順次時を追って述べよう。

昭和六年の満州事変以降、国内では五・一五事件に続いて、二・二六事件が起こった。大阪には陸軍の第四師団司令部があり、東京に呼応《こおう》して大阪でも事件が発生するのではないかと危惧され、父は常時拳銃《けんじゅう》を持ち、私たち家族は皆、一室に閉じこもり、不安と緊張の数日を過ごした。第四師団に関しては、巡査と兵の喧嘩《けんか》がエスカレートした、いわゆるゴーストップ事件が有名であるが、父は警察の長として、現場の警察官の処置の正当性を断固《だんこ》主張したと聞いている。

また、満州国皇帝の御堂筋《みどうすじ》パレードの行事もあった。新皇帝成立の経緯からして、おそらく父は職を賭けての厳重な警戒をしたと思われ、私なども観覧の機会はなかった。

さらに、合気道の警察への導入や大阪警察病院の設立など、さまざまな公的な仕事をしたようだが、私的《プライベート》には毎月一度、家族そろってかなり高級な洋食を共にし、食後に道頓堀《どうとんぼり》を散策するのを常《つね》とした。もっとも、父はこの機会にも街路の治安状況を調べていたようである。

昭和一一年、父は東京の本省に戻り、保安課長、次いで警保局長の任に就《つ》くことになり、闇《やみ》の赤狩りに専念することになった。

昭和一二年二月、私は共に受験勉強をし、共に希望する府立中学に入学した親友の吉祥寺《きちじょうじ》の家に招かれ、喜びを共にした。しかし、私は小学校と自宅である官舎を往復する以外、独《ひと》りで外出することはなく、夕方五時までに帰宅すると言って出たのに、中央線の降りる駅をまちがえたのか、あちこち迷いながら、すこし暗くなった六時頃に自宅にたどりついた。両親は非常に心配しており、特に父はそれまで私が経験したことがないほどに激怒、強い叱責をした。そばにいた母が驚き、父を制しようとしたほどだ。後日、私はなぜ父があれほどまでに激昂《げきこう》したのかを考え、これはまったくの私の憶測でしかないが、あるいは父の仕事に関係し、家族への被害を心配したのではないかと思った。

警保局長として活躍していた父がある日、突然家族を集め「今の職を辞す」と言った。理由

富田健治

1936年、大阪府警察部長時の執務姿

は、自分が推薦した人がヘマをしたからだという。そして、浪人生活が始まってから、私は父が自室で大小二本の日本刀の手入れをしているのを見た。私はその鋭《するど》い刃渡りに接し、背筋がゾッとするのを感じ、「こんなものどうするのか」と問うと、父は「重大な責任を負わねばならない時には、これで腹を切るのだ」と言ったので、いっそう驚いたものであった。

父は一年間の浪人生活を終えると、長野県知事に復活。近衛公爵との軽井沢での会合を経て、第二次近衛内閣成立にあたって書記官長に就任した。当時異例の抜擢《ばってき》と話題となったが、私の祖父が新築した兵庫県川辺《かわべ》郡猪名川《いながわ》町の、現在重要文化財となっている邸宅に、父が近衛公爵をお招きするなど、すでに親交があったようである。

書記官長になると、朝から夜一二時頃まで（もっとも夜は築地《つきじ》の料亭であったが）の勤務で、私は当時、このような多忙の日々をよく続けられるものだと思っていた。

その後、第三次近衛内閣では、特に米国による対日石油輸出禁止と大陸からの全面撤退要求に接し、俄然《がぜん》緊迫した情勢となった。政界、陸海軍内部では和戦両方の意見が対立。厳粛な御前会議を経ても結局、内閣としての意見の統一を得ず、総辞職となった。

そして東条内閣が誕生し、真珠湾攻撃となった。当初の華々《はなばな》しい戦果に、国民は歓喜したが、ミッドウェー海戦の大敗（当時の発表は軽微《けいび》な損傷）後、戦況は我に非となった。昭和一八年には最初の学徒出陣があり、私の兄も入隊すると、北支での訓練を終え、将校として内地配属となった。

昭和二〇年一月、私は赤紙《あかがみ》により鳥取連隊（歩兵第四〇連隊）に入営。岡山県、続いて宮崎県の山中で、横穴構築に従事した。同年三月の東京大空襲、七月には自宅の平塚も空襲に見舞われ（幸い自宅は戦災を免《まぬか》れた）、両親は箱根の知人の別荘に仮住まいとなった。八月に終戦。私は九月中旬に平塚宅に復員、帰宅した。悲惨な敗戦のなか、一家四人ともかく無事に再会でき、喜びを共にした。

戦後、近衛公爵は戦犯指定され、公爵は自殺。これに対して、戦争中は軍刀を振り回して大和魂《やまとだましい》を絶叫した軍人や、ドイツのヒットラーやゲーリングの最期《さいご》などを併《あわ》せ見ると、人間、真の姿は窮地に至らないとわからないものだと思う。

父は戦後、公職追放となったが、数年後には解除され、吉田茂氏の下、自由党の衆議院議員として政治活動に復帰した。特に、占領下の新憲法（現・日本国憲法）について、その成立事情や内容に疑義を持ったのか、党の憲法改正委員会で議論を交《か》わしたと聞く。もっとも、当時は疲弊した経済の復興が優先され、憲法問題は一般的関心からほど遠かった。それから六十余年を経過した現在においても、この問題は周知のごとくである。

父は晩年体調を崩すと、前述の大阪警察病院に入院した。手厚い看護にもかかわらず、昭和五二年三月二三日、八〇年の波乱の人生に幕《まく》を閉じることになった。死別はもちろん悲しいことであるが、その最期を自分が設立した病院で迎えられたことは本望であったであろう。

私は現在、父が遺《のこ》してくれた平塚宅に住んでいるが、この芝生でゴルフのアプローチの練習をしていた父の姿を思い出す。そして、父に感謝すると共に、その散り際の潔《いさぎよ》さを愛し、父が植樹した桜を、私の代はもちろん子や孫の代にも継承・維持されんことと願いつつ、筆を擱《お》く。

富田重夫《とみたしげお》

切りとり線

★読者のみなさまにお願い

この本をお読みになって、どんな感想をお持ちでしょうか。祥伝社のホームページから書評をお送りいただけたら、ありがたく存じます。今後の企画の参考にさせていただきます。また、次ページの原稿用紙を切り取り、左記まで郵送していただいても結構です。

お寄せいただいた書評は、ご了解のうえ新聞・雑誌などを通じて紹介させていただくこともあります。採用の場合は、特製図書カードを差しあげます。

なお、ご記入いただいたお名前、ご住所、ご連絡先等は、書評紹介の事前了解、謝礼のお届け以外の目的で利用することはありません。また、それらの情報を6カ月を越えて保管することもありません。

〒101-8701（お手紙は郵便番号だけで届きます）
祥伝社　新書編集部
電話03（3265）2310
祥伝社ブックレビュー　www.shodensha.co.jp/bookreview

★本書の購入動機（新聞名か雑誌名、あるいは○をつけてください）

＿＿＿＿新聞の広告を見て	＿＿＿＿誌の広告を見て	＿＿＿＿新聞の書評を見て	＿＿＿＿誌の書評を見て	書店で見かけて	知人のすすめで

★100字書評……近衛文麿と日米開戦

名前

住所

年齢

職業

川田 稔　かわだ・みのる

1947年、高知県生まれ。1978年、名古屋大学大学院法学研究科博士課程単位取得退学。法学博士。専門は政治外交史、政治思想史。名古屋大学大学院教授などを経て、名古屋大学名誉教授、日本福祉大学名誉教授。著書に『浜口雄幸』、『昭和陸軍の軌跡』（山本七平賞受賞）、『石原莞爾の世界戦略構想』など。

富田健治　とみた・けんじ

1897年、兵庫県生まれ。1921年、京都帝国大学法学部卒業後、内務省入省。福井県学務部長、大阪府警察部長、内務省警保局長、長野県知事などを経て、第二次・第三次近衛内閣の内閣書記官長を務める。退任後、貴族院議員就任。戦後は衆議院議員、自由民主党総務会副会長を歴任。1977年、逝去。

近衛文麿《このえふみまろ》と日米開戦《にちべいかいせん》
――内閣書記官長《ないかくしょきかんちょう》が残《のこ》した『敗戦日本《はいせんにほん》の内側《うちがわ》』

川田《かわだ》 稔《みのる》／編

2019年11月10日　初版第1刷発行

発行者……………辻 浩明
発行所……………祥伝社しょうでんしゃ
〒101-8701　東京都千代田区神田神保町3-3
電話　03(3265)2081(販売部)
電話　03(3265)2310(編集部)
電話　03(3265)3622(業務部)
ホームページ　www.shodensha.co.jp

装丁者……………盛川和洋
印刷所……………堀内印刷
製本所……………ナショナル製本

Printed in Japan　ISBN978-4-396-11590-6　C0221

〈祥伝社新書〉
歴史に学ぶ

168
ドイツ参謀本部 その栄光と終焉
組織とリーダーを考える名著。「史上最強」の組織はいかにして作られ、消滅したか
上智大学名誉教授 渡部昇一

361
国家とエネルギーと戦争
日本はふたたび道を誤るのか。深い洞察から書かれた、警世の書
渡部昇一

379
国家の盛衰 3000年の歴史に学ぶ
覇権国家の興隆と衰退から、国家が生き残るための教訓を導き出す！
渡部昇一
東京大学名誉教授 本村凌二

541
日本の崩壊
日本政治史と古代ローマ史の泰斗が、この国の未来について語り尽くす
東京大学名誉教授 御厨 貴
本村凌二

570
資本主義と民主主義の終焉 平成の政治と経済を読み解く
歴史的に未知の領域に入ろうとしている現在の日本。両名の主張に刮目《かつもく》せよ
法政大学教授 水野和夫
法政大学教授 山口二郎

〈祥伝社新書〉
昭和史